社会网络分析视角下方志古籍知识组织研究

—— 以《方志物产》山西分卷为例

李娜◎著

中国农业出版社

北京

前　言

　　20 世纪 50 年代，我国著名农史学家万国鼎主持汇编了一套方志农业专题资料——《方志物产》，共 431 册 3 000 余万字，摘抄自全国 40 多个大中型城市、100 多个文史单位的数千部地方志，时间长、范围广，数量大、内容多，价值高、意义重，为农史研究和区域史研究提供了重要的资料来源，具有极高的研究价值。目前，《方志物产》数字化整理研究处于起步阶段，无论是在地域范围的选择上、研究方法的应用上，还是在文本内容的挖掘上，都需要持续地关注和开拓。融合传统研究方法和现代信息技术，从单省份到多省份再到全国范围实现从局部到整体的研究，从单一对象到多重对象的挖掘，更大程度地发掘和利用《方志物产》的价值，更好地为科学研究和社会发展服务。

　　本书立足于信息化社会的大环境和数字人文的大背景下，以《方志物产》山西分卷的电子文本为研究语料，通过智能化识别文中的命名实体，抽取实体之间的关联关系，构建社会网络的数据源，借助社会网络分析方法，实现实体之间关系的可视化展示，从不同的视角根据实际需求对网络进行分析，以便进行知识发现。主要的研究内容如下：

　　第一，《方志物产》山西分卷全文数据库建设。通过梳理《方志物产》山西分卷文本特征，在前人研究的基础上，设计了一套文本规范化的标准，并借助文本处理软件实现全部文本的格式化处理。以此为依据，设计数据库的表格和字段，批量导入文本，完成全文数据库的建设。

1

第二，《方志物产》山西分卷所载的物产信息研究。在系统梳理我国物产分类体系发展历史的基础上，结合《方志物产》山西分卷中物产分类体系的特征，构建一套符合《方志物产》特征的物产分类体系，并引入地理信息系统技术，对物产的总体分布、不同类别的物产分布、物产分类信息的分布等制作地图集，实现关联数据的地理信息可视化。

第三，基于条件随机场的《方志物产》山西分卷命名实体识别研究。以物产备注信息不为空的所有物产信息为研究语料，基于人工标注语料和条件随机场模型，对物产备注信息中蕴含的物产别名、引用的文献、涉及的人物、标明的地名、物产的用途等有特定价值的命名实体进行自动抽取实验。

第四，基于社会网络分析的《方志物产》山西分卷知识组织研究。在基于条件随机场模型对《方志物产》山西分卷实体识别结果的基础上，根据物产名称与识别结果的对应关系，提取物产名称与物产别名、物产名称与地名、物产名称与人物、物产名称与用途、物产名称与时间等关联数据，形成社会网络分析所需要的数据源。使用社会网络分析相关软件，对数据源中的数据进行网络图形化展示，并根据不同的特征和需求，采用不同的视角进行网络结构分析，主要有3种视角：宏观视角的整体网分析、中观视角的局部网分析、微观视角的个体网分析。其中，物产名称与物产别名之间的网络分析，主要找寻物产别名的名称、分布、频率、共用等信息，并尝试基于历史的视角分析物产别名的由来以及物产别名网络中发现的现象；物产名称与人物之间的网络分析，主要探索物产引用人物的名称、分布、频率、明星人物、桥梁人物、最佳信息传播者等关键内容，剖析被引人物在物产传承与传播中的价值；物产名称与用途之间的网络分析，从字和词两个层面分析物产的用途分布和关联度，试图发掘有历史或现实意义的药用物产；物产在时空上的变迁研究，从时间到空间、从整体到个体，展示物产的时空分布、数量消长、传播路径等。

　　总之，本书将文献学、情报学、计算机等技术和方法综合应用于《方志物产》的内容挖掘中，通过命名实体识别和社会网络分析方法，实现了命名实体自动抽取和时空关联可视化，发现物产分布、物产变迁等方面的相关信息，为方志古籍知识组织提供了新的方法和视角，是多学科交叉与融合的实践探索，也为多个相关学科提供了研究资料支撑和视角创新。

　　本书为国家社会科学基金重大项目（编号：18ZDA327）、江苏省社会科学基金青年项目（编号：20LSC005）、中国博士后基金面上项目（编号：2020M681626）、中国博士后基金特别资助项目（编号：2021T140328）、国家林业和草原局软科学项目（编号：2021131012）的研究成果之一。本书撰写得到了南京农业大学包平教授的倾力指导，本书出版得到了南京林业大学人文社科专著出版经费的资助，特此致谢！

　　最后，由于本人知识和水平所限，书中难免会存在疏漏之处，恳请各位专家和读者批评指正。

著　者
2022 年 4 月

目　录

绪　　论

第一节　选题背景和研究意义

方志，又称地方志，"方"即地方、地域，"志"即记载、记述，方志即是按照一定体例全面记载特定时空内的自然、社会、政治、经济、文化等各个方面情况的文献（来新夏，1984）。方志源远流长、历史悠久，内容丰富、包罗万象，凡举一地历史沿革、山川形胜、政治建置、人物传记、武备兵防、经济状况、民情、风俗、宗教、异闻等无所不载、应有尽有，是我国珍贵的文化典籍，章学诚提出"方志乃一方之全史"（王晖，2005）。

中国方志起源于春秋战国，萌芽于秦汉，发展于隋唐，成型于宋，稳定于元，兴盛于明清，因其起源早、持续久、类型全、数量多而享誉世界。据《中国地方志联合目录》统计，仅保存至今的宋代至民国时期的方志就有 8 264 种、11 万余卷，占中国古籍的 1/10 左右。因此，中国方志是古籍资料中的大宗，既具有丰富的史料基础，更具备取之不尽、足资参证的史料价值（来新夏，2005）。

我国学者自古以来就十分重视方志史料价值的开发和利用，积累了很多方志整理的成果。早在汉武帝时期，光禄大夫刘向利用地方志资料，整理全国分野。南朝时期，王俭《七志·图谱志》，开著录方志书目之先河。元末明初之时，陶宗仪《说郛》开始记录轶亡古志。明崇祯年间编纂的《江苏各县志摘抄》，开创了类编方志专题。1930 年，容媛的《金石书录目》，开编方志专题索引之先河。新中国成立之后，也高度重视方志整理工作。周恩来总理曾亲自指示："除编印全国所藏方志目录外，还要有系统地整理县志中及其他书籍中有关科学技术的资料，做到古为今用。"中国地方史志协会和中国地方志指导小组提出了多个有关旧志整理工作的规划和草案。后来，还成立了旧志整理工作委员会，规定旧志整理工作的项目是"原本复制，点校翻印，类编资料，辑录轶志及编辑方志目录、提要、专题索引等"，并指出"当前整理工作重点是从旧方志中检选出有关资料，类编成册，兼及方志目录、内容、提要和索引"（林衍经，1988）。

我国历史上第一个利用地方志资料进行著书立说的是清代学者顾炎武，他参考了 1 000 多种地方志编写了《天下郡国利病书》和《肇域志》。《古今图书集成》是清代最大的类书，编纂过程中也参考了大量的地方志（陈梦雷、蒋廷锡，1986）。新中国成立以来，地方志也与社会主义建设关系密切，所以有关方面投入了大量人力、物力、财力，做了旧志刊印、编制旧志目录、旧志点校、旧志资料类编等各项工作。其中，在类编的旧志资料中，就有《中国天象记录总表》《中国天文史料汇编》《中国地震资料年表》《中国古今铜矿录》《五百年来我国旱水涝史料》等；《中国近代史资料丛刊》《三元里人民抗英斗争史料》，也都分别辑录了许多地方志资料（林衍经，1988）。

利用旧志资料为社会主义建设服务，并产生了较好的效果。河南省浚县在改造浚县河山的过程中，参考旧志资料，结合实地考察，全面了解了浚县河山的历史和现状，制订了白寺坡和火龙岗的治理方案，对该县的粮食生产和水土保持都产生了很好的效果；云南省云龙县通过研究旧志所载矿藏资料和古代开采银矿的史实，决定投资开采矿藏，采掘了锡矿和银矿，改变了当地贫穷的面貌；江苏省常熟县通过考察旧志所载"鳗鱼桥"的由来，开发了鳗鱼苗资源；四川省什邡市从方志中了解到新中国成立前烟叶生产面积和产量等信息，决定扩大烟叶生产，取得了粮食、烟草的双增产（林衍经，1988）。

可见，地方志确实是一座强大的远期数据库，"担负着决策信息的任务和决策智囊的参谋作用"（董一博，1984）。它自身虽然是精神产品，但是精神可以转化为物质，使粮食增产、企业增利（唐文光，1984）。不仅我国学者研究地方志，大力发掘其中蕴含的价值，国外学者也很重视地方志资料的应用。美国农林科学家施永格，从 20 世纪 20 年代开始，参考闽、粤方志，研究福橘的生长规律，取得了显著的成绩；20 世纪 40 年代，美国陆军部绘制《中国地图》，中国地方志是重要的参考材料之一（朱士嘉，1980）；美国学者利用中国地方志研究松辽平原、长三角、珠三角及徽州地区的区域经济和社会历史的风气也比较活跃；日本学者在 20 世纪 40 年代就根据我国《八闽通志》《霞浦县志》和福建其他地方志所载的渔业资料撰写论文，供渔业生产参考；英国李约瑟主编的《中国科学技术史》，也引证了大量中国地方志资料（来新夏，1984；林衍经，1988）。

地方志作为中国文化的载体，承担着传承中华文明、延续历史智慧的使命。李约瑟在《中国科学技术史》中说"中国出现的一系列地方志，无论从其广度，还是从它们有系统的全面性来看，都是任何国家的同类文献所不能比拟的"，认为"要了解中国文化，必须先了解中国的地方志"（李约瑟，2010）。

习近平总书记在参观首都博物馆的历史文化展览时指出，要高度重视修史修志，让文物说话，传承历史智慧，激发民族自豪感和自信心，坚定全体人民振兴中华、实现中国梦的信心和决心。李克强总理为地方志工作作出了"修志问道，以启未来"的重要批示。可见，地方志的研究对于社会进步、国家建设、民族复兴、中国梦实现有着重要的作用。

　　然而，传统的手工整理方式效率低、工作量大，并不能完全挖掘地方志中蕴含的价值，迫切需要新的研究方法，实现深度挖掘，加速其为人类社会服务的进程。随着信息技术的快速发展，数字人文（digital humanities）研究作为一个新的交叉领域，逐渐被人们重视起来。数字人文由计算人文和人文计算领域演变而来，是针对计算工具与所有文化产品交叉领域的研究。作为一个跨学科的领域，数字人文涉及了文学、计算机科学、历史学、语言学等多个学科，新的研究方法和研究范式在文献与技术的结合中重叠创新（Dalbello M，2011），增加了人文学科研究的广度和深度（李启虎等，2015）。

　　近年来，数字人文研究取得了很大的进展，国内外相继成立了数字人文联盟、协会、学会等组织，一些高校已经创立了数字人文研究中心，美国的数字人文机构有乔治梅森大学历史与新媒体中心、加州大学洛杉矶分校数字人文中心、斯坦福人文实验室、哥伦比亚大学数字人文中心、马里兰大学科技人文研究所、内布拉斯加大学林肯分校数字人文研究中心、伊利诺伊大学香槟分校人文艺术与社会科学计算研究所等，英国的数字人文机构有国王学院人文计算中心、伦敦大学学院数字人文中心、剑桥大学文字与语言学计算中心、格拉斯哥大学人文科技信息研究所、谢菲尔德大学数字艺术与人文专门研究中心等，另外还有加拿大维多利亚大学人文计算与媒体中心、爱尔兰国立梅努斯大学数字人文研究所、德国哥廷根大学数字人文中心、日本立命馆大学日本文化艺术数字人文中心等多家数字人文研究机构。中国的数字人文机构有台湾大学数位典藏研究中心、武汉大学数字人文研究中心、复旦大学社会科学数据研究中心、中国人民大学数字人文研究中心、上海师范大学数字人文研究中心等，这些机构和组织为人文研究提供技术和数据支撑，推动了人文学科的研究进程，积累了一批数字人文研究成果，不仅有著作如被认为是数字人文研究开端的《托马斯著作索引》、第一部用数字人文命名的图书《数字人文指南》，阐述了数字人文概念和意义的《人文计算》，讨论数字人文的内涵与技术的《数字人文》等；还有一大批研究论文，郭金龙、许鑫（2012）通过详细梳理国内外数字人文的概念、研究现状以及研究趋势提出了国内数字文人研究的建议，吴建中（2017）总结了数字人文在从形态研究到内容研究、从单纯文字资料研究到复

3

合资料研究、从单学科方式到多学科方式3个方面取得的进展，数字人文突破了文字资料本身的限制，挖掘文字背后的资源，为解释历史、再现历史、还原历史创造了条件。

数字人文为方志文献的开发利用提供了新的方法和思路，利用现代信息技术进行方志史料的开发利用不仅是可能的，而且是必要的，可以帮助学者进行资料的收集、管理、交换、共享和分析，且能够在一定程度上改变、完善方志古籍研究的理论体系和研究方法，促进方志古籍知识组织研究，即通过现代信息技术对文本知识单元进行抽取和关联研究，生成一定的知识产品。

本书在数字人文的背景下，开展方志古籍知识组织研究，主要是以方志中物产部分为研究对象，在前期文本数字化的基础上，将信息组织的理论、方法借助于现代信息技术应用到内容的整理和开发中，通过命名实体识别技术自动抽取文本中蕴含的别名、人名、用途名、引用名、地名等实体信息，为社会网络分析提供数据源，实现物产与各个命名实体之间网络关系的可视化展示和分析，挖掘显性知识和隐性知识及其之间的关联关系，探索基于内容的数据挖掘和知识组织，为科学研究和工农业生产提供资料佐证，使方志古籍蕴含的价值最大化。

本书将现代信息技术与传统内容相结合，不仅为方志古籍的数字化整理提供了新的研究方法和视角，提高了方志整理和开发利用的深度，使得该文献不再是平面的、孤立的资料，而是成为一个立体的文化学术信息知识库；而且为人文研究提供了研究支持功能，一方面使研究人员充分感受到现代信息技术给学术研究带来的便利，在资料的搜集、整理等基础环节上节省大量时间，另一方面也使其有可能从中获取新的思路和研究方法，开拓新的研究方向与课题内容。

第二节 国内外研究动态

本书以方志古籍为研究对象，借助命名实体识别、社会网络分析等技术，尝试实现基于文本内容的知识组织研究。本节主要介绍国内外关于知识组织、中文古籍数字化以及《方志物产》等方面的研究动态。

一、知识组织研究状况

作为信息组织的最高形式，知识组织是揭示知识单元（包括显性知识因子和隐性知识因子）、挖掘知识关联的过程或行为，其核心是知识序化，其目的是最快捷地为用户提供需要的知识或信息，在图书馆学、情报学的分类系统和叙词表研究基础上发展起来，成为图书馆学、情报学、计算机科学、知识工程学、现代语言学、认知心理学等领域共同研究的课题。

1. 国外知识组织研究概况

知识组织于 1929 年由英国著名分类法专家 Bliss 提出；Alexander Sigel 给出了知识组织的最初概念为"将含有知识的集合物加入信息价值的一种跨学科领域的文化活动，以便为用户群提供最好的相关信息体系"。从此，国外有关知识组织的研究在图书馆、情报学的分类法和叙词表基础上得到了逐步发展。国外关于知识组织的研究，由组织机构和个人两种形式共同推进。

组织机构的贡献主要有：从 1998 年开始，国际数字图书馆联合会（JCDL）做了大量的工作，针对叙词表、电子词典、本体组织、主题图等知识组织的结构和模式问题先后举行了 9 次会议，进行了广泛而深入的探讨，推动了知识组织的研究进展；欧洲数字图书馆会议（ECDL）致力于知识组织的标准、系统设计、映射以及知识组织的表示和服务等问题，通过多次召开会议对其进行了全方位、多角度的讨论（苏新宁等，2014）。

个人研究成果主要有：Borst 界定了本体的概念，认为本体是共享概念模型的形式化规范说明，越来越广泛地应用于知识组织，尤其是政务和医学领域（Borst P，Akkermans H and Top J，1997）。Sure 等（2005）认为，在数字图书馆知识组织的发展过程中，语义 Web 技术起到了重要的推动作用。根据英国情报学家 Brookes 提出的"知识地图"概念，Vail 将知识地图进一步定义为可视化显示获得的信息及其相互关系，有助于获取知识点之间的隐性关系（Edmond F，1999）。Budin（2007）针对知识组织系统，分析其主要功能，总结为包括组织和保存大量文献内容的工具、信息系统的组成部分、支持基于概念查询标准的目标信息检索、查询可视化导航和查询语言、支持沟通的工具、机构知识管理的工具、学习和目标支持等在内的多个方面。Zeng（2008）提出基于知识组织系统构建领域语义结构模型，实现对标签、定义、关系和性质进行语义、导航和翻译，通过网络嵌入方式帮助知识发现和知识检索。Yun 等（2011）基于韩国某大型咨询公司的访谈记录和案例数据，建立了该公司的项目知识地图，发现存在的不足和缺陷，并提出了针对性的解决方案。Dahlberg（2011）认为，在知识表示的理论和应用中，需注意概念、概念层以及词句层识别基础的区别，提出了知识组织迫切需要解决的 10 个问题。并在此基础上，针对知识分类和标引、知识组织中专家系统的训练、不同主题的知识建模等 10 个问题进行了阐述。Friedman 等（2011）对比了美国学者 Peirce 的语言学模型和 Dahlberg 提出的概念理论模型的优缺点，首次提出了结合知识表示、语言学模型和概念理论的知识组织方法，构建了一个融合两者优点的综合模型。Smiraglia（2011）介绍了一种新颖的信息解组合重构理论 Idea Collider，关注"常识知识"和"多元知识"的理念区别，应用于信息检索和知识分类研究。Abbas（2010）从知识组织的传统表示结构、知识组织中个人信息表示方法、Web2.0 环境下个人和社会信息的表示方法 3 个方面，梳理了知识表示的不同格式和方法。Menzel（2011）介绍了一种基于一阶谓词逻辑的语义表示方法，即普通逻辑（Common Logic，简称 CL），论述了该方法如何表示互联网信息的知识共享和知识推理等问题。Bonome（2012）基于复杂系统视角，认为知识组织系统的新任务是面对复杂多变的外界环境和各种潜在问题，旨在为决策者提供可能的解决方法。Smith 等（2004）以传统的知识组织系统原理和其他语义工具为基础，构建了特殊领域的高度结构化知识组织模型，实现了科学概念的知识表示。

2. 国内知识组织研究概况

国内，知识组织的研究主要分为 3 个方面。

（1）理论引入。袁翰青（1964）最早使用了"知识组织"一词，提出文献工作就是组织知识的工作，构成了对知识组织的朴素理解；刘迅（1985）首次将"知识组织"作为图书馆学、情报学研究的一个内容，自此"知识组织"开始进入图书情报研究领域的视野；刘洪波（1991）在知识组织中考虑到知识服务对象即个体因素；王知津（1998）指出，知识组织顺应了信息社会和知识社会的发展，并对知识组织方法、目标和任务进行了深入探讨；蒋永福（1999、2001）从图书情报理论基础的角度对知识组织的基本原理和方法等进行了论述；姜永常（2005）在分析知识服务特征的基础上，从知识服务所采用的服务资源、服务内容、服务方式、服务手段、服务对象、服务过程、服务人员和服务经营诸角度，探讨了知识服务质量的全面控制问题；薛春香等（2010）分析了网络环境下知识组织系统的由来和主要特点，介绍了知识组织系统的元数据和术语描述模型，构建了含功能、内容和结构 3 个方面的知识组织系统评价体系；滕广青等（2010）梳理了知识组织体系演变过程，提出知识组织体系应该向知识链接与知识关联、数据挖掘以及用户研究方面发展；苏新宁等（2014）从知识服务的角度探讨了知识组织的理论、技术与方法，针对不同类别知识组织的数据结构进行了详细说明；戎军涛（2015）通过系统分析法提出"三位一体"的语义组织框架，为知识组织的深度序化提供了语义化的技术、方法、工具和实现路径，为知识发现、知识推理提供了基础；常春（2016）应用生态学原理，基于生物与环境的生态系统，对应知识组织系统与文献信息环境，提出知识组织生态系统概念，并以叙词表为例，研究概念个体层面、概念群体层面、概念关系层面的生态属性特征，梳理和分析依据生态学原理的知识组织生态系统研究框架，为知识组织系统的构建和应用提供理论依据。

（2）技术探索。王曰芬等（2008）介绍了国外 3 个典型的知识组织系统及其应用，通过探讨面向个性化服务的知识组织机制内涵及组成要素和剖析其中影响因素间的作用，研究了面向个性化服务的知识组织的过程与方法；丁恒等（2016）采用光符识别、自然语言处理、信息可视化等技术实现标准文献的语义组织、知识抽取、本体构建、知识图谱、本体检索等功能，改善用户体验，满足用户对标准文献的知识需求；李智杰等（2017）介绍了知识组织系统自适应概念，分析了 3 个技术应用实例，提出了对知识组织系统构件技术的总结和思考。

（3）应用研究。在数字图书馆研究方面，毕强等（2007）基于 Web、语义 Web、网格环境，通过比较不同环境下数字图书馆知识组织的理论体系、组织方法和技术工具，探讨语义网格环境下数字图书馆知识组织的目标与内容、知识组织方法、知识组织过程和有待深入研究与应用的探索问题；卜书庆（2009）通过分析国家图书馆知识组织系统的历史和现状，基于《中国图书馆分类法》提出了国家图书馆知识组织系统建设及应用的构想方案；董慧等（2009）提出将本体分子应用于数字图书馆知识组织 4 层模型，分析动态知识组织层的实现机制，较好地解决核子、离子和本体分子等知识组织问题；李贺等（2010）从分析数字图书馆知识服务内涵及存在问题入手，提出知识构建对知识服务过程中的知识获取、知识组织和知识开发等环节的优化思路，并结合CNKI 进行了实证分析；张曼等（2017）以图书馆知识组织与知识服务为研究对象，分析大数据对图书馆知识组织、知识服务的影响，构建大数据环境下图书馆知识组织、知识服务的概念模型，提出了服务提升的建议。在主题词表建设方面，贺德方（2010）对知识组织的汉语主题词表研究进行了整体的回顾和展望，提出了新的发展思路和策略方法；侯汉清研究团队（2013）对受控词表、叙词表等进行了全方位、多角度的研究；曾文等（2010、2011）对主题词表的自动构建技术进行了系统的探讨。其他方面，蔡璐等（2016）应用本体论的知识组织理论与方法，构建非遗领域本体概念模型，确定这一领域的概念和关系，并结合元数据的信息组织形式，对各种形态的非遗数字资源对象进行规范描述；马费成等（2015）从服务的视角，总结和评述了知识组织系统及其服务项目最新研究进展，从服务工具、手段、内容、实践等角度，探讨了知识组织系统的建设和改进。

由上述文献梳理可知，国外知识组织研究起步较早，国内研究起步稍晚。目前，知识组织研究范围主要集中在基础理论、关键技术、知识表示等方面。但由于技术的限制，尚未形成理论结合实际的综合性体系化研究模式，还有值得进一步探索的广阔空间。

二、中文古籍数字化研究状况

作为世界文明古国之一，中国拥有 5 000 年的悠久历史，保存了大量的古籍文献。这些凝聚着古人智慧结晶的卷帙浩繁是我国乃至世界的重要文化遗产和财富，具有极大的借鉴意义和研究价值，不仅需要加强保护，更要注重利用。

古籍保护主要分为两个方面：一方面是原生性保护，即在不改变原件载体的情况下，实施修复、加固、改善保存环境等；另一方面是再生性保护，即通过先进技术手段，将古籍内容转换到其他新的载体上，达到长期保存和有效利用的目的。

中文古籍数字化研究就是指利用现代信息技术进行古籍文献的加工处理，实现古籍内容的长期保存、深度利用和有效传播。

1. 国外中文古籍数字化研究概述

由于各种原因，我国众多古籍文献流失国外，尤其是清末到抗日战争时期最为严重。据统计，美国、英国、法国、俄罗斯、日本等 20 多个国家的 90 余所大型博物馆、美术馆、图书馆都藏有中国古籍文献，总数逾百万册，这些文献得到了国外学术界的关注，积累了一批研究成果。

国外的中文古籍数字化研究主要是建立数据库索引方面。在美国，最早进行中文古籍数字化的研究可以追溯到 1978 年 OCLC[①] 和 RLIN[②] 建立的《朱熹大学章句索引》《朱熹中庸章句索引》《王阳明大学问索引》《王阳明传习录索引》《戴震原善索引》《戴震孟子字义疏证索引》等书目数据库；1991 年美国国家图书馆组织提出了编制"中国古籍善本书国际联合目录计划"，得到 30 多个图书馆的积极响应，经过改进和完善，于 2010 年推出了"中华古籍善本国际联合书目系统"；美国国会图书馆在"美国记忆导航计划"项目中完成了中

---

① OCLC（Online Computer Library Center, Inc.）即联合计算机图书馆中心，总部在美国的俄亥俄州，是全球最大的提供文献服务的机构之一。

② RLIN（Research Libraries Information Network）即研究图书馆情报网络，由美国一些大学图书馆和研究图书馆联合创立。

文古籍图书资源的影像化，如《永乐大典》《农政全书》等；哈佛燕京图书馆在对 1 800 种线装古籍进行编目的基础上开发了"线装古籍计算机检索系统"，同时通过与麦基尔大学的合作对明清时期的女性诗歌和著作进行了数字化并设计了检索工具。在加拿大，多伦多大学郑裕彤东亚图书馆和英属哥伦比亚大学亚洲图书馆实现了 10 万余册中文古籍书目的网上查询，如《四库全书》《古今图书集成》《台湾文献丛刊（含台湾省古籍）》等。在英国，英国国家图书馆创建了英国中文图书联合目录，整合了英国主要中文古籍资源，实现了互联网检索。在日本，日本京都大学主持编制了"全国汉籍资料库"，全面反映了日本所藏的中文古籍；东京大学东洋文化研究院根据所藏中文古籍，创建了"汉籍善本全文影像资料库"，使珍贵的资料得以流传；日本国立国会图书馆建立了"贵重书彩色影像数据库系统"，方便浏览和检索；针对比较珍贵的汉籍通过拍摄黑白或彩色的照片构建了"霞亭文库""富士川文库""综合图书馆所藏古典籍"3 个数据库，在东亚的古籍数字化中具有重要的意义。

2. 国内中文古籍数字化研究概述

我国是中文古籍数字化研究的主要阵地，主要从大陆、香港、台湾 3 个地区在数据库建设、内容抽取和关联研究 3 个方面所积累的成果进行梳理。

（1）大陆地区。数字化研究的前提是数据库建设：大陆地区中文古籍数字化研究开始于 20 世纪 80 年代。彭昆仑研制了《红楼梦》检索系统，并基于该系统统计分析了《红楼梦》中的时间进程和人物年龄问题，开启了我国古籍数字化的新篇章（彭昆仑，1984）。20 世纪末文渊阁《四库全书》电子版的出现标志着我国古籍数字化进入了一个新的阶段，随后古籍数字化进入了快速发展时期，出现了一大批古籍书目数据库和全文数据库。其中，书目数据库有国家图书馆的"善本古籍文献总库"、首都图书馆的"国家善本书目数据库"、上海图书馆的"古籍书目数据库"和"家谱书目数据库"，天津、浙江、安徽、福建、山东、江西、湖南、广东、广西、贵州、山西、辽宁、江苏、湖北、河北等多个省份图书馆创建了 50 余个古籍书目数据库；全文数据库有四川大学编制的《全宋文》检索系统，河南大学研制的《宋人笔记》检索系统和"南宋主要历史文献数据库"平台，广西大学编制的《古今图书集成索引续编》检索系统，中国社会科学院研制的《全唐诗》《先秦魏晋南北朝诗》《全上古三代秦汉三国六朝文》《十三经》《全唐文》等计算机检索系统，综合性古籍全文数据库如《四库全书》和《四部丛刊》等以"大而全"著称于世，超星数字图书馆、中国数字图书馆、国学网、数字典籍网、象牙塔等也都包含了大量的古籍全文（王立清，2011）。这一系列数据库仅从形式上实现了中文古籍资料的保存，方便了读者检索，没有深入内容的整理。内容整理的基础是内容抽取，邱冰等（2008）提出了一种以反向最大匹配分词为主的启发式混合分词方法，通过高频词结合词表的方式实现分词，但以《汉语大词典》作为通用分词词典存在一定的局限性；徐润华（2012）以《左传》为研究对象，在文献和注疏自动对齐的基础上，提出了利用古籍注疏分词的新方法，F_1 值达到了 89%；梁社会等（2013）对比了条件随机场和注疏文献，在先秦文献《孟子》分词实验中的效果，均达到了较高的水平；留金腾等（2013）采用自动分词与词性标注结合人工校正的方法，实现了《淮南子》语料库的构建；王嘉灵（2014）以中古史传文献《汉书》为例，利用地名表、人名表、注疏词表，提高了《汉书》的自动分词效果；黄建年（2009）探讨了计算机技术在农业古籍断句标点、分词标引中的应用，构建了农业古籍断句标点、分词标引的原型系统；石民等（2010）对《左传》进行了词汇处理和考察分析，采用条件随机场模型，进行自动分词、词性标注、分词标注一体化的对比实验；钱智勇等（2014）基于隐马尔科夫模型，进行了楚辞的自动分词标注实验，并根据实验情况设计了一个分词标注辅助软件；朱晓等（2014）选择编年体题材的《明史》作为研究语料，用交叉验证法对比了条件随机场的无边图、完全图以及嵌套图 3 种模型的性能；李秀英（2010）设计了综合算法完成了《史记》汉英对照的术语抽取，实现了汉英典籍平行语料库的构建；黄水清等（2015）基于《汉学引得丛刊》中的《春秋经传注疏引书引得》制订词汇表，通过条件随机场模型，结合使用统计和人工内省方法确定的特征模板，完成对先秦典籍进行自动分词的探究，最好的调和平均值达到了 97.47%；肖磊（2010）、汪青青（2009）分析了《左传》地名和人名结构的特点，基于 CRF 模型，分别实现了地名和人名的自动识别；马创新（2011）通过模型构建和结构分析，实现了《十三经注疏》中引文文献的识别和分析；黄水清等（2015）基于先秦语料库，分别使用条件随机场和最大熵模型对地名进行了识别研究，结果表明条件随机场的识别效果优于最大熵模型；王铮（2008）将条件随机场模型应用到《三国演义》的地名识别中，识别结果的准确率为 99.16%。上述分词研究成果充分证明了机器学习的方法具有十分突出的优势，尤其是条件随机场模型，是在隐马尔科夫模型和最大熵模型的基础上提出的，突破了隐马尔科夫模型的严格独立性假设限制，优化了最大熵模型的归一化处理，从而解决了标注偏差的问题，能够灵活地融合上下文的多种特征，基于条件概率处理序列标注问题，且具有成熟的开源工具，在中文分词领域有着良好的性能和广泛的应用。内容整理的目标是知识发现：汪定明等（2013）基于《老子》汉英翻译平行语料库，利用技术优势，从历时性与共时性的维度挖掘《老子》的文化思想内涵，探索语言特征和翻译规律，推动老学的传播；胡俊峰等（2001）开发了"唐宋诗计算机辅助研究系统"，深入分析唐宋诗特点，实现了自动生成诗句；陈炳藻（1980）从统计学的角度，针对《红楼梦》前 80 回和后 40 回的用字，设计了测定实验，得出二者的作者均为曹雪芹的结论；李贤平（1987）把《红楼梦》120 回作为一个整体样本，通过聚类算法，得出了与陈炳藻不一样的结论；王颖等（2015）在提出了"向下挖掘，向上组织"的国史知识语义揭示与组织方法，以国史本体为基础，挖掘隐藏于国史资源文本条目中的国史知识对象和相关事实，通过国史知识对象之间的关联关系，构建国史知识网络，并基于时间、类属、层级及统计等关系，对国史知识内容进行更高层次的多维组织展示；许超等（2014）以《左传》为语料，挖掘春秋时期人物之间的社会网络关系，通过点度、线值、中心度等特征，实现了关系密切程度和关键人物分析，验证了社会网络分析在基于古文献的历史社会网络关系研究中的适用性；陈蕾等（2015）通过雪球算法，建立了《红楼梦》中 192 个主要人物的人际关系网络，实现了社会等级关系挖掘；夏方朝（2013）以《三国演义》中的主要人物为节点，构建了三国时期人物动态网络模型，通过社团划分，反映当时动荡的局势和各个势力的强弱存亡变化；韩普（2013）以《李白全集》和《杜甫全集》中收录的 2 178 首古诗为数据源，实现了古诗网络的构建、对比和分析，揭示了古诗网络的特点，反映了语言的演变方向。

（2）香港地区。香港中文大学中国文化研究所是中文古籍数字化建设的核心力量，在"大学及理工拨款委员会"和"台湾蒋经国学术交流基金会"等机构的资助下，研发了"汉达古文献资料库中心"，主要包括以下几个部分："竹简帛书出土文献资料库"，包含古代典籍、公文、律令、书信等 12 种出土简帛文献约 20 万字；"甲骨文全文资料库"，收录《甲骨文合集》13 册释文，当今海内外 7 种主要大型甲骨文书籍，共计卜辞 53 834 片，增补了相当数量前人未收录的甲骨文字及其片号；"金文全文电脑化资料"，收录了中国社会科学院考古研究所主编的《殷周金文集成释文》，约 12 021 件铜器、18 000 张拓本、近 100 万字器物说明和 14 万字隶定释文；"先秦两汉传世文献资料库"，收录了先秦两汉的全部传世文献；"中国古代类书电脑化资料库"，收录了所有上自魏晋六朝、下至明清的主要类书文献，逾 6 000 万字；"魏晋南北朝一切传世文献电脑化资料库"，收录文献 1 000 余种、2 500 万字之多。另外，香港中文大学图书馆与香港中文大学中国语言及文学系张光裕教授共同制作了"郭店楚简资料库"。

（3）台湾地区。台湾地区收藏了丰富的古籍资料，约有100万册，主要集中在中央图书馆、台北故宫博物院图书馆、傅斯年图书馆、台湾大学图书馆、台湾师范大学图书馆、东海大学图书馆、政治大学图书馆等（卢锦堂，1999）。在台湾图书书目资讯网络的规划下建设了"善本古籍联合目录"等古籍目录数据库。此外，还有一系列古籍全文数据库，如"汉籍全文数据库""简帛金石资料库""内阁大库档案资料库""故宫寒泉古典文献全文资料库""汉代墓葬与文化资料库""中华典籍网络资料""中华电子佛典线上藏经阁大正藏CBE-TA电子数据库""古典文献全文检索数据库""古文书数字检索系统""台湾汉学研究中心资料库"等。另外，学者们陆续发表了一系列学术论文：陈诗沛（2011）探索了信息技术在历史文献分析中的应用；项洁及其研究团队（2011）开发一系列用于古籍数字化处理的平台和软件，挖掘典籍文本中的人时地物关系，发现新的脉络；陈品谚（2011）、刘士纲（2012）以《清实录》为语料，通过文本分析，分别实现了时间和人名的自动识别；彭维谦（2013）以《资治通鉴》《通鉴纪事本末》《册府元龟》及正史为例，自动抽取相关关键字，通过各书间彼此交错的相关度找出《资治通鉴》《册府元龟》引用正史和《通鉴纪事本末》引用《资治通鉴》的情况，进而探讨这3本书的编辑方法；郭乃华（2014）以乾隆年间的《钦定大清会典》及《钦定大清会典则例》为例，通过格式分析，从分类、主题、条目3个不同层面切入，比对会典与则例之间的关系，结果以网页形式呈现，让研究者能快速检索并参照两书内容。

上述文献梳理表明，国外中文古籍数字化研究主要集中在文献的收集整合和数据库建设上，基于内容开展的研究较少；国内中文古籍数字化建设已不再满足于基础的数据库建立，更多的是选取各类古籍作为语料，从而深入研究并取得了丰硕的成果。但针对方志古籍的数字化研究，目前仍然聚焦在各类数据库建设方面，应用现代信息技术进行方志古籍知识组织的研究处于起步阶段，有待于进一步深入基于内容的知识组织研究，最大化发挥其价值，更好地为科学研究和社会进步服务。

三、《方志物产》研究状况

20世纪80年代开始，随着计算机和网络技术的发展，学者们尝试将上述技术应用于方志史料的整理和利用，方志书目数据库、方志索引、方志全文数据库和专题数据库、地情网等一系列数字化成果不断涌现。

《方志物产》全文都是由手工抄写而成，手抄本的保存对环境的湿度和温度等条件要求很高，既不易于长期保存，也不便于传播和利用。一方面，随着时间的推移，纸张会变得越来越脆弱，纸上的墨汁也会消退，字迹会变得模糊不清；另一方面，查阅者的手工翻阅会造成纸张的磨旧、损坏，加剧手抄本的保存困难，而查阅者要从庞大的资料中快速准确地查询到需要的材料也十分不易。

现代信息技术的快速发展，为纸本古籍的长期保存提供了技术条件，《方志物产》也得到了妥善的处理，实现了永久保存和方便利用的目的。

1. 手工整理

万国鼎先生自 20 世纪 20 年代开始收集农史资料，中间因为抗战等原因，一度中断，可以分为两个阶段。第一阶段为 1924 年至抗战爆发前，万国鼎先生在金陵大学从事农学遗产的搜集与整理工作，组织了 10 多人，采集古书里一切关于农学的记载，汇编为《先农集成》。第二阶段就是新中国成立后的1956—1959 年，搜集汇编《方志物产》。这两次农业史料的搜集和汇编，丰富了农业史研究的资料。

基于之前搜集到的农业资料，万先生决定编纂《中国农学遗产选集》，以尽可能地辑录我国古书上有关农业的资料，并将其分类集中，选编为各个专门问题的资料专辑。原计划分为 112 个专辑，每个专辑又分上编和下编，有以下4 类（王思明、陈少华，2005）：

甲类 植物各论（例如，稻、麦、棉、茶、柑橘、菌类等专辑）

乙类 动物各论（例如，牛、马、羊、猪、养鱼、养蚕等专辑）

丙类 农事技术（例如，土壤肥料、耕作技术等专辑）

丁类 农业经济（例如，灾荒问题、土地制度等专辑）

但是，由于种种原因，后来只出版了稻、麦、粮食作物、棉、麻、豆类、油料作物、柑橘 8 个专辑。

中华农业文明研究院（前身为中国农业遗产研究室）一直重视和传承《方志物产》研究工作，一批农史研究者孜孜不倦地围绕《方志物产》进行专题研究，完成了一系列著作。陈祖槼、朱自振编著的《中国茶叶历史资料选辑》于1981 年由农业出版社出版；后朱自振又编著了《中国茶叶历史资料续辑（方志茶叶资料汇编）》，于 1991 年由东南大学出版社出版；王达等合编的《中国农学遗产选集·稻（下编）》于 1993 年由农业出版社出版。

近年来，在《方志物产》的基础上，学者们相继进行了多种多样的专题研究。王宝卿（2006）对美洲作物的生物学特性及其传播扩种的动因进行分析，研究历史时期新作物品种的引进推广、种植结构变迁对经济、社会等诸多方面的影响，总结对当今农业种植结构调整的意义；王思明（2010）参考大量由美

13

洲传入中国作物的研究文献，对玉米、甘薯、花生、马铃薯等作物传入中国的途径、过程及推广进行了详细的考证和研究，分析其在中国农业发展中的影响；胡义尹（2014）以辣椒在中国的引种、传播为研究对象，在明代至民国期间的地方志记载的基础上，探索辣椒传入中国的时间、路径和传播历程，剖析其迅速传播的原因及对中国的影响；何红中（2015）以古代粟作为研究对象，以传统粟作科技发展演变为主线，兼及粟作经济与文化，对粟的作物史进行了详细的研究；李昕升（2017）以《方志物产》内容为基础资料，梳理了南瓜引入中国的时间、路线、推广以及经济、社会、文化、药用等方面的价值，较为全面地呈现了南瓜的历史与现状。

2. 文本数字化

众所周知，纸张的保存对温度、湿度等环境要求非常高，尤其是《方志物产》还是手抄版，墨的颜色和纸张的质量在保存上都是马虎不得，要想长期无损保存利用，进行数字化建设是最合适的解决方案。中华农业文明研究院在《方志物产》文本数字化方面的研究与开发成果颇为显著，以王思明教授为首的研究团队依托各大项目的开展对《方志物产》这一珍贵古籍进行了数字化建设，主要是将纸质文献扫描成高清图像，再对照图像转换成电子文档，同时进行文献标引和元数据编目，实现系统发布和网上浏览与检索。该成果不仅解决了《方志物产》的永久性保存问题，同时也通过资源共享促进了学术研究。

2000 年，中国农业遗产研究室就承担了"中国农业典籍的搜集、整理与保存"这项中央级科研院所科技基础性工作专项项目，研制《地方志资料·江苏卷》全文电子版光盘就是其中的一项成果。《地方志资料·江苏卷》收录了《方志物产》江苏分卷的内容，于 2002 年在"中国农业遗产信息平台"上发布，用户可以通过检索志书名称的方式，查看志书的全文扫描图像。这种以图像保存的方式比较省时省力，又能客观地保持资料的原来面貌，成为古籍数字化的途径之一。然而，它也有自身的缺陷：一是不能基于文本内容进行检索，二是图片需要的存储空间较大。这给使用和推广带来了诸多不便。

2005 年，中华农业文明研究院院长王思明教授和惠富平教授带领的研究团队，承担了"中国科技农业遗产数字化保护与利用研究"的科学技术部社会公益性项目，该项目的一个重要内容就是建立《方志物产》全文文本数据库。将 3 000 多万字的《方志物产》全文文本数字化是一项庞大的工程，耗时耗力。第一，将资料逐页扫描成图像，系统编号保存；第二，聘请专业打字员，将内容逐字录入计算机，保存成 Word 文档；第三，组织专业人员对 Word 文档进行校对，尽可能提高文本的正确率。这一工作，不仅完美解决了资料的长期保存问题，而且还为用户提供了最大化便利，用户可以对内容进行任意搜索。更重要的是，为这套资料的全文检索、文献学、史料学研究拓展了思路，打下了坚实的资料基础。

3. 内容挖掘

前期的文本数字化工作，将手抄本实现数字化转换的工作已经完成，解决了《方志物产》的保存问题。随着信息技术的发展和数字化成果的不断涌现，对方志资源的数字化整理提出了更高的要求。专家认为，数字化的方志资源除了实现文本字符的数字化、具有基于超链接的浏览阅读环境和强大的检索功能外，还需具有研究支持功能，即能够提供有关方志内容本身科学、准确的统计与计量信息，提供与方志内容相关的参考数据、辅助工具。

基于《方志物产》的内容挖掘，近年来，有学者尝试将信息技术与传统内容相结合，进行方志类古籍相关内容的挖掘和研究，积累了一些学术成果，主要聚焦在文本的标引断句、命名实体识别和可视化研究上。

在《方志物产》的标引断句研究上，情报学界侯汉清教授带领研究团队从技术层面对数字化古籍整理与开发的各种智能技术进行了研究和探讨，他们通过对自动编纂、自动注释、自动校勘、自动断句标点、自动分类标引等技术的深入研究，推动了方志整理和研究的自动化、智能化。常娥等（2007）在阐述了古籍自动校勘意义的基础上，进行了古籍自动校勘系统的总体设计和实现，讨论了古代官名表、人名表、地名表等自动校勘辅助工具的建设问题，系统测试结果的召回率和精确率分别达到了 92.3％和 95.2％；另外，常娥等（2007）还探索了古代农业专题资料自动编纂研究，比较了自动编纂和自动文摘的关系，设计了自动编纂的流程和算法，实验结论表明，子句和文本块的大小分别为 15 和 2 时，提取的论题句群的符合程度较高；黄建年等（2008）探讨了农业古籍的自动断句问题，采用句法特征词断句法、同义词标志词法进行初步断句，利用反义复合词、引书标志、时序、数量词、重叠字词、动名结构及比较句法进一步对子句进行断句，最后使用农业用语和禁用模式表提高断句的可读性和准确性，测试结果表明，断句、标点的平均准确率分别达到了 48％和 35％。

在《方志物产》命名实体识别研究上，南京农业大学衡中青和朱锁玲率先进行了探索。2007 年，衡中青的论文《地方志知识组织及内容挖掘研究——以〈方志物产・广东〉为例》，以广东分卷为研究语料，进行了基于内容的数字化挖掘，建立了《方志物产》广东分卷信息管理系统和全文数据库，通过模式关系识别《方志物产》广东分卷当中的引书、异名别名，并基于识别出来的物产名称、异名别名、引书等命名实体信息，做了详细的分析研究；2011 年，朱锁玲的论文《命名实体识别在方志内容挖掘中的应用研究——以广东、福建、台湾三省〈方志物产〉为例》，以《方志物产》广东、福建、台湾 3 个分卷为研究对象，借鉴前人的研究方法，构建了广东、福建、台湾 3 个分卷的全文数据库和综合管理信息系统，进一步使用命名实体识别技术中基于规则的方法，通过模式关系对《方志物产》广东、福建、台湾 3 个分卷语料中的地名进行自动识别，探讨了物产和地名之间的关系。

在《方志物产》的可视化研究上，朱锁玲在命名实体识别的基础上，对识别出的地名进行统计分析，抽取物产与地名之间的关联关系，通过引入 GIS 技术，对物产的分布、传播等因素进行了可视化的展示，突破了单纯的文字描述，用图片格式更加直观有效地展现文字的意义，挖掘文字背后的信息。

4. 其他研究

近些年，学者们通过其他方法尽可能详尽地利用各地方志中所载物产史料展开生物学史、经济史、环境史等领域研究。江燕（2006）以明代 4 部云南省志所记物产作对比说明，从中寻找它们之间的承袭脉络及各自的特色亮点，以此发现明代整个云南全境物产分布状况及消长变化情况，重新焕发出云南文献的时代价值；芦笛（2015）通过对晚清和民国时期上海官修方志中物产信息的分析，考察了物产的概念和文本书写特征，提出在近代西学东渐的背景下如何对近代方志中物产概念进行定义信息组织；王新环（2014）基于河南地方志，以柿子为例探索了志书的物产资源，分析了物产史料的社会价值、经济价值，并以河南土特产品的包装广告语为视角探讨方志物产的整理与利用；黄静静（2015）通过对徽州地方志中所记物产进行统计分析，总结了物产数量、种类、名称的变化过程，提出徽州物产变迁过程是探究徽州农业发展的重要线索，为了解古人认识自然的水平提供了重要参考；熊瑛（2016）以江浙地区为中心，探讨明清方志中丝织记述的史料价值以期推动丝绸艺术史的研究进程；彭兵等（2016）从方志"物产志"着手，以西水流域盛产的楠木为例，分析其绝迹的社会历史等原因，探讨《方志物产》可作为生态史料的价值；马国君等（2017）以清代至民国贵州方志"物产"项为视野，讨论了外来农作物规模种植与本土知识的关联性问题，总结历史经验教训，为正确认识外来物种与环境的关系、维护我国的粮食安全提供借鉴；台湾大学李钰淳（2012）以 1685—1898 年出版的 23 本台湾方志为研究对象，针对官职与物产两大类内容进行资料分析、整理与归纳，使资料的检索方式更具弹性，呈现方式更加多样化。

上述人工整理和数字化建设成果及相关智能化技术研究，都为本研究提供了很好的参考、借鉴和工作基础，但是仍存在着可提升的空间。

从研究对象来看，已有成果或侧重对方志外在形式的加工和整理，或侧重对方志整理的智能化技术研究，都没有基于《方志物产》内容本身作相关整理研究，缺乏对方志内容的深度开发与利用，未能充分发掘《方志物产》这一珍贵古籍的史料价值。

从研究范围来看，有研究通过识别《方志物产》中的引书和地名，探索《方志物产》的内容挖掘，但他们仅从 3 000 多万字的《方志物产》中抽取了其中的广东分卷作为研究对象进行尝试性研究，缺乏全国范围的完整性和系统性。而在将命名实体识别技术应用于知识组织的过程中，通过模式识别出来的物产和地名的对应关系只是《方志物产》中的一部分，还有很多物产因为不符合模式的格式而没被识别出来。因此，还需要更全面的方法来更完整地实现物产的识别。另外，除了物产与地名的对应关系以外，还有其他一些关系，如物产-别名、物产-功效、物产-分类等，也可以通过命名实体识别技术加以整理，为研究提供新的思路和范式。

从研究技术来看，将命名实体识别技术应用到《方志物产》内容挖掘的过程中，无疑是一种开拓创新的方式。但是，已有的研究主要是从文本中找到规律，根据文中的规律构建模式库，导入文本，根据模式库中统计出来的确定的规律对文本进行分析，找出地名与物产名的对应关系。但是，《方志物产》的书写并不是统一的，有的物产有产地描述性的注释，有的则没有，而且没有注释的占了很大的比例。因此，根据模式库识别出来的地名与物产知识仅占整个《方志物产》中的一部分，并不是全部。只有从理念上认清和技术上突破，才能用更强大的挖掘技术，更全面地挖掘其内容。

由以上可知，近年来，知识组织研究发展迅速，用于知识组织的方法和技术不断完善，已有很多关于中文古籍知识组织的尝试性研究和探索，积累了大量的成果。但是，将知识组织方法应用于方志古籍内容整理的研究，数量尚少，程度较浅，从技术实现到语料规模等方面均有待于进一步提升和深化。

第三节　研究内容、研究方法及创新之处

一、研究内容

本书以摘抄自方志古籍的《方志物产》为研究对象，以山西分卷为例，在其数字化的基础上，基于内容进行数据挖掘。首先，采用文本编辑技术将原始的电子文档根据需要进行格式化处理；其次，使用命名实体识别技术基于内容进行物产、地名、别名等字段的切分和识别，将相关数据存储到构建的数据库

中，以备后用；最后，根据数据库中采集的数据，借助社会网络分析方法进行可视化的展示，并基于历史视角深入剖析展示结果。具体包括以下几个部分：

1. 研究对象概述

详细介绍研究对象《方志物产》的来源、内容、现状，总结《方志物产》的整理及研究概况。

2. 全文数据库建设

研究《方志物产》山西分卷的载述格式，使用文本编辑技术对原始文档进行格式化处理，并根据处理后的格式构建数据库，将原始数据批量入库保存。

3. 物产分类体系构建

在梳理我国传统的物产分类体系的基础上，结合《方志物产》山西分卷本身的物产分类信息，设计一套符合资料特征的物产分类体系，并实现所有物产分类信息的优化处理。

4. 命名实体识别

以人工标注的语料为基础，使用命名实体识别技术中的条件随机场模型对《方志物产》的物产备注信息中包含的别名、地名、人物、引用、用途等信息，进行自动切分和识别，构建专题数据库，为知识关联和知识发现提供数据源。

5. 社会网络分析

以专题数据库中存储的数据为基础数据，借助社会网络分析方法，以时间、空间为线索实现物产及其相关信息之间的网络展示，并根据单个及多个物产在时空上的关系展示，以及根据物产效用寻找物产之间的关联性。例如，根据时间的演进展示某个区域的物产分布，以发现物种的变迁（哪些原有的物产随着时间演进消失了，哪些原无的物产随着时间演进出现了）；根据时空演进展示某个物产的传播变迁（针对单个物产的传播路线展示，也可以发现该物产是否是大量出现的物产）；根据物产的效用进行物产关联展示，以发现具有相同或者相近效用的物产；展示引用和物产、人物和物产、别名和物产等之间的网络关系，为相关领域的研究提供资料。

6. 基于历史视角的结果分析

《方志物产》载述的主要是明、清及民国时期的各地物产，社会网络分析的结果能够比较清晰地展示这一时期物产的传播及变迁，从当时经济、社会、政治、文化等多个方面，分析物产变迁的动因。

二、研究方法

本书采用的主要研究方法如下：

1. 文献调研方法

查阅大量的论文和专著，主要是有关方志及方志研究、方志整理、农史物产史料整理、文本格式化、信息抽取、命名实体识别、社会网络分析、计算机科学等方面的内容，为本书的撰写夯实理论、史料、工具基础。

2. 实证研究方法

以《方志物产》山西分卷为内容，运用史料学、情报学、社会学、计算机科学等多学科交叉的理论和技术方法，力争探索行之有效的方志类古籍的知识组织路径与方法，将数字史学落到实处，提高方志开发利用的效率。

3. 命名实体识别方法

在人工标注语料的基础上，通过机器学习，构建基于条件随机场的命名实体自动抽取模型，实现《方志物产》文本中命名实体的自动识别。

4. 社会网络分析方法

在命名实体识别结果的基础上，抽取命名实体之间的关联关系，构建关联网络，多角度、多层次分析关联数据，实现知识组织和知识发现。

三、本书结构

本书各章节的研究内容安排如下：

绪论部分介绍了本研究的选题背景和研究意义，梳理了国内外知识组织、中文古籍数字化和《方志物产》等的研究概况，分析了已有研究中存在的不足之处，概述了本书主要的研究内容、研究方法和创新之处。

第一章对《方志物产》的来源和记载内容进行了介绍，概述了选择山西省作为研究地域的原因，介绍了基于文本内容挖掘的方法，对信息抽取技术中的命名实体识别技术的测评方法、识别方法、中文命名实体识别的特点和难点以及信息可视化展示的社会网络分析方法的发展历程、资料来源、分析角度、主要软件等方面进行梳理，明确了研究路径。

第二章分析了文本记述的特征，并针对文本特征设计一套格式化体系，实现了对文本内容的格式化处理。基于格式化处理的结果，设置数据库字段，完成《方志物产》山西分卷的全文数据库建设，为下一步的数据处理做好数据准备，并结合物产信息的地理分布，对物产的整体分布进行了计量统计和分析。

第三章整理分析了《方志物产》山西分卷中蕴含的物产分类信息，结合我国物产分类体系的发展历程，设计了一套符合《方志物产》本身特点的物产分类体系，实现了物产原有分类信息的统一和缺失分类信息的补全功能，并对物产分类信息的处理结果进行了测评分析。另外，进一步完善了文本格式化的程度，并让读者对山西分卷记载的物产信息有直观的了解。

第四章以《方志物产》山西分卷为研究对象，首先，从中筛选出符合要求的研究语料；其次，对其中所蕴含的命名实体进行全文人工标注，并将标注语料分为训练语料和测试语料；再次，让计算机对训练语料进行学习和分析，以完成命名实体识别模型的构建；最后，使用测试语料对命名实体识别模型的识别性能进行测评，根据识别结果构建别名、地名、人名、引用名、用途名等命名实体专题数据库，为文本内容的关联分析和知识发展打下坚实的数据基础。

第五章以命名实体识别的结果为数据源，借助社会网络分析技术对物产与别名、物产与人物、物产与药用价值之间的关系以及物产在时空上的变迁进行了网络分析。通过物产与别名网络的研究，可以查询一个物产对应的别名情况和物产共用别名的状况，也可以发现物产的别名是否为物产的常用别名，还可以挖掘不同类别的物产具有相同别名的现象；通过物产与人物关系的研究，可以查询一个物产引用了哪些人物和一个人物被哪些物产引用的状况，也可以通过分析人物的共被引关系，探寻网络中的关键人物；通过物产与药用价值的研究，可以查询一个物产具有哪些药用价值和具有某种相同药用价值的物产有哪些，还可以从词与字两个不同的层面对物产具有的药用价值进行分析；通过物产在时空上的变迁研究，可以发现随着时间的变迁，哪些物产消失了，哪些物产新增了，还可以直观地展现出单一物产在时间和空间双重因素上的分布情况，对于物产的传播研究有着重要的意义。

结语部分对本研究的研究结果和结论进行了总结和归纳，分析了研究中仍存在的不足之处，阐述了后续研究的展望。

四、创新之处

本书以《方志物产》山西分卷为研究对象，尝试将现代信息技术借鉴到方志类文献的内容挖掘中，首次使用命名实体识别中的条件随机场技术对别名、地名、人名、引用名、用途名等多种类型的命名实体进行识别，首次将社会网络分析技术应用到方志类文献的整理中，实现了知识关联，进行了一定程度的知识发现，为方志类古籍的开发利用提供了新的方法和思路，为农史研究提供了一种使用方志类古籍的便捷途径，开拓了研究视角。创新之处主要有以下3点：

第一，将命名实体识别技术中的条件随机场模型应用到《方志物产》的内容识别中，通过构建自动识别模型实现了别名、引书、人物、用途、地名等命名实体的识别和测试。其中，与前人基于规则的方法相比，别名、引书、地名自动识别的准确率提高了 20％左右。

第二，将社会网络分析技术应用于《方志物产》的知识组织研究，探索了物产名-别名、物产-人物、物产-地点、物产-时间、物产名-药用价值等关联关系的可视化展示和分析，深化了基于文本内容的知识挖掘。

第三，初步构建了一个包括基础数据格式化处理、数据库建设、分类体系构建、命名实体识别、可视化展示与分析等环节在内的方志古籍智能化知识组织研究体系。

五、不足之处

1. 语料规模有待扩大

本研究的研究语料主要来自《方志物产》山西分卷，仅占《方志物产》全文的 1.5％左右，限制了命名实体识别的准确率和社会网络分析展示的效果。将来，随着样本量不断增加，语料内容逐渐丰富，命名实体识别的准确率也将随之提升，关联关系的展示将更加立体和有效。

2. 研究结果有待考证

在本研究开展的过程中，没有进行过多的人工干预，如繁简体、正异体字、同物异名等现象的处理，仅在原始资料的基础上，实现了信息抽取和关联展示。因此，研究结果难免存在误差，在利用过程中需进一步辨析和考证。

第一章

语料及研究方法概述

　　方志古籍是我国典藏古籍之大宗，内容丰富、种类繁多、规模巨大，物产历来是其中一个重要组成部分。本研究以南京农业大学图书馆农业遗产分馆中典藏的方志古籍农业专题资料《方志物产》摘抄本作为语料来源，探索基于方志古籍的内容挖掘和利用。本章将分别从语料介绍、区域选择、研究方法和研究路径等方面进行梳理。

第一节　《方志物产》简介

　　丰富的古籍资料是我国的宝贵资源，而地方志是其中的大宗。中国地方志起源早、持续久、类型全、数量多，是文化遗产中一个重要组成部分，既具有丰富坚实的史料基础，更具备取之不尽、足资参证的史料价值（来新夏，2005）。据《中国地方志联合目录》统计，仅保存至今的宋代至民国时期的方志就有8 264种、11万余卷，占中国古籍的1/10左右（中国科学院北京天文台，1985）。

　　方志中蕴藏着如此丰富的史料，对科学研究和工农生产具有很高的参证价值。学者们历来就有参考利用方志资料的实践传统。传统模式下，方志资料的整理利用都是通过手工操作的方式，进行刊印、辑佚、类编、目录编制等工作，耗时耗力，效率不高。在信息技术快速发展的环境下，资料收集、存储、检索、利用和传播等信息技术被借鉴到方志资料的整理中，出现了题录数据库、专题数据库、全文数据库、电子书和地情网等研究成果，丰富了研究方法，提高了利用效率。

　　万国鼎先生是我国著名农史学家、中国农史学科的主要创始人之一。1955年7月，中国农业遗产研究室由农业部（现农业农村部）批准成立，地址在南京农学院（现南京农业大学），由中国农业科学院筹备小组和南京农学院共同领导。作为研究室首位主任的万国鼎先生，在农业部重视祖国农业遗产整理的政策引领下，带领研究室致力于农业古籍的整理工作。

1956 年起，万国鼎先生组织安排研究室的数十名专家奔赴全国，前往 40 多个大中型城市、100 多个文史单位，包括各省市图书馆、著名大学图书馆、部分省市博物馆、文物管理委员会以及一些知名的私人收藏家，从 8 000 多部地方志中辑录了 3 600 多万字的农史资料，分类整理为《方志综合资料》《方志分类资料》《方志物产资料》，共计 680 册。其中，《方志物产》有 431 册，全文 3 000 余万字，其内容涉及农业生产的各个方面，以动植物品种资源和相关的种植饲养技术为主，记载了物产及其相关信息，包括产地、功用、别名、品种、引书等，具有极高的农业科技、经济史料价值，受到国内外相关学者的高度重视（王思明、陈少华，2005）。该资料是目前世界上唯一一套明清方志农业资料，现存于南京农业大学图书馆农业遗产分馆，如图 1 - 1 所示。

图 1 - 1 　《方志物产》局部藏书图

《方志物产》431 册全部由专家按照原文手工抄写，体例、用字、格式均与原文一模一样，繁体字、竖排、无句读，如图 1 - 2 所示。记载从宋代至民国时期的物产资料，清代最多，达 4 355 种；民国次之，有 1 089 种；明代有 674 种，位列第三；宋代有 20 种，排在第四；元代最少，仅有 13 种。其中，最早的是宋熙宁九年（1076 年）的《长安志》，最晚的是民国三十八年（1949 年）的《定西县志》，涉及的省份有河北、河南、山西、山东、黑龙江、吉林、辽宁、内蒙古、陕西、江苏、浙江、福建、广东、广西、湖南、湖北、安徽、江西、贵州、甘肃、四川、云南、青海、新疆、西藏、台湾。需要说明的是，

23

北京、天津的物产资料包含在河北卷中，上海的物产资料则在江苏卷中，海南的物产资料在广东卷中，重庆的物产资料在四川卷中，宁夏的物产资料在甘肃卷中。纵观区域分布，可以说该资料涵盖了新中国成立初期全国所有的行政区域。志书种类上，又分总志、通志、府志、州志、县志、乡土志、山水志等多种类别。

图1-2 《方志物产》内容页样例

第二节 研究区域选择

《方志物产》记载范围广，涵盖了新中国成立初期全国所有省份，文本的处理是一项巨大的工程。由于明清时期方志编纂体例较为完备，每个省份和地区的格式相对统一，为开展单地域研究提供了较为便利的条件，为单地域研究模式的推广提供了可能。基于此，本研究从全国省份的《方志物产》中选择了山西分卷作为语料库。

山西位于黄河中游，山川环抱，地势险要，气候温和，土地肥沃，物产丰富，历史悠久，是中华民族的发祥地之一。本研究选择山西作为研究地域，主要有以下 4 个方面的原因：

1. 地理位置特殊

山西地处黄河流域中部，东依太行山，西南临黄河，北跨长城，被称为"表里山河"。

2. 地形地貌复杂

山西呈东北斜向西南的平行四边形，是典型的黄土山地高原。地势东北高西南低，高原内部起伏不平、河谷纵横。地貌类型复杂多样，有山地、丘陵、台地、平原，山多川少，山地、丘陵的面积占全省总面积的 80.1%，平川、河谷的面积占总面积的 19.9%。全省海拔大部分地区在 1 500 米以上，最高点为五台山主峰叶斗峰，海拔 3 061.1 米。山西全省总面积 15.67 万平方公里，由南至北分为运城、晋城、临汾、长治、晋中、吕梁、太原、阳泉、忻州、朔州、大同 11 个地市，共 119 个区、市、县。

3. 物产资源丰富

山西作为中华民族发祥地之一，也是农业开发最早的地区之一，农业生产至少有 8 000 年的悠久历史。相传，黄帝元妃嫘祖教民养蚕于夏县，后稷始教民稼穑于稷山。麦秸扇、龙须席、墨、蜡、漆、麝香、人参等多种物产被列为贡品①，后又成为唐代战马主要饲养基地之一，被誉为"华夏文明摇篮"，有"中国古代文化博物馆"之称。

4. 方志资料完整

首先，时间跨度大、持续久，《方志物产》山西分卷记录了从明成化二十一年（1485 年）至民国二十九年（1940 年）共 455 年间山西的物产状况；其次，地域分布广、类型全，有全省、府、州等大范围类型的志书，也有县、乡等中级范围类型的志书，还有山川、河流、寺庙等小范围类型的志书。

因此，以山西分卷为例开展研究，具有一定的代表性，可以为全国范围内的《方志物产》的知识组织研究提供借鉴。

第三节　研究技术概述

根据研究需求，经过文献梳理和分析，考虑到研究语料的特殊性，本书的主要研究方法为命名实体识别和社会网络分析。

---

① （唐）李林甫，等，1992. 唐六典 卷三［M］. 陈仲夫，点校. 北京：中华书局.

一、命名实体识别技术

随着信息技术的快速发展，大量的网络信息、电子书籍等呈现出爆炸式的增长。人们面对海量的信息资料，迫切需要一种智能化技术，快速准确地找到有效的信息。在这样的背景下，信息抽取（information extraction）等自然语言处理技术应运而生。

信息抽取最基本却又非常重要的工作是命名实体识别（named entity recognition，简称NER），最初是在第六届消息理解会议（the 6th Message Understanding Conference，简称MUC-6）上作为信息抽取的一个子任务被提出的（Grishman R and Sundheim B，1996）。命名实体是文本中基本的信息元素，是正确理解文本的基础。命名实体识别是信息抽取研究中最关键、最有实用价值的一项技术，目的是要判断一个文本串是否代表一个命名实体，并确定它的类别。因此，命名实体识别的主要任务是从电子文本中识别出人们感兴趣的命名实体，可以是现实世界中具体的实体，如人名、地名、机构名等，也可以是抽象的实体，如时间、数量等。

1. 命名实体识别的测评方法

命名实体作为文本的基本组成元素，往往能够体现出文本的核心内容，命名实体识别为读者提供了一种便捷的方法，使其在不详细阅读文本的情况下，快速了解文本概况（张素香，2007）。

命名实体识别的目的，就是通过规则或者概率计算的方法，确定命名实体的左右边界词，判断命名实体的长度，进而从文本中识别出命名实体。在识别过程结束后，还要有一个判断过程，识别出的命名实体是否正确，也是从边界词是否正确和实体的类型是否正确两个方面进行评判的，两者全部正确才能断定识别出的命名实体正确。

对命名实体识别结果进行测评，需要在训练语料之外，选定一份测试语料。首先，通过人工辨别的方法，识别出其中所包含的命名实体，组成人工识别的命名实体集合。其次，使用命名实体识别技术对测试语料进行处理，识别出的命名实体组成机器识别的命名实体集合。在衡量识别效果时，在人工识别命名实体集合和机器识别命名实体集合的基础上，分离出3个不同的集合：一是识别正确的命名实体集合［count（correct）］，是指机器识别的命名实体中正确的数量，由机器识别的命名实体与人工识别的命名实体的交集组成；二是识别错误的命名实体集合［count（wrong）］，是指机器识别的命名实体中错误的数量，由机器识别的命名实体集合与机器识别正确的命名实体集合的差集组成；三是丢失的命名实体集合［count（missing）］，是指人工识别的命名实体中没有被机器识别出的命名实体，由人工识别的命名实体集合与机器识别正确的命名实体集合的差集组成。

通常情况下，用召回率 R、精确率 P 和调和平均值 F_1 来衡量命名实体识别的效果。其中，召回率，又称识全率，是指机器识别正确的命名实体集合与人工识别的命名实体集合的百分比；精确率，又称识准率，是指机器识别正确的命名实体集合与机器识别的所有命名实体集合的百分比；调和平均值是对召回率和精确率进行加权几何的计算结果，从而综合评价命名实体识别系统性能。计算公式见式（1-1）~式（1-3）：

$$召回率\ R=\frac{count（correct）}{count（correct）+count（missing）} \tag{1-1}$$

$$精确率\ P=\frac{count（correct）}{count（correct）+count（wrong）} \tag{1-2}$$

$$调和平均值\ F_1=\frac{(\beta^2+1)\times 精确率\ P\times 召回率\ R}{\beta^2\times 精确率\ P+召回率\ R} \tag{1-3}$$

式（1-3）中，β 为召回率 R 和精确率 P 的相对权重，当 $\beta=1$ 时，召回率 R 和精确率 P 具有相同的权重；当 $\beta>1$ 时，精确率 P 的权重较召回率 R 的权重大，说明精确率 P 的指标比较重要；当 $\beta<1$ 时，召回率 R 的权重较精确率 P 的权重大，说明召回率 R 的指标比较重要。一般情况下，β 的值默认取1，即召回率 R 和精确率 P 具有同等的权重，计算出的调和平均值即为 F_1 值。

2. 命名实体识别的主要方法

命名实体识别的研究方法主要有基于规则的方法和基于统计的方法。

（1）基于规则的方法。基于规则的方法的实现分为3个步骤。首先，由语言学家通过阅读文本，根据语言学知识分析命名实体的内外部特征，包括统计信息、标点符号、关键词、指示词、位置词、方向词、中心词等（孙镇、王惠临，2010）；其次，根据语言学家梳理的特征，手工构建大量的规则模板，组成规则库；最后，根据文本内容与规则库的匹配程度识别命名实体。

基于规则的方法是命名实体识别中最早使用的方法，参加 MUC 的命名实体测评的大多都是基于规则的方法。NTU 系统（Chen H H et al.，1999）忽略了那些与规则不匹配的命名实体，这使得识别模型的性能较低；FACILE 系统（Black W J et al.，1998）在与规则发生冲突时，通过赋予外部权值的形式进行选择，封闭测试的查全率和查准率都高达 90% 以上；ISO Quest 系统（Krupke G and Hausman K，1998）赋予每个规则权值，当遇到冲突的时候，选择权值最高的规则，识别效果比 FACILE 好；OKI 系统（Fukumoto J et al.，2011）是一个基于规则的日语命名实体识别系统，先通过一系列的名字列表生成串联规则进行表层识别，再在句子范围内使用结构模式，进行人名、地名、组织机构名的识别，在日语中的应用比在英语上的应用效果好；王宁等（2002）利用规则的方法进行金融领域的公司名称识别，在封闭测试中精确率和召回率达到 90% 左右，开放测试中仅有 60% 左右。

（2）基于统计的方法。基于统计的方法是目前命名实体识别的主流方法，在 CoNLL‐2003 会议上，参赛的 16 个系统全部使用基于统计的方法。先由领域专家对语料进行人工标注，再在人工标注的基础上，对语料中命名实体的内外部特征进行提取和统计分析，计算某字成为命名实体自身组成部分或者外界词的概率。基于概率统计构建命名实体识别模型，对测试语料进行识别，根据识别结果进行模型识别性能的测评。

基于统计的方法主要工作都由机器自动完成，客观性比较强。在这个过程中，机器学习方法的选择至关重要。目前，基于统计的命名实体识别方法主要有隐马尔可夫模型（hidden Markov model，HMM）、最大熵模型（maximum entropy model，MEM）、条件随机场（conditional random fields，CRF）模型等。

① 隐马尔可夫模型。隐马尔可夫模型是基于统计的命名实体识别方法中比较重要的一种统计模型，自 20 世纪七八十年代成功应用在音乐识别领域之后，被广泛应用到词性标注、音字转换等其他新的领域。

隐马尔可夫模型提出了三大假设：假设 1 是马尔可夫假设，即状态构成马尔可夫链，$P（X_i \mid X_{i-1} \cdots X_1）= P（X_i \mid X_{i-1}）$；假设 2 是不动性假设，即状态与具体时间无关，$P（X_{i+1} \mid X_i）= P（X_{j+1} \mid X_j）$；假设 3 是输出独立性假设，即输出仅与当前状态有关，$P（O_1，\cdots，O_T \mid X_1，\cdots，X_T）= \Pi P（O_t \mid X_t）$。在具体的应用研究中，3 个假设与系统的吻合程度影响着系统的性能。

隐马尔可夫模型主要用于解决以下 3 个基本的问题：一是在给定模型的情况下，如何有效计算某个观察序列发生的概率；二是在给定观测序列和模型的前提下，根据现有的隐马尔可夫模型，判断观测序列中最有可能的隐含状态序列；三是在给定观测序列和模型的背景下，通过改变模型的参数，获取观测序列的最大概率（牟力科，2008）。

截至目前，隐马尔可夫模型的研究已经非常成熟，并且在不断的发展中。刘群等（2004）提出了层叠隐马尔可夫模型，利用底层和高层隐马尔可夫模型进行简单和复杂的人名、地名识别，在 2003 年 5 月举办的第一届国际汉语分词大赛中取得了优异的成绩。赵琳瑛等（2008）提出了三阶隐马尔可夫模型，使用基于线性插值的数据平滑算法和改进的 K 均值算法，改善了隐马尔可夫模型无法获取上下文相关信息的缺陷，取得了良好的识别效果。

② 最大熵模型。最大熵模型的核心思想是为给定的训练集选择一个与所有训练数据的概率分布一致的模型（张晓艳，2004）。也就是说，对已知事件保持原状，对未知事件尽可能使其均匀分布。因此，最大熵模型是最均匀分布的模型。

最大熵模型首先对训练语料进行分析，抽取文本特征，生成特征函数；其次根据计算出的特征发生概率，选取合适的特征函数；最后对测试文本进行命名实体识别。近年来，该模型广泛应用于自然语言处理中，具有较强的知识表达能力，在文本分类、数据挖掘、词性标注等问题的处理上都取得了很好的效果。王江伟（2005）基于标注语料，使用最大熵模型实现了人名、地名、机构名的识别，并提出了树-栅格解码算法，解决了模型中潜在的冲突问题。杨华（2008）在不同的特征模板下对最大熵模型进行了测试研究，发现了设计合理的特征模板是最大熵模型的关键。

③ 条件随机场模型。条件随机场模型是 John D. Lafferty 等（2001）在最大熵模型和隐马尔可夫模型的基础上提出来的，能够较好地应用在分词、词性标注、命名实体识别等自然语言处理方面，在英语、汉语等多语种的命名实体识别中受到了广泛的关注和应用。它是一种判别式的概率图模型，用于在给定需要标记的观察序列的条件下，定义标签序列的概率分布。

定义：设图 $G=(V, E)$ 是一个无向图，Y 为标注序列，X 为待标注序列，$Y=\{Y_v|v\in V\}$，令 $X=\{x_1, x_2, \cdots, x_n\}$，$Y=\{y_1, y_2, \cdots, y_n\}$，如果 Y_v 服从马尔科夫属性，则 (X, Y) 构成一个条件随机场，即 $p(Y_v|X, Y_u, u\neq v, \{u, v\}\in V) = p(Y_v|X, Y_u, u\sim v, \{u, v\}\in E)$，$u\sim v$ 表示 u 与 v 是相邻的节点。

在构建 CRF 模型时，语料中上下文的特征都应该被加进去，以提高模型的性能。一般情况下，采用十分法对语料进行基于条件随机场的命名实体识别处理。首先，将整体语料平均分成 10 份，每次选取其中 9 份作为训练语料，剩余 1 份作为测试语料，训练语料中的命名实体经过人工标注，让机器进行统计学习，识别命名实体的特征，如长度和边界词等，测试语料中的命名实体也进行人工标注，用于与模型识别的结果进行对比；其次，经过不同的实验测试，选取合理的特征加入特征模板中；再次，根据特征模板构建条件随机场模型；最后，使用构建好的模型对测试语料进行处理，识别其中的命名实体。

张奇等（2010）提出了动态关系的概念，并基于条件随机场理论，建立了网页动态关系的表示模型，得到了实用有效的结论；张金龙等（2014）以1 500余篇包含医疗机构名的文本文件为语料，分析总结医疗机构名出现的规则，并结合条件随机场模型，建立了中文医疗机构名识别模型；王鹏远等（2017）对医疗文本中存在的大量的复合疾病名称进行分析，在数据标注的基础上，通过随机场算法，进行疾病名称识别的研究；李丽双等（2012）对Bakeoff 2007 NER人物的MSRA语料进行开放测试，中文地名的识别结果比较理想；赵晓凡等（2011）使用机器学习方法，根据人名的结构和用字信息，对231 337个人名判定性别，正确率达到89.30%；吴琼等（2014）通过分析文本中时间表达的规则，识别时间单元，并进行了测试，F_1值高达98.31%。

3. 中文命名实体识别的难点

英文因其词汇含义的单一性和文本结构的规则性，取得了较好的命名实体识别效果。中文命名实体识别的研究还不成熟，而中文的语言特点又为命名实体的识别带来了一定的困难。中文命名实体识别的任务主要分为3个类别：人名、地名、机构名。每个类别的命名实体都有独有的特征。一方面，这些特征中呈现规则的部分成为中文命名实体识别的判断依据；另一方面，特征中呈现出不规则性的部分又阻碍了命名实体识别效果的提高。

（1）中文人名识别的难点。中文人名一般由姓和名2个部分组成。其中，姓又可以分为3种情况：一是单姓，即姓中只有1个汉字，如张、王、李、赵、孙、钱等；二是复姓，即姓中包含2个汉字，如独孤、诸葛、令狐、欧阳、上官、司马等；三是组合姓，即姓中由2个不同的单姓组成，如陈方、范徐、刘王等。在以上3类姓中，单姓所占的比例最大，复姓和组合姓的比例较少。姓氏虽然复杂，却还有一定的范围和来源，名的用字范围较姓更为广泛，随意性很大。

中文人名在文本中的出现形式主要分为以下几种："姓＋名"，如刘邦、司马光等；"前缀＋姓"，如小王、老李等；"姓＋后缀"，如张总、赵某、朱老师等；仅有"姓"，如徐见到了王；仅有"名"，如杉杉来了；"名＋后缀"，如小平同志；特定人物称谓，如主席、明太祖等；其他通用称谓，如父亲、母亲、老师、校长等。

在现实文本中，人名往往不是单独出现的，而是嵌套于上下文中。人名出现形式的多样化，为人名的命名实体识别带来了很多困难，导致识别位置偏差、识别长度有误、识别不出等现象，这些都直接影响到人名命名实体识别的效果（康才畯等，2015）。

在人名识别的过程中，虽然存在很多困难，但是依然可能从人名的上下文的语言环境中找到一些有用的信息，以辅助提高识别效果。首先，就人名长度而言，除了边界十分明显的以外，一般控制在 2～4 个汉字。其次，就人名边界而言，有一些比较常用的人名的边界词可以参考，如后缀词"说、认为、指出"等，前缀词"授予、表扬"等，可以是前缀词又可以是后缀词的"要求、命令、希望"等。此外，还有一些修饰词也可以成为人名识别的参照，如形容词"高兴、开心、害怕"等常出现在人名之前，"很、非常、十分"等副词常出现在人名之后，"和、与、跟"等连词常出现在 2 个人名之间。

（2）中文地名识别的难点。地名是指一个地方的名称，指代对象多样，可以指国家、省、市、县、乡、区、镇、村等区域名称，也可以指江、河、湖、海、山川、高原、岛屿、盆地、沙漠、绿洲等自然地理名称，还可以指桥梁、水库、楼房等建筑物名称。中文地名的识别难度比人名识别更大（马龙，2009）。

① 地名的数量庞大。地名由于指代范围广而导致数量十分庞大，用字没有明确的规范，比较随意，且随着社会的发展和时代的变迁，地名在不断地变更，老地名的消失、新地名的出现甚至新老地名同时使用的现象也十分普遍。

② 地名的长度不一。地名的命名方式没有严格的规定，长度可长可短，短的可能只有一两个字，如祁县、朱庄等，长的可能包含几个甚至十几个汉字，如塔什库尔干塔吉克自治县，就长达 11 个汉字。

③ 地名简称的使用。在文本中，经常会使用正式地名的简称，如江苏简称苏、北京简称京、天津简称津等，更为地名的识别带来了困难。

④ 地名用字的复杂。地名中的用字情况比较随意且复杂，有时候将地名中的字分割开来，单字作为地名出现的频率并不高，这就给统计识别带来了困扰，如西直门、马家塔等。

⑤ 地名的组合出现。地名有时候不是一个一个单独出现在文本当中，而是数个地名同时出现，如"我们来到安徽宿州的砀山县"，类似结果在识别过程中比较难分隔。

⑥ 地名别名的使用。地名除了有官方名称以外，还会根据各地特点被赋予别名，如上海又称申城、广州又称羊城、昆明又称春城等。虽然地名的长度、用字、出现方式为识别带来了困难，但是仍然可以根据上下文的关系，为地名识别寻找有用的信息。

a. 后缀词。地名的后面经常会有后缀词出现，如省、市、县、区、乡、镇、村、山等，有利于确定地名的右边界。

　　b. 前缀词。地名的前面往往会出现一些介词作为前缀词，如在、去、到等，有助于确定地名的左边界。

　　c. 利用词典。一些常用的或者比较重要的地名已经成为基本词汇被收入专门的词典中，包括国家名称、省级行政区、重要的城市和地区、著名的山川河流和名胜古迹等，这样的地名通过词典可以顺利地识别。

　　(3) 中文机构名识别的难点。机构名是指机关、团体和其他企事业单位的名称，其中，企事业单位包括学校、医院、公司、研究院所、政府机关等。与人名、地名相比，中文机构名又具有更多识别的障碍（张小衡、王玲玲，1997）。

　　① 数量特别多。机构不仅包含了政府机关部门，还包含国有企业、私有企业，有大公司，也有小公司。据统计，中国已有数千万的大中小型企业，如此多数量的企业，必对应有相同数量的名称。

　　② 用字非常复杂。机构名称通常是由自主命名部分加通用命名部分组成，其中自主命名部分在一定范围内用字随意性较大。

　　③ 长度不固定。机构名称的长度没有特别严格的要求，往往长短不一，差距很大。短的机构名称如北京大学等，长的如中国船舶重工集团南京鹏力科技集团有限公司。

　　④ 简称的使用。虽然《中华人民共和国市场主体登记管理条例》规定每个市场主体只能登记一个名称，但在营销推广过程中，是可以使用简称或外文名称等市场流通名称的。而简称、全称等多种名称的混合使用，也为机构名识别增加了负担。

　　在人名、地名、机构名三者的命名实体识别中，尽管机构名的识别难度最大。但通过归纳总结，也能发现一些有利于识别的特点（俞鸿魁，2004）。

　　第一，机构名称的结尾词。虽然机构名称的组成方式多种多样，但是可以分为集合类别。一是教育单位，一般以大学、学院、学校等词语结尾；二是企业单位，一般以公司、集团等结尾；三是科研单位，一般以研究院、研究所等结尾；四是政府部门，一般以政府、办公室等结尾。

　　第二，一般来讲，注册的企事业单位及政府部门等机构名称都被登记在册，有相关的系统可以查询和借鉴。

　　(4) 嵌套识别的难点。人名、地名和机构名一般情况下相对独立地存在于上下文中。但是，由于中文用字的自由性和开放性，三者在文本当中也会嵌套出现，从而为本就复杂的中文命名实体识别带来更大的困难。

　　① 人名中包含地名。人名的来源范围较为广泛，有时候直接以地名作为人物的名字，如李长春、朱宁波、张京杭等，在识别的过程中，长春、宁波、

京、杭有可能被作为地名识别出来。

② 机构名中出现地名。一个机构的名称往往包含了某区域内从事某行业的内容，如南京市江宁区人民政府，在识别过程中，南京市和江宁区就有可能被作为地名识别出来。

综上可知，汉字的字和词并没有明确的定义，即使是人为理解起来也会有歧义，机器处理错误更加难以避免；中文命名实体的边界词不明显，影响了对命名实体具体位置的精确判断；中文命名实体自身和上下文结构的复杂性，难以形成完善的规则库。总之，中文的用字习惯和行文特征的多样化都成为中文命名实体识别的难点。

4. 条件随机场模型的可行性分析

国外对于英文命名实体识别的研究开始比较早。由于英文命名实体的识别中只需考虑词本身的特征而不涉及分词问题，因此实现难度相对较低。根据MUC 以及自动内容抽取（automatic content extraction，简称 ACE）的评测结果，测试的精确率、召回率、调和平均值目前大多可以达到 97% 左右。国外对于命名识别研究主要包括：Bikel 等最早提出了基于隐马尔可夫模型的英文命名实体识别方法，其在 MUC－6 测试文本集的测试结果显示，英文地名、机构名和人名的识别精度分别达到了 97%、94% 和 95%，召回率分别达到了95%、94% 和 94%；Liao 等（2009）提出了基于条件随机场模型，采用半监督的学习算法进行命名实体识别；Ratinov 等（2009）采用未标注文本训练词类模型（Word Class Model）的办法，可以有效地提高 NER 系统的识别效率，并针对 CoNLL－2003 的数据集开发出 F_1 值达到 90.8% 的命名实体识别系统；Tsai 等（2004）提出基于最大熵的混合的方法。

由于中文内在的特殊性决定了在文本处理时首先必须进行词法分析，中文命名实体识别的难度要比英文的难度大。中文命名实体识别起步较晚，20 世纪 90 年代初期开始，国内一些学者对中文命名实体（如地名、人名、组织机构名等）识别进行了一些研究。孙茂松等（1995）在国内比较早开始进行中文人名识别，他们主要采用统计的方法计算姓氏和人名用字概率。张小衡等（1997）对中文机构名称进行识别与分析，主要采用人工规则对高校名进行了实验研究。Intel 中国研究中心的 Zhang 等（2000）在 ACL2000 上演示了他们开发的一个抽取中文命名实体以及这些实体间相互关系的信息抽取系统，利用基于记忆的学习（memory based learning，MBL）算法获取规则，用以抽取命名实体及它们之间的关系；冯元勇等（2008）提出基于单字提示特征的中文命名实体识别快速算法；郑逢强等（2008）将"知网"中的义原作为特征加入最大熵模型中，以此来训练产生性能更好的模型。

中文命名实体的研究主要集中在现代汉语上，在少数民族语言研究上也有应用。康才畯等（2015）基于条件随机场模型，在字粒度上识别并切分藏文人名，利用藏文人名在文本中出现的特征来确定藏文人名在文本序列中的边界；木合亚提·尼亚孜别克等（2016）采用基于条件随机场的方法，针对哈萨克语信息技术术语的组成形式、定界规则等术语自动识别标注问题，分析不同特征组合对术语识别的影响，探讨最有效的组合；吴金星等（2016）以内蒙古大学开发的 100 万词规模的标注语料库为训练数据，基于条件随机场模型，分析蒙古语语料库中人名的存在形式以及各类人名的特点，在词汇特征、词性特征和指示词特征等基本特征基础上引入了汉语姓氏特征、人名词典特征、兼类人名特征以及双词根特征，实现了蒙文人名的识别，精确率、召回率和 F_1 值均达到了 90％以上。

古籍命名实体的识别不同于现代文献，在繁简字、标点符号、句式表达等多个方面都存在着差异，相比现代汉语的识别难度，古籍识别难度更大。石民等（2010）对《左传》进行了词汇处理和考察分析，采用条件随机场模型，进行自动分词、词性标注、分词标注一体化的对比实验，取得了较好的效果；肖磊（2009）、汪青青（2009）分析了《左传》地名和人名结构的特点，基于 CRF 模型，分别实现了地名和人名的自动识别；马创新（2011）通过模型构建和结构分析，实现了《十三经注疏》中引文文献的识别和分析；钱智勇等（2014）基于隐马尔科夫模型，进行了楚辞的自动分词标注实验，并根据实验情况设计了一个分词标注辅助软件；黄水清等（2015）基于先秦语料库，分别使用条件随机场和最大熵模型对地名进行了识别研究，得出条件随机场的识别效果优于最大熵模型的结论。

方志类古籍的命名实体识别研究刚刚起步。朱锁玲（2011）以广东、福建、台湾三省为例，基于规则识别了文中的地名，精确率为 63.38％，召回率为 82.89％；衡中青（2009）以广东分卷为例，基于规则分别识别了文中的引书和别名，其中，引书识别的召回率和精确率分别为 84.95％和 72.88％，别名的召回率为 88.6％，精确率为 71.6％。

从以上文献梳理可以看出，命名实体识别技术中基于规则的方法、基于统计的方法都不断地有学者在进行相关的研究，每一种方法都各有优缺点。

基于规则的方法都是依赖手工整理的规则，当提取的规则能够比较精确地反映文本的结构特点时，此方法才能取得较好的识别结果。然而，基于规则的方法具有明显的缺点：①人力要求高，规则的识别往往需要语言学家的参与，增加了人力投入的成本；②规则完善难，人工对语料中规则的统计与实际存在的规则之间难免有出入，造成规则库的规则不能全面覆盖命名实体的分布范围；③提取时间长，人工编写规则所需要的时间与人力投入的大小和语料库的规模有着直接的关系，一般情况下，人工提取规则需要较长的时间；④可移植性差，语言学家编写的规则是专门针对某一特殊语料的，一旦更换了新的语料，就需要语言学家重新编写新的规则（丁卓冶，2008）。因此，基于规则的方法对语料的依赖性强，仅适用于具有明显规则特征的小规模语料。

基于统计的方法主要是通过计算机对于语料特征的自动学习而构建模型，对语料的依赖性较小，且不需要语言学家的参与以及大量的人工，可以在短时间内完成，并且系统具有较好的可移植性。基于统计的方法比较常用的模型是隐马尔科夫模型、最大熵模型、条件随机场模型3种。从文献数量统计发现，基于统计的方法中条件随机场模型以其投入小、效果好、可移植性强而备受关注。

本研究的语料是《方志物产》，全文3 000余万字，且采用繁体字无句读书写，行文格式多变，文中记载了大量的物产和与物产相关的别名、时间、地点、品种、用途、人物、引书等多种多样的信息，全面提取文中的规则十分困难。另外，《方志物产》在地域上涉及了新中国成立初期全国所有的省份，选取某一省份的资料作为研究语料，还要考虑识别模型的可移植性。因此，单一基于规则的方法不足以满足该语料命名实体识别的需求。对比3种常用的统计模型，隐马尔可夫模型的研究较多，算法也比较成熟，训练容易且效果好，但是它融合多种信息的能力不强，也不能利用上下文的信息，不利于复杂命名实体的识别；最大熵模型可以综合观察各种相关或不相关的概率知识，具有较强的知识表达能力，易用且易移植，但是训练时间复杂性高，CPU的开销很大；条件随机场模型是在隐马尔可夫模型和最大熵模型的基础上提出的，突破了隐马尔可夫模型的严格独立性假设限制，优化了最大熵模型的归一化处理，从而解决了标注偏差的问题，能够灵活地融合上下文的多种特征，基于条件概率处理序列标注问题，具有成熟的开源工具，在中文分词领域有着良好的性能和广泛的应用。在模型的灵活性、包容性、耗时性、可移植性等多方面的综合考虑下，条件随机场模型比较适合《方志物产》中命名实体识别的挖掘。本研究首次将条件随机场模型应用到全文标注的方志资料中，是一次有意义的研究探索。

二、社会网络分析方法

网络是由节点（note）和节点之间的某种关系构成的集合，社会网络是由作为节点的社会行动者（social actor）及其之间的关系构成的集合（刘军，2014）。

社会行动者可以是任何一个社会实体。社会行动者之间的关系表示社会行动者之间存在着联络内容。关系有多种表现形式（刘军，2014）：首先，关系有一元和多元之分，如在一个学生群体中，同时存在着同学关系、恋爱关系、友谊关系、同乡关系等，根据研究者关注的哪个或者哪些关系来确定关系是一元的还是多元的；其次，关系又分为整体的和局部的，如果要研究一个整体内部的全部行动者之间的关系，就要重点关注整体网络的特征，如果想详细了解具体的行动者与其他行动者之间的关系，就要使用局部网的特征。

根据社会行动者集合类型的数目，社会网络主要分为以下三大类型（刘军，2014）：①1-模网络（one-mode network），是指由一个行动者集合内部的各个行动者及其之间的关系组成的网络，例如，一个班级内 30 名学生及其之间的朋友关系组成的网络；②2-模网络（two-mode network），是指一个社会行动者集合和另一个社会行动者集合中的社会行动者及其之间的关系组成的网络，如会计 1 班和会计 2 班的学生及其之间的朋友关系组成的网络，2-模网络中有一类特殊的网络，即隶属网络（affiliation network），是指 2 个行动者集合之间存在隶属关系，例如，一个行动者集合为参加俱乐部的人员，另一个行动者集合为俱乐部名称（足球俱乐部、篮球俱乐部、台球俱乐部等）；③多模网络（multi-mode network），是指多个社会行动者集合的社会行动者及其之间的关系组成的网络，如大学一年级、大学二年级、大学三年级的学生及其之间的朋友关系组成的网络。

1. 社会网络分析的发展历程

社会网络研究发端于 20 世纪二三十年代英国人类学的研究。英国人类学家 Brown 首次使用"社会网络"（social networks）概念；1954 年，Barnes 在对挪威渔村研究时进一步将"人类社会是互相交织在一起的社会关系构成的"这一个大家并不陌生的隐喻提升为系统研究；美国社会心理学家 Moreno（1934）创立的社会测量法则为社会网络分析奠定计量分析基础；Wellman（1999）认为，社会网络分析已经被广泛应用于网络社会关系发掘、支配类型发现（关键因素）以及信息流跟踪，通过社会网络信息来判断和解释信息行为和信息态度。而且，作为一种跨学科的研究方法，社会学、心理学、经济学、信息科学、系统科学与计算机科学的共同努力，使得社会网络分析从一种隐喻成为一种现实的研究范式。

虽然社会网络分析作为一个明确的研究方法而得到不断的发展和广泛的应

用只是最近 20 年左右的事情，但是追溯其源头，已有 80 余年的历史。根据社会网络发展的研究进程，可以划分为 3 个阶段：形成阶段、成熟阶段、深化阶段（约翰·斯科特，2016；弗里曼，2008；林聚任，2009）。

形成阶段主要有 3 条发展主线，分别是：社会心理学的社会计量学学派，运用图论方法对网络分析的共现；20 世纪 30 年代的哈佛学派，在研究人机模式和"团伙"方面的成就；曼彻斯特的人类学派，对部落和乡村社会"共同体"关系结构的研究。

成熟阶段的标志是出现了一批专业的研究学者和成立了专门的研究组织，研究学者的代表有哈里森·C. 怀特（Harrison C. White）和马克·格拉诺维特（Mark Granovetter）等，代表性的组织如巴里·韦尔曼（Barry Wellman）成立了"国际社会网络分析网络"（International Network for Social Network Analysis，简称 INSNA），INSNA 创立了通讯性刊物《联络》（*Connection*），林顿·C. 弗里曼（Linton C. Freeman）等创办了《社会网络》（*Social Networks*），后又创办了电子期刊《社会结构学刊》（*Journal of Social Structure*）等。这一时期，一方面，扩大了社会网络的研究范围，创新了社会结构的研究方法；另一方面，发展了社会网络的相关理论，明确了社会网络的影响和重要性。

深化阶段主要表现在理论深化、技术成熟、应用更广 3 个方面。首先，出现了一批著作，如罗纳德·伯特（Ronald Burt）的"结构洞（structural hole）理论"和林南（Nan Lin）等人的社会资本研究是理论深化的代表性成果，约翰·斯科特（John Scott）的《社会网络分析手册》、斯坦利·沃瑟曼（Stanley Wasserman）和凯瑟琳·福斯特（Katherine Faust）的《社会网络分析：方法与应用》、A. 德根（A. Degenne）和 M. 福斯（M. Forse）的《社会网络导引》、斯坦利·沃瑟曼（Stanley Wasserman）和约瑟夫·加拉斯基维克兹（Joseph Galaskiewicz）合编的《社会网络分析的进展：在社会和行为科学中的研究》、罗纳德·布雷格（Ronald Breiger）等编的《动态性社会网络模型与分析》、彼得·J. 卡林顿（Carrington）与约翰·斯科特（Scott）及沃瑟曼（Wasserman）等编的《社会网络分析模型与方法》、P. 多雷安（Doreian）和 V. 巴塔格尔吉（Batagelj）及 A. 费里格吉（Ferligoj）等编的《一般化块模型》等，深化了社会网络分析的理论研究。其次，SOCPAC I、BLOCKER、CONCOR、STRUCTURE 等程序的开发使得社会网络分析的技术更为成熟。再次，应用范围的扩大，一方面，从应用领域说来，社会网络分析已经不仅仅局限于传统的小群体关系、家庭与社会支持网络的研究，而是扩展到了几乎所有的人类活动领域，包括社会、经济、政治等活动，如职业流动、世界贸易体系、社区决策、社会支持、企业合作关系、信仰体系、联盟的形成等（沃瑟曼、福斯特，2012）；另一方面，从学科领域来说，社会网络分析已经跨越了传统的学科界限，不仅仅只应用于心理学、社会学、人类学等少数学科，而是广泛扩展到了众多的学科领域，相关的研究论文呈线性增长趋势。

总之，不管是人际关系网、商业联系网还是信息传递网，无论是简单的网络还是复杂的网络，都有着相似的关联结构，而网络中存在的弱纽带关系在人们的生活中发挥着重要的作用。

2. 社会网络分析的资料来源

社会网络分析的资料是进行社会网络分析的基础，是指一组能够反映行动者关系的信息。首先得有关于社会关系的数据信息，即关系数据；其次得有一定的数据表现形式，即通过一定的变量或者数值反映关系特征。关系数据的收集方法多种多样，常用的方法有问卷法、访谈法、观察法、文献档案法、实验法等（刘军，2014；约翰·斯科特，2016；林聚任，2009）。

（1）问卷法。问卷法是常用的研究方法之一，它是通过设计、发放、回收、分析调查问卷的形式进行的。调查问卷通常包括问题和答案两部分，调查者会根据不同的研究目的设计不同内容的调查问卷，请被调查者根据调查问卷的内容，自由记录或客观选择自己的关系网络情况。

（2）访谈法。在田野研究中，如果想要了解一个群体的社会结构，就要与当地人进行长时间的接触和深入的访谈，从接触和访谈中获取关于这个群体的丰富信息，构建该群体的社会结构网络。

（3）观察法。在社会网络分析中，观察法主要适用于小型群体，通过对某一小群体的具体观察记录，了解其关系结构、密切程度和互动特征等。该方法在不方便使用调查问卷法和访谈法的情况下特别合适。

（4）文献档案法。文献档案法是根据研究对象的有关资料，如日记、档案、信件、报刊等文献，进行追踪查询，以找到其社会关系网络。该方法既可以开展个体网研究，又可以开展整体网研究。

（5）实验法。实验法又分人工实验和计算机模拟实验两种方法：人工实验仅适用于小规模的社会互动研究，计算机模拟实验可以分析大规模的网络数据。比较具有代表性的实验是美国心理学家斯坦利·米尔格拉姆（Stanley Milgram）在研究人际关系时，采用人工实验法，发现了"六度分隔"现象，认为全世界的人只要通过6个人就可以建立联系。

一般来讲，个体网反映的是某个行动者与其他社会行动者之间的关系，网络结构相对简单，资料收集比较容易，多采用调查问卷法、访谈法、观察法。整体网涉及社会行动者多、差异性大、关系复杂，资料收集难度随之增大。在具体研究过程中，要依据研究的目的不同，选择合适的资料收集方法，以保证资料的信度和效度。

3. 社会网络分析的分析角度

社会网络分析是由社会学家根据数学方法、图论等发展起来的定量分析方法，自20世纪70年代以来，提出了大量概念和方法来观测结构类型、鉴别相互关系的类型、分析网络成员之间的行为结构内涵以及社会成员之间的社会结构，分为"整体网络分析"（whole network）和"自我中心网络分析"（ego-network）2个研究取向。"整体网络分析"是网络结构分析，主要研究群体中不同角色的关系结构，集中于探讨网络结构随时间的变迁和网络中成员的直接或者间接的联系方式。自我中心网络分析，主要关心个体行为受人际网络的影响，进而研究社会团体和人际网络的形成。目前，自我中心网络分析主要集中在新经济社会学的研究之中，并且逐渐拓展到社区、社会阶层、流动人口、社会变迁等整个社会学研究领域（诺克、杨松，2012）。

社会网络分析的研究过程分为3个阶段：资料收集、数据源制作、网络图生成。然而，当一个整体网络图展现出来时，往往不能直接反映出研究者需要的信息，这就要求进行整体网络分析。研究者可以根据实际需求从不同视角分析网络，一般而言，主要从中心度和凝聚子群2个方面开展分析研究（罗家德，2010；刘军，2014；约翰·斯科特，2016；林聚任，2009）。

（1）中心度。中心度通常能够反映出网络中的明星顶点，一般测量中心度的标准有点度中心度、接近中心度和中介中心度。

① 点度中心度（degree）。在无向图中，节点的中心度就是顶点的点度，是指一个顶点与网络中其他顶点之间的连线数。对于拥有 g 个顶点的无向图，顶点 i 的点度中心度是 i 与其他 $g-1$ 个顶点之间的直接连线总数，可以表示为式（1-4）：

$$C_D(n_i) = \sum_{j=1}^{g} x_{ij} (i \neq j) \qquad (1-4)$$

式中，$C_D(n_i)$ 为节点 i 的点度中心度；$\sum_{j=1}^{g} x_{ij}$ 为计算顶点 i 与其他节点之间的直接连线数；$i \neq j$ 表示排除节点 i 与自身的环形联系。

式（1-4）计算出来的点度中心度会随着网络规模的变化而变化，在规模越大的网络中，会出现点度中心度很大的顶点，为了消除网络规模变化对点度中心度的影响，常使用式（1-5）这个标准化的测量公式：

$$C'_D(N_i) = \frac{C_D(n_i)}{g-1} \qquad (1-5)$$

② 接近中心度（closeness）。顶点的接近中心度用于反映在一个网络中，某一个节点与其他节点之间的接近程度。同样在一个规模为 g 的网络中，节点 i 与其他 $g-1$ 个节点之间的接近中心度为节点 i 与其他 $g-1$ 个节点之间测地距总和的倒数，具体表示见式（1-6）：

$$C_C(N_i) = \frac{1}{\left[\sum\limits_{j=1}^{g} d(N_i, N_j)\right]} (i \neq j) \qquad (1-6)$$

式中，测量值不能为 0。因为在数学中 0 是不能作为分母的，所以式（1-6）不能测量孤点的接近中心度，只能测量具有连接关系的顶点的接近中心度。然而，顶点的接近中心度依然是根据网络规模大小的变化而变化，为了控制网络规模而便于不同网络间顶点的比较，建议采用标准化计算公式，见式（1-7）：

$$C'_C(N_i) = (g-1) \left[C_C(N_i)\right] \qquad (1-7)$$

③ 中介中心度（Betweenness）。顶点的中介中心度是指一个顶点与其他顶点之间的间隔程度，能够帮助判断该顶点是否成为该网络的桥梁或者中介，处于中介地位的顶点对其他顶点具有更大的影响。为了量化顶点 i 的中介中心度，首先设 g_{jk} 是点 j 和 k 之间的测地距的路径数量，$g_{jk}(N_i)$ 是点 j 和 k 之间所有经过点 i 的测地距路径的数量。然后，将 $g_{jk}(N_i)$ 除以 g_{jk}，就得到了点 j 和 k 之间所有经过 i 的测地距路径的比例。于是，顶点 i 的中介中心度就是所有的测地距之和，具体公式见式（1-8）：

$$C_B(N_i) = \sum_{j<k} \frac{g_{jk}(N_i)}{g_{jk}} \qquad (1-8)$$

沃瑟曼和浮士德提出了一个标准化公式，来控制中介顶点的中介中心度，如式（1-9）所示。标准化中介中心度的值越接近 1，该顶点就越有可能成为网络的桥梁，越能控制或者调节网络关系。

$$C'_B(N_i) = \frac{C_B(N_i) \times 2}{(g-1)(g-2)} \qquad (1-9)$$

（2）凝聚子群。小群体是社会学研究的重要内容之一，有关群体、子群、派系等概念及其研究在社会心理学中得到了广泛的应用。关于群体的定义有很多，刘军提出了基于社会网络意义上的群体概念，即在既定目标和规范的约束下，彼此互动、协同活动的一群社会行动者。而关于凝聚子群的概念，学界没有明确的定义。沃瑟曼和福斯特认为，凝聚子群是满足如下条件的一个行动者集合，即在此集合中的行动者之间具有相对较强、直接、紧密、经常的或者积极的关系。通常情况下，有 2 种计算凝聚子群的方法：一是通过节点程度计算，二是通过距离程度计算。

① 以节点程度计算的方法主要有 3 种：K-丛、K-核、LS 集合。

K-丛的定义是：K-丛是包含了 g_s 个节点的子图形，在该图形中，每一个节点都与同一子图形中的 g_s-k 个节点有相连关系。也就是说，如果一个凝聚子群的规模为 n，那么只有当该子群中的所有顶点的点度都不小于（$n-k$）这个值的时候，才能称之为 k-丛。在进行 k-丛分析的时候，有一个值得关注的问题就是 k 的取值，如何确定 k 的最小规模。当 k 取值较小的时候，k-丛可以是相对较小的。然而，随着 k 值的增大，会产生无意义的结果，因为 k 值高的子群都只能是内聚力较小的图。因此，k 究竟取多大的值比较合适，需要根据经验和研究的实际情况而定。表 1-1 给出了在 k 的取值问题上学者们坚持的经验"原则"：

表 1-1　可接受的 k-丛的最低规模

值	k-丛的最低规模
2	4
3	5
4	7
k	$2k-1$

K-核的定义是：对所有的 $n_i \in N_s$ 来说，如果 $d_s(i) \geqslant k$，则子图形 G_s 是 K-核，其中 $d_s(i)$ 是指相连的节点数。也就是说，一个子图中的所有顶点至少都要保持跟其他 k 个顶点邻接，即点度不小于 k。k 值的不同，得到的 k-核也不一样。研究者要根据自己的数据和研究目的决定 k 值的大小。

LS 集合（Lambda Sets），又称 λ 集合，定义是：N_s 是 N 的子集，且对所有的 i，j，$k \in N_s$，$l \in N-N_s$，如果 $\lambda(i, j) > \lambda(K, l)$，则子集 N_s 是一个 λ 集合。也就是说，假设存在一个图 G，它对应的顶点集合为 N；G 中存在一个子图 G_s，其对应的顶点集合为 N_s；在假设 N_s 中存在一个真子集 S_s，即 $S_s \subset N_s$。如果任何一个真子集 S_s 到 N_s-S_s 中点的关系都多于到 $N-N_s$ 中点的关系的话，就称 N_s 是一个 LS 集合。LS 集合具有 2 个重要的性质：一是由于 LS 集合中的所有子集内部的关系都要多于外部的关系，所以 LS 集合内部都是相对稳健的，不包含分裂性的群体；二是在一个既定的图中，可能存在多个 LS 集合，在各个 LS 集合之间存在一种关系，就是任何 2 个 LS 集合之间不存在共同的成员或者一个 LS 集合包含另一个 LS 集合的现象。

　　② 以距离程度计算凝聚子群的方法主要有：N-团伙、N-宗派、N-俱乐部。

　　N-团伙：指小团体内任何 2 点之间的距离都要小于等于 n。一个 N-团伙是一个任何 2 点间的路径长度小于等于 n 的最大子图。1-团伙就是最大完备子网络，其中，所有顶点之间都直接相连，距离都是 1；一个 2-团伙内部的顶点或者直接相连（距离为 1），或者通过一个共同的邻点间接相连（距离为 2）。n 越大，团伙顶点之间的距离越远，图形就越松散。

　　N-宗派：指一个所有捷径都包含在子图形内的 N-团伙。

　　N-俱乐部：指直径小于或等于 n 的子图形。

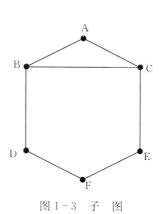

图 1-3　子　图

　　N-团伙、N-宗派、N-俱乐部在概念上比较相似，但 N-团伙只要求看路径的最短路径，而 N-宗派和 N-俱乐部要求的则是直径。在图 1-3 中，取 $n=2$，可以得到：2-团伙为 {A，B，C，D，E} 和 {B，C，D，E，F}，2-宗派为 {B，C，D，E，F}，2-俱乐部为 {A，B，C，D}、{A，B，C，E} 和 {B，C，D，E，F}。

4. 社会网络分析的主要软件

　　为了使社会网络分析有更强的可移植性和更广泛的应用性，国内外的学者们研制开发了数十种社会网络分析的软件或者程序。《社会网络分析的模式与方法》一书共整理出被各界学者使用的社会网络分析软件 23 款，并对软件名称、版本信息、研究目标、数据类型、功能实现等多个方面进行了介绍，见表 1-2（Carrington P J，et al.，2005）。

表 1-2　23 个社会网络分析程序

序号	名称	版本	目标	数据		功能	
				类型	输入	形象化	分析
1	Agna	2.1.1	综合	c	m	是	d，sl，sequential
2	Blanche	4.6.5	网络动态	c	m	是	simulation
3	FATCAT	4.2*	背景分析	c	ln	是	d，s
4	GRADAP	2.0*	图分析	c	ln	否	d，sl，dt
5	Iknow	—	知识网络	e	n	是	d，sl
6	InFlow	3.0	网络绘图	c，e	ln	是	d，sl，rp

（续）

序号	名称	版本	目标	数据		功能	
				类型	输入	形象化	分析
7	KliqFinder	0.05	凝聚子群	c	m，ln	否	sl，s
8	MultiNet	4.38	背景分析	c，l	ln	是	d，rp，s
9	NEGOPY	4.30*	凝聚子群	c	ln	是	d，sl，rp
10	NetDraw	1.0	可视化	c，e，a	m，ln	是	d，sl
11	NetMiner	2.4.0	可视化分析	c，e，a	m，ln	是	d，sl，rp，dt，s
12	NetVis	2.0	可视化探索	c，e，a	m，ln	是	d，sl
13	Pajek	1.00	大型数据的可视化	c，a，l	m，ln	是	d，sl，rp，dt
14	PermNet	0.94	重排检验	c	m	否	dt，s
15	PGRAPH	2.7	亲属网络	c	ln	否	d，rp
16	ReferralWeb	2.0	分派链	e	ln	是	d
17	SM LinkAlyzer	2.1	隐藏总体	e	ln	是	d
18	SNAFU	2.0	面向 Macos	c	m，ln	是	d，sl
19	Snowball	—*	隐藏总体	e	ln	否	s
20	StOCNET	1.5	统计分析	c	m	否	d，dt，s
21	STRUCTURE	4.2*	结构分析	c，a	ln	否	sl，rp
22	UCINET	6.55	综合	c，e，a	m，ln	是	d，sl，rp，dt，s
23	visone	1.1	可视化探索	c，e	m，ln	是	d，sl

　　注："c"是完全网络，"e"是自我中心网络，"a"是隶属关系，"l"是大型网络，"m"是矩阵，"ln"是关系/节点，"n"是节点；"d"是描述的，"sl"是结构和位置，"rp"是角色和位置，"dt"是二方法与三方法，"s"是统计的；"*"代表不再更新的 DOS 程序。

　　有研究者将这 23 个社会网络分析软件进行了分类分析（王陆，2009），如图 1-4 所示，其分类标准和依据为是否可视化、是否商业软件等方面。其中，商业软件有较好的帮助体系，如用户手册、说明文档等，但是价格贵，导致研究投入的成本大；自由软件可以免费下载使用，但是缺乏相应的帮助系统。非可视化软件是指不能通过可视化的图表展现数据内容，而可视化软件则可以通过图

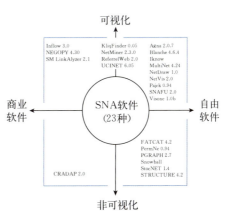

图 1-4 社会网络分析软件的分类

43

表等可视化的方式直观地展示数据内容。对本研究而言，可视化、自由软件是比较合适的。

除了上述 23 款软件以外，近年来，还有其他一些较为常用的社会网络分析软件，如 NetDraw、VOSViewer、Gephi 等。在所有这些软件中，选择几款比较具有代表性的软件进行详细介绍，如 UCINET、Pajek、Gephi 和 VOSViewer。

（1）UCINET。UCINET 是应用量最多的社会网络分析的综合性程序。它最初是由加州大学尔湾分校的林顿·C. 弗里曼（Linton C. Freeman）编写的，后来主要由美国波士顿大学的博加提（S. Borgatti）和英国威斯敏斯特大学的艾弗里特（M. Everett）进行维护更新。该软件虽然是一款商业软件，但是在不购买的情况下，可以免费使用 30 天。

如图 1-5 所示，UCINET 是一个以菜单驱动的 Windows 程序，需要矩阵形式的数据源。在菜单项上，Data 和 Transform 两项可以执行几乎所有的输入、输出、转换等数据管理任务，社会网络分析操作主要是在 Network 这个项目下完成的，包括团聚度分析、成分分析、中心度分析、子群分析、角色和位置分析等，Tools 这个项目下可以进行量纲式的和非量纲式的多维表分析、聚类分析、因素分析、对应分析等。

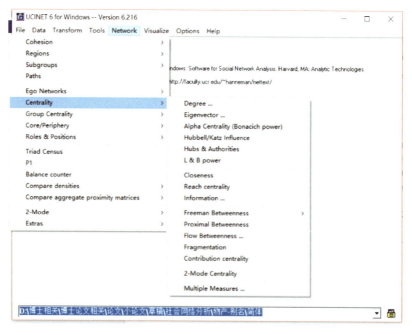

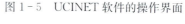

图 1-5　UCINET 软件的操作界面

（2）Pajek。在斯洛文尼亚语中，Pajek 是"蜘蛛"的意思。这款软件是专门用来处理大型数据集合的软件，由巴塔格尔吉（Vladimir Batagelj）和穆瓦（Ardrej Mrvar）联合编写，于 1996 年底开始上线运行，并进行定期升级。这是一款免费软件，可以直接下载使用。该软件设计的目的主要是将庞大的网络分解为较小规模的网络，并提供一种强有力的形象化工具，便于复杂网络的处理。

如图 1-6 所示，Pajek 也是一个 Windows 程序，左侧 6 个菜单代表 6 种数据对象：Networks 代表节点与节点之间的关系；Partitions 代表网络中节点的分类；Vectors 代表节点的属性；Permutations 代表节点的重排；Clusters 代表节点的聚类子集；Hierarchies 代表根据层次排列的聚类和节点。每个类别的数据下方均有打开文件、编辑文件、查看文件和保存文件的便捷操作按钮。

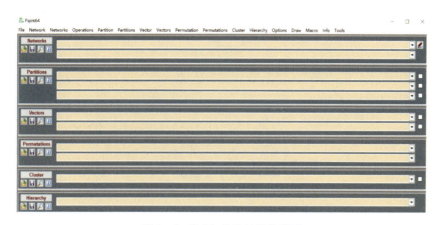

图 1-6　Pajek 软件的操作界面

（3）Gephi。Gephi 由来自各国的工程师和科学家联合研发，2008 年开始在法国使用，并成立了非盈利机构 Gephi 联盟，用以支持、保护和促进 Gephi 项目的运行。该软件被定位为"数据可视化领域的 Photoshop"。

如图 1-7 所示，Gephi 是支持 Java6 和 OpenGL 的开源软件，允许开发者对其进行扩展和重复使用，用于探索性数据分析、链接分析、社交网络分析、生物网络分析等，是一款信息数据可视化的利器，其软件可以从官方网站上直接下载安装使用。

（4）VOSViewer。VOSViewer 也是一款免费的社会网络分析软件，可以用来基于网络数据创建可视化的图形，图形创建使用 VOS 映射技术和 VOS 聚类技术。在该软件生成的图形中，可以查看和探索网络，可以用不同的方式绘制图形，每种方式有不同的侧重点。而且，它提供了缩小、放大、滚动、搜索等多种便利的操作方法，人机界面比较友好。操作界面如图 1-8 所示。

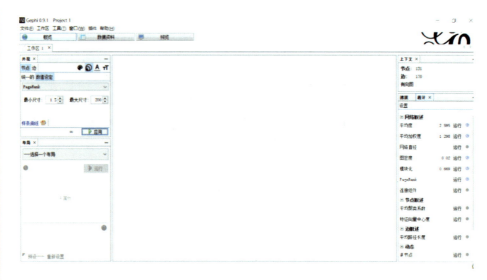

图 1-7 Gephi 软件的操作界面

图 1-8 VOSViewer 软件的操作界面

5. 社会网络分析的可行性分析

国内社会网络分析的研究起步较晚、发展较慢，主要分为社会网络分析的引入阶段、国内社会网络分析学科的建设阶段和应用社会网络分析进行研究的阶段。

20 世纪 90 年代末，出现了介绍社会网络分析的文章和翻译国外研究成果的书籍，将社会网络分析引入国内学术界。1999 年，《社会学研究》设置了有关社会网络分析的研究专栏，陆续发表了肖鸿（1999）的《试析当代社会网研究的若干进展》、张文宏和阮丹青（1999）的《城乡居民的社会支持网》，介绍了国外社会网络分析的研究进展以及运用社会支持网进行研究的成果。2004年，刘军发表《社会网络模型研究论析》的文章，介绍了社会网络模型研究的进展。除了撰写论文介绍国外社会网络分析，还有部分学者开始翻译国外的学术论著，包括 2007 年刘军翻译了约翰·斯科特著的《社会网络分析法》、2005年张磊翻译了林南著的《社会资本——关于社会结构与行动的理论》、2006 年陈禹翻译了邓肯·瓦茨著的《小小世界：有序与无序之间的网络动力学》、2008 年张文宏等共同翻译了林顿·C. 弗里曼著《社会网络分析发展史：一项科学社会学的研究》。翻译工作促进了国内社会网络分析的发展。但是，这些翻译工作还远远不够，还有许多重要的研究成果亟待翻译。

随着社会网络分析的不断引入，引起了国内学界的重视，部分高校开始尝试开设社会网络分析相关的课程，国内也出版了社会网络分析的基础读物和教材，如刘军著的《社会网络分析导论》、罗家德著的《社会网分析讲义》等，还有国内学者筹建学术交流和资源共享平台，如"中国社会学社会网研究专业委员会"。这些措施都促进了社会网络分析在国内的传播和应用，推动了社会网络分析在国内的发展。

社会网络分析作为一种科学研究的范式，近年来逐渐成为学术界的热门技术，在社会学、心理学、经济学、图书情报学等领域广泛应用，成为挖掘和展示关联关系的重要手段和方法。国内学术界自 20 世纪 90 年代才开始重视社会网络分析方法的介绍和应用。

近年来，国内学者将社会网络分析方法应用于学术研究中，积累了丰硕的成果。社会网络分析方法最早是从社会学和心理学两个学科引入的，并随着理论和技术的逐步成熟，逐渐从社会学和心理学领域扩展应用到图书情报与图书馆、经济管理、医学、计算机科学等诸多学科。社会网络可运用于传播学。吴飞（2007）认为传播是一个网络状模式，只有那些善于利用多种传播网络的个人或者组织才会拥有更多的信息资源，他们也就拥有更多的社会和文化资本。姚小涛等（2008）认为，社会网络分析有助于解决新的环境下管理实践与理论研究的挑战。社会网络分析还可以运用于产业集群研究。符正平等（2008）对企业社会网络进行测量，研究表明企业的社会网络异质性、网络和中心性强度对集群产业转移有显著影响。朱庆华等（2008）总结了国内外社会网络分析在情报学领域的应用成果。社会网络分析还可用于构建项目管理的网络模型，通过该方法的运用，能够降低利益相关方的治理风险，提高项目成功率（丁荣贵等，2010）。

社会网络分析主要应用在引文分析、作者共现、知识管理、学科热点、网络信息、资源配置等领域。黎耀奇等（2013）从社会网络分析的3个重要概念出发，比较了社会网络理论与管理学经典理论，指出社会网络理论不是对管理学理论的批判与取代，而是一种建设性的深化与补充，并总结了社会网络分析在组织管理中的研究现状和不足，提出了建议与展望。宋歌（2010）将社会网络分析引入引文评价中进行可行性和应用价值探析，改进评价方法，补充评价指标。卢章平等（2016）使用社会网络分析法，以社交媒体为研究对象，对CSSCI数据库中搜索到的112篇学术论文进行研究，分析了存在的问题，并给出了参考性的意见和建议。王东波等（2013）以某高校某学院的所有在编教师为研究对象，通过社会网络分析中的凝聚子群分析法，研究学术论文作者的合著网络，发掘科研团队，验证方法的实用性和合理性。刘海燕等（2015）以菲茨杰拉德的4部小说为语料，提取人物角色，构建人物共现关系网络，证明经典小说中的社会结构与现实社会高度相似，均符合六度分离定论，开启了传统文学批评的新视角。

总之，社会网络分析主要应用在现代语料上，以期刊文献的评价、网络数据的挖掘、文学作品中人物等关系分析为主，在古籍文献中的应用研究较少。许超等（2014）以《左传》为语料，挖掘春秋时期人物之间社会网络关系的研究，通过点度发现平均每10个人物因为同一事件发生联系，通过线值分析了人际关系的密切程度，通过点度中心度、接近中心度和中介中心度找寻网络中的明星人物、最佳信息传播者和桥梁人物，验证了社会网络分析适合用于古文献中体现的历史社会网络关系研究。陈蕾等（2015）通过雪球算法，建立了《红楼梦》中192个主要人物的人际关系网络，实现了人与人之间的社会等级关系挖掘。夏方朝（2013）以《三国演义》中的主要人物为节点，根据人物直接按社会关系构建了三国时期人物动态网络模型，通过社团划分，反映当时动荡的局势和各个势力的强弱存亡变化。韩普（2013）以《李白全集》和《杜甫全集》中收录的2 178首古诗为数据源，实现了古诗网络的构建、对比和分析，揭示了古诗网络的特点，反映了语言的演变方向。

《方志物产》作为文本语料，有着鲜明的特点：一是记载时间长，记载了宋代至民国时期的物产，最早的记载是宋熙宁九年（1076年）的《长安志》，最晚的是民国三十八年（1949年）的《定西县志》；二是地域范围广，涵盖了全国所有的省份；三是包含内容多，如物产名称、时间、地点、志书名称、分类信息和物产的备注信息，而物产的备注信息中又蕴含着别名、用途、产地、品种、贸易、产量、价格、引书、人物等众多信息；四是字词无句读，全文无句读，采用繁体字书写，且文中有通假字、错别字、遗漏字、组成字等多种异体字的存在；五是行文结构繁，不同于一般段落的形式文本，以物产名称和物产备注信息作为分段依据，每一个物产名称及其备注信息成为一个单独的段落（李娜等，2016）。

《方志物产》所记载的信息之间存在的相互关系多且繁，整理利用难度高，迫切需要一种技术辅助解决其整理问题。社会网络分析能够突破文字描述的界限，直观地揭示研究对象之间的关系，便于人们理解语料，从而进行知识发现。

社会网络分析是一种科学研究的范式，表现出 4 个方面的特性：一是研究对象为关系数据，是指社会行动之间的接触、关联、联络、依附等能够将一个社会行动者与另一个社会行动者联系在一起的数据；二是可视化的图形展示，根据数据之间的联系，将关联数据通过网络图形进行可视化的展示；三是依赖计算机算法，关系数据的转换和图形的绘制都需要借助计算机算法实现；四是提供一系列分析方法，社会网络分析提供了基于不同视角的分析方法，有整体网视角、个体网视角、局部网视角等（林聚任，2009）。

通过梳理社会网络分析现有的研究成果，发现其可以用于解决以下 6 个方面的问题：一是人际关系研究，发现人物团体中的核心人物、桥梁人物以及人物之间的信息流通等；二是社会资本研究，主要研究产业链和价值链；三是舆情分析，研究社会事件的扩散情况；四是知识管理和传递；五是引文与共现分析，发现作者、机构的合作情况以及文献的引用状况；六是文本数据挖掘中的关联分析，帮助理解文本内容和进行知识发现。

社会网络分析能够突破文字描述的界限，直观地揭示研究对象之间的关系，便于人们理解语料，从而进行知识发现。《方志物产》全文有 3 000 余万字，记录了丰富的物产信息，其中出现了大量的物产名称以及与物产名称有关的备注信息，包括品种、别名、产地、用途、生长环境、传播贸易、种植面积、产量、性状等。这些信息之间的关系多且繁，整理利用难度高，迫切需要一种技术辅助解决其整理问题。社会网络分析的主要功能就是挖掘和展示不同实体之间的关系。因此，将其应用到《方志物产》的挖掘利用中，一方面，《方志物产》为社会网络分析方法提供新的应用语料，扩展了方法的应用领域；另一方面，社会网络分析为《方志物产》的研究提供一种新的方法和视角，提升资料开发利用的效率。

本研究涉及的山西地区物产条目达 5 万多个，再加上分类信息、别名信息、时空信息等多种信息，该网络的顶点数量较多，整体网络属于比较庞大的网络。因此，在软件的选择上，不仅要考虑它处理大型网络的能力，还要考虑它处理网络的速度以及成本的投入。在研究过程中，尝试使用了 Pajek、Uci-net、VOSviewer 和 Gephi 4 款软件。结果表明，Pajek 在数据的预处理和规范化处理方面能力有限，但在展示和分析能力上具有突出的优势：一是高性能大型网络处理能力，甚至多达几百万个节点的巨型网络也可处理；二是便捷的网络分析能力，可以从点度、密度、中心度等方面分析整体网络，也可以提取出不同类型的局部网络；三是具有强大的可视化功能，可将自动布局与手工调整相结合，实现理想的展示效果；四是灵活的数据输入方式，包括内部生成、外部导入和多软件数据融合等（孟微、庞景安，2008）。因此，在综合考虑之下，本研究选择 Pajek 作为分析软件。

综上所述，本研究的开展在资料、技术和理论上都具有可行性。在资料方面，原本是以手工摘抄的纸质版本保存的《方志物产》资料，已由中华农业文明研究院王思明教授带领的研究团队将全部资料实现数字化转换，现存为word 文档，本研究的开展都将在已有的数字文档基础上进行，因此，为数字化工作奠定了重要的资料基础。在技术方面，有关现代汉语聚类技术已经相对成熟，相关算法也已非常丰富。通过实验及参数调整，将其成功移植到古汉语的处理中，既是借鉴，也是挑战。在关联挖掘领域，其技术也很成熟，《方志物产》中的物产及其描述具有很强的主题和时空特性，无论是按主题，还是按时间线、地域线，均能够通过相关算法、人工辅助将其关联关系充分挖掘出来，进一步实现可视化展示，进而为用户提供人工整理难以获得的关联数据的目的。

第四节　研究路径

本研究属于跨学科交叉研究领域，主要是将信息技术的方法应用到方志类古籍的内容挖掘中来，深化方志古籍内容挖掘力度，充分发挥其蕴含的价值。主要的技术路线如图 1-9 所示，包含四大模块。

第一个模块是进行资料的收集和格式化工作。首先，进行资料收集工作，经过前期的文本数字化处理，《方志物产》所有手抄本都已经转换为电子文本，且经过一定程度的校对，能够比较准确地呈现地方志记载的原始情况；其次，在分析《方志物产》文本结构特点的基础上，构建一套适合其本身特征的规范

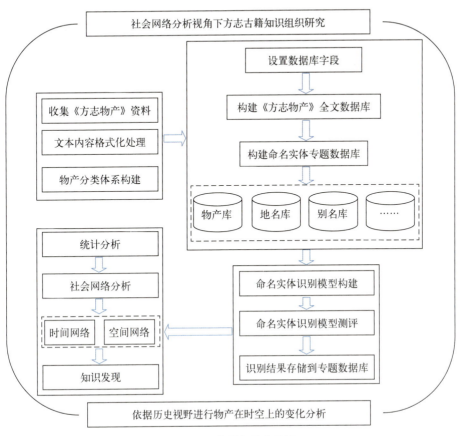

图 1-9 本研究技术路线

化结构体系，使用文本编辑软件 Editplus 进行原始数据的格式化处理，使所有文本具有相同的格式；再次，根据文本中原有的物产分类体系结合中国传统的物产分类体系，设计构建了一套适合《方志物产》中物产分类特征的物产分类体系，并实现所有物产分类信息的智能优化；最后，在这些操作的基础上，设置数据表和字段，导入格式化后的文本数据，完成《方志物产》山西分卷全文数据库建设。

第二个模块是命名实体识别工作。首先，在数据库建设的基础上，对物产备注信息中包含的命名实体进行全文人工标注，标注的命名实体有别名、地名、用途、引用名、人名等几大类；其次，在全文人工标注的基础上，让计算机自动学习训练语料的特点，构建特征模板，从而完成基于条件随机场的命名实体自动识别模型构建；最后，使用测试语料对命名实体自动识别模型进行测试，计算测试结果以评价模型的性能。

51

第三个模块是社会网络分析工作。在命名实体识别的基础上，构建命名实体数据库，如物产名、地名、别名、时间、人名、用途名、引用名等数据库，根据上下文语义关系，抽取物产名与其他类型命名实体时间的关联关系，使用社会网络分析软件如 Pajek、VOSViewer 等对关联关系进行可视化的展示，通过不同的分析视角对网络进行剖析，以挖掘文本中蕴含的知识，为人文研究提供资料支撑，开拓研究思路。

第四个模块是结果分析。对于社会网络分析展示的可视化的结果，如何去解读和分析，才是本研究的落脚之处。需要站在历史的视野下，利用经济、政治、社会、文化等多个方面的因素进行阐述，以尽可能详尽地分析研究结果所表达的含义。

本章是整体研究开展的准备阶段，在对研究语料、研究区域、研究方法等有着深刻认识的基础上，才能更有效地展开研究，更加有针对性地提出问题、解决问题，是《方志物产》内容挖掘中基础而重要的环节。

第二章

《方志物产》语料预处理

　　方志古籍是我国古籍文献中规范化程度高的一种文献，有着独特的文本格式。《方志物产》作为摘抄自地方志的物产专题资料，继承了方志撰修的结构特征，具有比较明显的文本结构。这为全文格式化处理提供了可能，而全文格式化处理是全文数据库建设的基础与前提。因此，本章从《方志物产》特征剖析导入，经过设计格式化体系和实现格式化处理，完成数据库设计和建设，最后实现了志书和物产在时间和空间上的分布概况统计，为基于内容的挖掘和利用打下基础。

第一节　《方志物产》特征分析

　　《方志物产》山西分卷共 13 册，约 43 万字，记载了从明成化二十一年（1485 年）至民国二十九年（1940 年）间山西境内的物产及相关信息，共记载了 51 545 条物产信息，涉及植物、动物和货物 3 个类别。

　　为了方便构建数据库，首先要处理该资料的不规范之处。在通读原始文献的基础上，借鉴前人的成果和经验（衡中青，2007；朱锁玲，2011），对《方志物产》山西分卷资料进行格式化，实现文本格式的统一、物产名称的粗分[①]以及复合分类信息的分离[②]，为批量处理打下基础。

---

　　① 物产名称的粗分：例如，《方志物产》山西分卷第四本，《光绪太谷县志》中记载"果之屬桃杏李棗白果與他邑產無異梨近於榆次者佳惟林檎出龍門塹葡萄出回馬谷者皆極美"，在进行格式化的时候，就要对果之属中的物产名称进行人工粗分，最终结果为"果之属♯桃/與他邑產無異♯杏/與他邑產無異♯李/與他邑產無異♯棗/與他邑產無異♯白果/與他邑產無異♯梨/近於榆次者佳♯林檎/惟林檎出龍門塹♯葡萄/出回馬谷者皆極美"，其中，"♯"表示回车换行。

　　② 复合分类信息的分离：例如，《方志物产》山西分卷第十二本，《康熙解州志》中记载"果蔬之屬（植生曰果蔓生曰蔬蔬者瓜蒲之類黃岐書曰五穀以養五菜以充五果以輔並重之也）桃（種極多盛于六七月早者有五月桃遲者有十月桃）……西瓜（惟州北東鄉一帶種之沙望村者佳）……"，由于该部分记载了"果"和"瓜"两类物产，所以在格式化的过程中，就要进行人工分离处理，最终结果为"果之屬｜植生曰果蔓生曰蔬蔬者瓜蒲之類黃岐書曰五穀以養五菜以充五果以輔並重之也♯桃/種極多盛于六七月早者有五月桃遲者有十月桃……""蔬之屬｜植生曰果蔓生曰蔬蔬者瓜蒲之類黃岐書曰五穀以養五菜以充五果以輔並重之也♯西瓜/惟州北東鄉一帶種之沙望村者佳♯……"，其中，"♯"表示回车换行。

中文在文字结构和书写方式上都与其他文字有着很大的区别，古籍中的文字结构和书写方式与现代文献也大相径庭，《方志物产》属于古籍的范畴，又具有自身鲜明的特点。经过仔细阅读分析，以山西分卷为例，总结了《方志物产》的几个特点（李娜等，2016）：

1. 篇幅大，无句读，采用繁体字

简体中文是 20 世纪 50 年代开始在中国大陆推广使用的中文文字，而《方志物产》记载的多是明、清及民国时期的各地物产。因此，书写时采用繁体字。由于古籍的书写多不加标点，没有断句，而《方志物产》在摘抄整理的过程中严格遵循原著，所以文中没有句读。例如，《方志物产 110》中的民国十七年（1928 年）《襄垣县志》中有记载如下：

物產略者計其地上所出因以覘一邑之息耗焉襄垣古稱巨縣較之大江以南為財賦所自出或有不逮而地當太行之麓則物產亦有可誌者縣地生產向以五穀煤礦為大宗自改革以來舉國注意實業而農桑樹畜交換種類非復昔日之舊日新月異舉凡日用之所需供給罔缺故臚列亦如舊志不復另為一類云

诸如此类的记载在《方志物产》中比较常见，可以发现，描述当中不曾出现标点符号，繁体字的运用由此可见一斑。

《方志物产》内容涉及地域范围广，包括辽宁、河南、河北、安徽、山东、山西、陕西、四川、广东等多个省份，从多省、自治区、直辖市的地方志中摘抄了物产相关的内容，共 431 卷，总计 3 000 多万字。因此，字数多、篇幅大、范围广也是其突出的特点。

2. 文献结构有规律可循

方志的编纂从宋代开始逐渐成熟起来，后代的方志编纂也越来越完备，《大元一统志》就是一部非常具有代表性的志书，清代是方志编纂的鼎盛时期，重修周期都有明确的要求，行文也有一定的规范性。因此，虽然文中没有句读，但是通读全文，还是能从文章结构上找到一些行文规律。

（1）每本志书的开始都是目录部分，包括序号、县志名称、记录年代的年号（含公元纪年）以及页码，如图 2-1 所示，就是山西分卷第十一本的目录（部分）。

（2）内容是按照"总-分"式的框架编写的，即先写出何时何地何主题，再对该主题进行二级分类，最后在每一级分类下面罗列这个类别的物产名。例如，《方志物产》山西分卷第十一本《康熙潞城县志》记载"物產　穀屬　黍（軟硬二種）稷（大小二種）梁　粟　麦（大小二種）秫（軟硬二種）蕎麦

方志物产 111		山西 11	
15-5	潞城县志	明·天启 5 年（1625）	1 页
	潞城县志	清·康熙 45 年（1706）	3
	潞城县志	清·光绪 11 年（1885）	10
15-6	壶关县志	清·康熙 20 年（1681）	32
	壶关县志	清·乾隆 34 年（1769）	38
	壶关县志	清·道光 14 年（1834）	42
15-7	黎城县志	清·康熙 21 年（1682）	56
15-8	平顺县志	清·康熙 32 年（1693）	63
16	泽州志	明·万历 35 年（1607）	67
	泽州志	清·康熙 45 年（1706）	73
	泽州府志	清·雍正 13 年（1735）	78
16-1	凤台县志	清·乾隆 48 年（1783）	102
16-2	高平县志	清·顺治 15 年（1658）	115
	高平县志	清·乾隆 39 年（1774）	121

图 2-1 《方志物产》山西分卷第十一本目录（部分）

小豆　豌豆　菉豆　匾豆　黑豆（大小二種又有麦查豆）黃豆　豇豆　蔴子　胡麻　蔬属　芹　茄　瓠　蒜　芥　葱　韭　白菜　菠菜　蘿蔔（有紅白水三種）蔓菁　葫蘆　莙蓬　萵苣　芫荽　藤蒿　馬齒　瓜属　王瓜　南瓜　冬瓜　北瓜　菜瓜　甜瓜……”，先交代志书记载的是康熙年间潞城县这个地方的物产；再对物产进行分类，分为“谷属、菜属、瓜属、果属、木属、花属、草属、药属、畜属、毛属、羽属、虫属、物货属”13 个类别；最后列出每个类别下的物产名，例如，菜属下面有“芹、茄、瓠、蒜、芥、葱、韭、白菜、菠菜、罗葡、蔓菁、葫芦、莙篷、莴苣、芫荽、藤蒿、马齿”17 个品种，瓜属下面有“王瓜、南瓜、冬瓜、北瓜、菜瓜、甜瓜”6 个品种。

（3）物产名后面有备注信息，用以说明该物产的产地、分类、别名、用途、引书等信息。例如，《方志物产》山西分卷第十一本《光绪陵川县志》记载“蜀秫（齊民要術云莖高丈許穗大如帚其子可作米可食稭桿可織箔元扈先生曰北方地不宜稻麥者種此可濟荒俗名千歲穀）”，括号中内容就是对物产蜀秫的注释，说明《齐民要术》记载了物产“蜀秫”的生物学特征，元扈先生即明代徐光启评价了其适宜种植地区以及救荒价值，另外还说明了其别名叫“千歲穀”。

（4）结构上一般是某地志书开始处有序言，结尾处有结语，用以标志这个地方志书的开始和结束。序言部分主要是当地的物产及地理气候概况，结语部分主要用来总结物产现况及变化。例如，《方志物产》山西分卷第十一本《康

熙黎城县志》的序言部分为"李吉曰洪範三八政一曰食二曰貨食謂菽 類貨謂布帛之類二者民所恃以為生王政之 也周禮職方氏曰冀州其利松柏畜宜牛羊穀宜黍稷并州其利布帛畜宜五擾穀宜五種黎右冀并地也無他奇產其土宜與夫所產者槩與昔同而食貨之外備物以利用凡可以厚民之生者 不得以精粗巨細而有所遺也"。结语部分为"程大夏曰黎山高土瘠菽麥瓜果而外更無他產故其民習於農桑終歲勤苦而不敢少休若山澤之利商賈之業黎未之有也舊志所載半屬子虛然物產無常有昔有而今無有今無而後有者故備列之而未敢意為去取云"。

3. 行文格式多样性

由于《方志物产》涉及的地域比较广，几乎全国各省份都有记载，而我国地大物博，人口众多，且不同地域形成了独特的文化和习俗，因此，志书的书写风格也随着各地风俗文化的差异而各有不同，呈现了行文格式多样化的特征。

（1）不是所有的志书都有序言和结语部分。从结构上看，一本志书的完整结构应该是由序言、物产、结语3个部分组成，但并非所有志书皆如此。除物产部分是不可或缺的，序言和结语都不是必需的，如表2-1所示是几种常见的文本结构。

表2-1 《方志物产》中常见文本结构

例子	序言	物产	结语
山西分卷第十本顺治乡宁县志	有	有	有
山西分卷第十一本万历泽州志	否	有	有
山西分卷第十一本乾隆陵川县志	有	有	否
安徽分卷第三本同治霍邱八年县志	否	有	否

（2）《方志物产》的主要内容是物产部分，记载了物产名称及其属性，书写格式多样化，主要有以下几种：第一种，不同的物产名之间有空格隔开，例如《方志物产》山西分卷第十本《乾隆襄垣县志》记载"蜂 蝶 蟬 蛙 蟋蟀 蜻蜓 蛇 蜘蛛 蚯蚓 蝎"，这种以空格隔开的书写方式比较多见；第二种，一个或数个物产名称单独成一行，例如《方志物产》山西分卷第三本《光緒陵川县志》记载"光緒陵川縣志 絲/光緒陵川縣志 麻（出陵川者佳用作船攬以其從外朽也）/光緒陵川縣志 蜜"[①]；第三种，物产名之间用特殊字符如"曰""有"隔开，例如《方志物产》安徽分卷第一本《道光安徽通志》中凤阳府物产记载"草之屬曰芭蕉曰雁来紅曰映山紅曰蓝曰莎曰苔曰鳳尾曰翠

---

① "/"表示换行。

云曰吉祥曰万年青曰虎耳曰蓼曰苹曰荇"、《方志物产》安徽分卷第五本《康熙灵璧县志》记载"獸之屬有兎有獐有獾有狐有貍有狼有黄鼠";第四种,物产名之间没有任何标识,例如《方志物产》安徽分卷第二本《康熙五河县志》记载"木之屬有有桑柘槐榆柳栢檜椿棠橡楝黄楝梧桐白楊楮桃蠟樹"。上述比较常见的格式除可以独立使用以外,还可以混合使用,当然还存在其他不同的格式。

(3)物产名之后常有文字注释,但格式不一。首先,在书写格式上有区别,如表 2-2 所示是几种比较常见的注释形式,用括号将注释内容括起来紧跟在物产名的后面,或者用空格将物产名与注释内容分隔开,或者注释内容紧跟在物产名之后,中间没有任何标识,甚至还有双重注释的形式,即一部分注释用括号的形式紧跟在物产名之后,还有一部分注释内容跟在括号的后面并另起一行。

表 2-2 《方志物产》中常见注释类型及其案例

类型	举例说明
括号注释	芥(細者益辛辣)、蔓菁(萬曆丙辰御史畢懋康按齊諭民廣蒔蔓菁備荒饑民得濟因攜種歸刻有備荒農錄)
空格注释	核桃 附近州縣胥植而夏邑甲於隣治臘月望日市集堆積如山、藕 城內兩蓮花池胥植藕此疆彼界畫然不紊
无标识注释	大麥有早麥青光麥中期麥有高麗麥亦嘩高頭麥有穤麥宜為飯、麻有火麻中期早晚三色古之黂也又有梅麻梅雨後始可拔其油麻則有芝蔴早成有赤殼麻或落地自生多變為火炭麻有六合麻圓而六稜皆古之胡麻也
双重注释	茶葉(山頭腰東鳥嶺一帶皆有此樹)茶樹多長深山鄉人不知利用以充薪樵間有採取籽葉作為飲料或以染色者因炮製不良未能銷暢

其次,注释除了格式不同以外,内容上也有区别,加括号的注释类型最为常见,以此为例分析,有的括号的注释内容只描述一种特征,有的括号里的注释内容描述了 2 种甚至数种特征,如表 2-3 所示。

表 2-3 《方志物产》中常见注释内容及其案例

描述一种特征的注释		描述两种及以上特征的注释	
注释内容	注释用途	注释内容	注释用途
梁(俗名茭子)	物产的别名	麻(出陵川者佳用作船纜以其從外朽也)	产地、用途
蘿蔔(有紅白水三種)	物产的分类	椵(一名白椵體輕而細陵川沁水有)	别名、产地、生物学特征

（续）

描述一种特征的注释		描述两种及以上特征的注释	
注释内容	注释用途	注释内容	注释用途
破故纸（亦入藥品）	物产的用途	海菜（產於蒼山頂高河內一名高河菜莖紅葉青狀如芥菜五六月間軍民采之澆以沸湯其味甚辛辣蓋高河乃龍湫之所土人相傳云凡采此菜者宜密爾取之若高聲則雲霧驟起風雨卒至未審的否）	产地、别名、采摘时机、食用方法、生物学特征
紫方竹（出判山村）	物产的产地		
黃臘（以蜂蜜之查滓為之）	物产的原材料		

第二节 《方志物产》格式化处理

一、文本格式分析

由于《方志物产》是按照原志书情况摘抄的，所以是繁体竖版排列，在将纸质手抄版转换成电子文档的过程中，为了尽可能减少翻阅造成的损坏，先将纸质手抄版扫描成图片格式，一一命名存储，再对图片格式的版本进行转换。然而，由于其繁体竖版的特点，普通的图片识别技术难以达到良好的识别效果，因此，选择了人工逐字录入的方式。为了保证转换质量，在打字员手工录入之后，又召集科技史专业在读博士对照图片逐字校对，查漏改错，提高文档转换的正确率。

电子文档是严格按照手抄本内容录入的，仍使用繁体字，只是将竖版的结构转换成了横向结构，便于阅读和使用。要进行基于文本的数据挖掘，首先就要将文本内容保存到数据库中，采用了关系数据库 SQL SERVER 2014，数据库存储对数据源的格式有着严格的要求，必须符合表格字段的设计才能成功导入数据库中。因此，需要对电子文档进行规范化处理。

衡中青（2007）和朱锁铃（2011）的博士论文为进行格式化处理提供了极大的借鉴基础。首先，要分析文本中包含的基本信息，并确定需要保存哪些有价值的信息。

每个文档的第一部分为目录部分，如图 2-2 所示，为山西分卷第四本文档的目录部分。

从图 2-2 中可以看出，目录主要包含了以下 6 个部分的内容：一是该本内容在全国范围内《方志物产》中的编号为 104；二是该本内容在山西分卷内的编号为 4；三是该本内容记录的地点编号有 7、7-1、7-2、7-3、7-4、7-5，经研究，7 代表府州范围，7-* 表示 7 代表的府州管辖的县等行政单

方志物产 104	山西 4	
7　太原府志	明·万历 40 年（1612）	1 页
太原府志	清·乾隆 48 年（1783）	6
7-1 阳曲县志	清·道光 23 年（1843）	16
7-2 太原县志	明·嘉靖 30 年（1551）	21
太原县志	清·雍正 7 年（1729）	26
太原县志	清·道光 6 年（1826）	46
7-3 榆次县志	明·万历 37 年（1609）	74
榆次县续志	清·康熙 23 年（1684）	77
榆次县地理	民国 25 年（1936）	79
榆次县志	民国 29 年（1940）	80
7-4 太谷县志	明·万历 24 年（1596）	92
太谷县志	清·乾隆 4 年（1739）	100
太谷县志	清·乾隆 30 年（1765）	104
太谷县志	清·乾隆 60 年（1795）	107
太谷县志	清·咸丰 5 年（1855）	117
太谷县志	清·光绪 12 年（1886）	130
太谷县志	民国 20 年（1931）	143
7-5 祁县志	清·康熙 45 年（1706）	168
祁县志	清·乾隆 44 年（1779）	175

图 2-2　《方志物产 104》的目录部分

位，例如，7-1、7-2、7-3、7-4、7-5 分别表示阳曲县、太原县、榆次县、太谷县、祁县等县级单位，7 代表太原府的辖区；四是该本内容中的志书名称，如《太原府志》《阳曲县志》等；五是志书记载的时间，如《阳曲县志》记载的时间是清代道光二十三年，即公元 1843 年；六是志书对应的起始页码，如《阳曲县志》的记载是从第 16 页开始的。

在导入数据库的时候，这些集中在一起的目录没有很大的意义。但是，目录中的内容又是十分重要的。因此，在格式化的过程中，将目录分离开来，与志书内容合并在一起，每本志书单独保存成一个文档，如明万历四十年（1612年）《太原府志》。

目录之后就是正文部分。以《方志物产 104》中的明万历四十年（1612年）《太原府志》为例，其内容记载格式如下所示：

萬曆太原府志

物産

王者甸服方五百里兹土其古赋米之地乎今反磽瘠其所産不及三吴百越之一

大邑雖山谷原隰洪澤無疆而不覿林麓之饒禾黍之茂畜牧之繁豈槎枿麋胎之頻仍
抑將罪地脉哉卜子曰崇丘廢萬物不遂其性矣今旬餘無甘霝之降則陵巔不華而丘
中之生氣立稿節事者與地定傾者與人勸力興利其可緩乎

穀之屬

……

菜之屬

……

果之屬

……

木之屬

……

花之屬

……

藥之屬

……

貨之屬

……

鳥之屬

……

獸之屬

……

按禹貢冀州厥土白壤平陽稷神山又后稷始教稼穡之地及先晉世伯富挍齊楚
乃今山河未改物力殊前豈地靈亦有古今耶説者謂風俗奢靡致然則今之晉風其視
吳越尚為朴陋若夫太原迤北未秋先霜物早凋瘁至於三閒氣剛烈播穀猶艱布種未
獲虜騎踐擾一畝一畜若與之共豈得專罪風氣哉節事興得持危定傾經濟者之責矣

　　其中，"……"表示此处为物产信息。从这个样例中可以看出，文本结构
是有一定规律的，志书是以序言开始，以结语结束，序言和结语的使用情况上
文已有相关分析，此处不再赘述。另外，还可以发现物产是有分类的，为了全
面考察物产的分类情况，对文档一一阅读分析，总结出一个分类标准，如清乾
隆《太原府志》所记载的那样。但是，物产的分类信息并不完备，有以下 4 种
情况：

　　（1）完备性，即第一级、第二级、第三级目录全部存在，如《方志物产
105》中的清乾隆四十九年（1784 年）《盂县志》中的记载如下所示：

乾隆盂縣志　物產

植物

穀屬

……

蔬屬

……

……

藥屬

……

動物

毛屬

……

羽屬

……

虫屬

……

貨類

器屬

……

帛屬

……

（2）缺一级，即第一级、第二级、第三级目录缺少其中之一。例如，《方志物产104》中的明万历二十四年（1596年）《太谷县志》的记载中缺少了第二级目录，也就是说，没有动物、植物、货物这一级的分类信息。

万曆太谷縣志　土產

穀屬

……

菜屬

……

木屬

……

……

（3）缺二级，即第一级、第二级、第三级目录缺少其中之二。例如，《方志物产 104》中清咸丰五年（1855 年）《太谷县志》的记载中缺少了第一级和第二级目录，只记载了第三级目录。

清咸豐太谷縣志
穀之屬
……
蔬之屬
……
果之屬
……
……

（4）全部缺失，即第一级、第二级、第三级目录全部缺失。例如，《方志物产 104》中的清道光六年（1826 年）《太原县志》记载中就没有任何分类信息，在志书名称下直接列举物产信息。

道光太原縣志　稻
道光太原縣志　小麥
道光太原縣志　廣麥
道光太原縣志　黍
道光太原縣志　稷
道光太原縣志　粱
道光太原縣志　秣
道光太原縣志　糜
道光太原縣志　玉麥
道光太原縣志　草麥
道光太原縣志　蕎麥
……

具体到物产信息的处理，从上文的特征分析中可以得知物产的记载方式有多种，此处不再赘述，在介绍格式化的过程时再详述。

二、文本格式优化

根据内容分析发现，《方志物产》的总体结构还是比较明确的。因此，本研究根据数据分析的实际需求，采集特征数据，构建了一套格式化的标准，如下所示：

手抄本在全国范围内的名称

手抄本在山西省内的名称

地区编号

志书名称

记载时间

一级分类

序言

二级分类

三级分类│描述信息

物产信息/备注信息

……

……

结语

其中，"│"是三级分类名称和描述信息之间的分隔符，"/"表示物产名称的结束，也是物产名称和备注信息之间的分隔符。为了方便计算机的识别，给每一个字段都设计了一个特征字母，分别为 B、D、H、Z、N、C、X、W、S、L。因此，最终格式化的结果为：

B 手抄本在全国范围内的名称

D 手抄本在山西省内的名称

H 地区编号

Z 志书名称

N 记载时间

C 一级分类

X 序言

W 二级分类

S 三级分类│描述信息

物产信息/备注信息

……

……

L 结语

本研究设计的格式化体系比前人设计得更加完善，多出了分类体系和地区

63

编号的格式化，前者为物产分类体系的重建打下了基础，后者为物产的地理分布提供了数据。例如，《方志物产 105》中的清乾隆四十九年（1784 年）《盂县志》经过格式化处理后的结果如下所示：

B 方志物产 105

D 山西 5

H8－1

Z 盂县志

N 清·乾隆 49 年（1784）

C 物産

X 邑水少無魚山童鮮奇獸惟鐵礦炭窰及磁器可利民南鄉素工製斅貨織土絹今利亦微東北宜桃宜栗宜梨益北龍花滹沱之間宜稻花椒核桃之類而土壤則狹此物産之大凡也餘分別載於後

W 植物

S 穀屬

粟／

……

麥／有大小二種

……

S 蔬屬

葱／

……

S 蓏屬

黃瓜／

……

S 花屬

牡丹／

……

S 果屬

蘋果／

……

S 艸屬

萍／

……

S 木屬

松/

……

S 藥屬

薄荷/

……

W 動物

S 毛屬

虎/

……

S 羽屬

雉/

……

S 虫屬

蜎/

……

W 貨類

S 器屬

柳噐/

……

S 帛屬

絹/

……

L

上面的处理结果是比较规范和完整的。但是，很多志书的记载并不都是如此，经常缺少一些信息。在格式化的过程中，一方面要严格忠实于原文，另一方面又要保证标注的信息与数据库的要求一致。因此，所设计的格式化的内容都要标注到位，如果某一部分缺失，就只列个标注字母，内容为空即可。

在格式化的过程中，不得不提的是物产信息的处理比较多样化，主要分为以下情况：

第一种是只有物产名称的处理，一如《方志物产 103》中的明万历三十六年（1608 年）《马邑县志》所记载的那样，物产名称是逐个单独罗列出来的，只要把物产名称之前的志书名称和空格符删除，然后在物产名称之后加上

"/"，表示物产名称的结束，这一段格式化处理就完成了。

萬曆馬邑縣志　黍

萬曆馬邑縣志　稷

萬曆馬邑縣志　粟

萬曆馬邑縣志　蕎麥

萬曆馬邑縣志　大麥

萬曆馬邑縣志　春麥

又如，《方志物产103》中的清康熙十二年（1673 年）《朔州志》所记载的那样，物产名称依次排列，物产名称之间有空格隔开，在格式化处理的时候，就要用"/"加换行符来替换物产名称之间的空格。

黃芩　黃耆　毛香　芍藥　大戟　防風　桔梗　大黃　麻黃　細辛　遠志　狗脊　地榆　蒼术　管仲　苦參　氣砂　蠡實　鹿茸　沙參　石膏　知母　紫蘇　豬苓　甘草　瞿麥　薄荷　御米　柴胡　地黃　秦芄　草烏　川芎　野菊花　威靈仙　五味子　車前子　益母草　金剛骨　枸杞子　黑牽牛　草麻子　馬兜鈴　京三棱　郁李仁　紅娘子

第二种是物产名称和备注信息的联合处理。一如《方志物产103》中的清雍正十三年（1735 年）《朔州志》记载的那样，物产名称之间以"（）"相隔，括号中内容为括号前物产的备注信息，在格式化处理的时候，要把"（"替换为"/"，"）"替换为换行符。

稷（一名穄其米為黃米關西謂之䆊音糜冀北謂之䅂音牢有音倪）黍（苗穗與稷同有黃白赤黑四種米皆黃俗呼曰黃米李時珍曰稷黍一類二種黏者為黍不黏者為稷今俗通呼為黍子）穀（卽粱也今直名穀脫穀則為粟米亦曰小米李時珍曰今之粟在古但呼為粱自漢以後始以穗大而毛長粒粗者為粱穗小而毛短粒細者為粟故唐孟詵本草言古人不識粟而近世皆不識粱也爾雅亦云粱今之粟類卽穀是也有早晚大小及紫白之異種）稻（近河地間有之）麥（有大小二種刈於小暑小麥刈於大暑與關以南不同外有蕎麥一種初伏乃種霜早則盡萎又有油麥一種性耐寒不畏霜俗呼油麥為莜麥者非莜田弔切調去聲田罱也）豆（卽菽也青豆黑豆扁豆大豆豇豆俱秋熟惟豋豆春種夏熟種者極多豋音彎俗呼豋豆為芫豆者非芫音桓蒲草也可為席又音官亦蒲也又音皖小笑貌非豆也）葫麻（種者極多取其子以磨油麻皮可做繩線）

又如，《方志物产103》中的明万历三十六年（1608 年）《崞县志》记载的那样，物产名称竖排，物产名称后面紧跟着一个"（）"，括号中为物产的备注信息，在格式化处理的时候，把"（"替换为"/"，"）"删除即可。

豕（說文曰彘爾雅豕子豬林氏小說云豕食不潔故謂之豕）

貓（釋名家貍李時珍曰捕鼠小獸也目能定十二時）

虎（格物論云虎山獸之長）

豹（正字通豹狀似虎而小一名金錢豹一名艾葉豹又西域有金錢豹）

狼（說文似犬銳頭白頂高前廣後）

狐（埤雅性多疑其腋可為裘然不如塞外產者佳）

兔（曲禮兔曰明視有家兔野兔二種）

鹿（字統鹿性驚防羣居分背而食環角向外以備人物之害）

獐（麏屬無角釋名麏李時珍曰秋冬居山春夏居澤）

貆（與貒同說文貉類詩魏風有懸貆兮）

再如，《方志物产104》中的民国《榆次县志》所记载的那样，物产名称与备注信息之间用空格符分隔开来，在格式化处理的时候，只要将两者之间的空格符替换为"/"即可。

棉　邑中氣候春寒多風向不種棉自民國六年後省令督飭乃試種之近有每畝可獲淨棉六十餘斤者頗見推廣

桑　向產東郝村一帶僅供編織筐筥之用清光緒二十七年車輞常氏種桑育蠶設敦睦工廠所繅絲作絢繐或絲線於城鄉市會售之頗得利潤民元後政府通令植桑育蠶植者漸增多蠶利尚未興也

小麥　榆民種麥向僅十分之一自鐵路通後麥價日昂故種麥者比歲增多幾佔全縣禾田十分之三

高粱　顆小而不澀為農家大宗食品樹之者衆約佔秋禾十分之四餘如黃豆黑豆包穀產量均佳

紅薯　榆次向產馬鈴薯甚夥無種紅薯者自清季直省農民來榆試種土性尚宜所穫亦豐故土人多效之

落花生　性宜沙田收量甚好

小茴香　近年西鄉多種售出外省頗能獲利

以上几种都可以借助计算机自动进行格式化，接下来几种不能借助计算机进行格式化，只能人工进行格式化处理。

第一种是物产名称的处理。如《方志物产107》中的明万历九年（1581年）《灵石县志》记载的那样，物产名称连续出现，相互之间没有任何标识符存在，只能通过人工阅读，手动插入分隔符和换行符。

穀有黍稷麥穀大小麥蕎麥薥秫芝麻鴈麥芫豆菉豆小豆黄豆黑豆之屬

木有松栢槐椿桑柘榆柳檀楸梧桐之屬

花有芍藥牡丹菊萱粉團石竹月季紅葵木槿玉簪金盞鷄冠鳳仙之屬

菓有桃杏棗李榛梨核桃葡萄石榴無花果沙果之屬

菜有葱韮薤蒜芹茄瓠蕨萵苣蕫蓬馬齒香椿羊肚黄花木耳芫荽蘿蔔之屬

瓜有絲瓜王瓜西瓜冬瓜南瓜甜瓜之屬

第二种是物产名称和备注信息之间的格式化处理。如《方志物产106》中的道光六年（1826年）《霍州志》记载的那样，物产名称和备注信息直接相连，中间没有任何分隔符号，这就需要人工甄别，哪些字符代表物产名称，哪些字符代表备注信息，从而在二者之间手工加上分隔符"/"和换行符。

綿花漢張騫自南澳攜種至中夏盛於楚豫閩粵宋初南省遍植之以春二三月下種既生一月三■至秋生黃花結實及熟時其皮四裂其中綻出如綿有子結其中碾而去之謂之皮花又彈而熟之謂之熟花於是析而搓之車而紡之謂之綿布布有緊紗慢紗之分慢紗者布不耐浣洗以紡紗時利於速耳

帕皆出於蠶者也趙城靈石志皆載之僅事也然可見地之宜蠶矣

紅花取花成結以染繒帛為大紅及各淺深紅色帷趙城間有之

油即麻菓所榨者皆見前

还有几种情况要借助计算机和人工结合的方法进行格式化处理。如《方志物产106》中的道光六年（1826年）《霍州志》记载的那样，物产名称前有个"一"字作为分隔符，但是物产名称跟备注信息之间没有任何分隔符。所以，在格式化处理的过程中，当切分物产名称时，可以将"一"替换为换行符，而在分隔物产名称和备注信息时，就需要人工甄别了。

果十五種一棗種類最多旱澇之地不任稼穡者種棗則任矣一榛實粟一梨在山曰檽人植曰梨性冷利一杏多實不蟲則來年秋禾善一桃以桑樹接之實大而甘一李性難老雖枝桔子亦不細一石榴宜瓦礫之地一柿木壽而多陰一蘋果色味俱佳佛嗜之故一名佛唇一沙果類於蘋果而小一葡萄有紫白二種可造酒一無花果食之不傷人宜老人小兒蔵大枝插之本年即結實廣樹之可以濟饑一核桃能益氣養血一蓮實中清品所產不廣以水地之也

又如，《方志物产103》中的道光二十三年（1843年）《河曲县志采遗》所载的那样，先罗列出物产名称，不同的物产名称之间用"曰"分隔开来，在物产名称罗列完毕之后，又针对每一种物产名称进行叙述，也就是备注信息。对于这种情况，在格式化处理时，可借助计算机自动识别出物产名称，再人工判别备注信息并放入对应的物产名称之后。

　　吾邑產果甚多日桃日杏日大紅果日海棠子日海秋子日海紅子桃與杏他邑有之大紅果似蘋果而小海棠子又小於大紅果而色在紅黃之間海秋子小而圓色黃味不及海棠可鬻而食海紅子狀類山茶色腥紅秋來經霜鮮嫩可愛用酒浸之貯磁罈中經月出之香脆可啖惟海紅之語不知所出偶讀姜南瓠里子筆談云杭人市俗之談謂紛紜不靖為海紅花莫知其取意也嘗見菊莊劉士享咏山茶詩云小院猶寒未燠時海紅花發畫遲遲半深半淺東風裏好似徐熙畫雪杖蓋海紅即山茶也而古詩亦有大日山茶小海紅之語菊莊語出於此但俗談則不知所自馬按海紅狀類山茶其實非山茶蓋皆柰屬也

　　还有 2 个需要说明的地方：一是分离后的文本命名方式，采用年号加志书名称的方式，如《方志物产105》中的《永和县志》的记载时间为清康熙四十九年（1710 年），这本志书在存储命名时的名称为《康熙永和县志》。但是，也存在另外一种情况，就是某一年号下某一志书出现多次，在命名时就要加上详细的年号和年份信息。例如，《方志物产105》中的《临汾县志》在康熙年间出现了 2 次，即康熙十二年（1673 年）和康熙五十七年（1718 年），在存储命名时，将这 2 本志书分别命名为《康熙 12 年临汾县志》和《康熙 57 年临汾县志》。二是记载时间，统一将记载时间规范为"朝代·年号年份（公元纪年）"的格式。例如，"（民 28）1939"格式化后的结果为"民国二十八年（1939）"，"（乾隆 40）1775"格式化后的结果为"清·乾隆四十年（1775）"，"（萬曆 39）1611"格式化后的结果为"明·万历三十九年（1611）"。

　　本研究的文本格式化处理，是在文本处理软件 Editor Plus 中进行的，该软件提供了强大的浏览、查询、替换、标记等功能，能够满足本研究对文本处理的需求。总之，根据文本的结构特点，按照事先设计的格式化规范，选择性地使用计算机辅助技术和人工操作方法，逐一实现文本的格式化处理。

第三节　数据库构建

　　在进行数据库设计时，为了降低数据冗余的现象，设计了 3 个表格来存储格式化后的数据，分别为志书信息表、物产分类信息表和物产信息表。

　　表 2 - 4 为志书信息表的字段设计。其中，志书编号是系统自动生成的，由 1 开始逐渐加 1；省份编号也是由系统自动生成的，根据导入数据库的顺序决定，如山西省是第七个导入数据库的省份，因此山西省的编号为 7；手抄本

（全国）名称和手抄本（山西）名称就是这本志书所载的手抄本在全国范围和
山西省范围内的编号；记载时间就是文本中出现的时间格式，如明·万历三十
八年（1610 年）；公元纪年就是从记载时间中分离出来的公元纪年格式，如
1610；地区编号、志书名称、序言和结语就是文本中出现的信息，直接存入对
应的字段中即可。另外，志书编号作为表 2 - 4 的唯一标识符，设置为主键，
志书信息表没有外键。文中信息有缺的字段设置可以为空，如记载时间、公元
纪年、地区编号、序言和结语可以为空，其他字段不能为空。

表 2 - 4　志书信息表的字段设计

字段名称	字段意义	字段类型	是否为空	是否主键	是否外键
ID	志书编号	数值型	否	是	否
Province ID	省份编号	数值型	否	否	否
bname	手抄本（全国）名称	字符型	否	否	否
btime	记载时间	字符型	是	否	否
byear	公元纪年	字符型	是	否	否
bpage	地区编号	字符型	是	否	否
bsource	志书名称	字符型	否	否	否
bsequence	手抄本（山西）名称	数值型	否	否	否
bpreface	序言	字符型	是	否	否
bbrief	结语	字符型	是	否	否

　　表 2 - 5 为物产分类信息表的字段设计。其中，三级分类编号为系统自动
生成，由 1 开始逐渐加 1 得到，并设置三级分类编号为本表的主键，作为分类
信息的唯一标识。因为三级分类是直接与物产相关的分类信息，一级分类和二
级分类通过三级分类与物产简介相关，所以以三级分类为主键是最合适的。志
书编号是本表的外键，关联志书信息表，通过志书编号，可实现志书信息表和

表 2 - 5　物产分类信息表的字段设计

字段名称	字段意义	字段类型	是否为空	是否主键	是否外键
ID	三级分类编号	数值型	否	是	否
BookID	志书编号	数值型	否	否	是
cname	三级分类名称	字符型	是	否	否
ctype	一级分类名称	字符型	是	否	否
caddress	二级分类名称	字符型	是	否	否
cmemo	三级分类注释	字符型	是	否	否

物产分类信息表的联合信息查询功能。一级、二级、三级分类名称和三级分类注释均根据文档中的记载直接录入。另外，除了三级分类编号和志书编号以外，其他字段均可为空。

表 2-6 为物产信息表的字段设计。物产编号为主键，是本表的唯一标识，由系统自动生成，由 1 开始逐渐加 1 得到；物产分类编号为本表的外键，来自物产分类信息表，通过物产分类编号可实现物产信息表和物产分类信息表的联合查询功能，物产名称和物产注释均是按照原文记载录入相应的。除了物产注释可以为空以外，其他字段均不得为空。

表 2-6　物产信息表的字段设计

字段名称	字段意义	字段类型	是否为空	是否主键	是否外键
ID	物产编号	数值型	否	是	否
CategoryID	物产分类编号	数值型	否	否	是
gname	物产名称	字符型	否	否	否
gcomment	物产注释	字符型	是	否	否

志书信息表（Books）、物产分类信息表（Categories）、物产信息表（Goods）3 张表格之间的关系如图 2-3 所示。其中，志书信息表中的志书编号是物产分类信息表的外键，物产分类信息表的分类编号又是物产信息表的外键。通过 2 个外键的设置实现了 3 张表的关联，不仅降低了数据冗余，而且也方便进行联合查询。

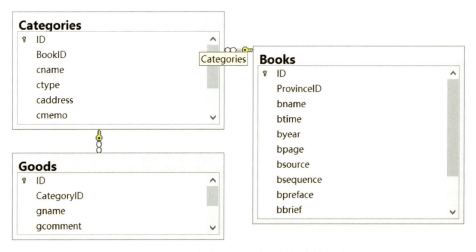

图 2-3　《方志物产》山西分卷数据库结构关系

第四节　物产分布概况

《方志物产》山西分卷共记载了 51 545 条物产，分布在明、清、民国 3 个时期山西 19 个地区的 354 本志书中。本节主要是借助地理信息系统技术，根据物产的地理分布情况，经过数据统计和分析，展示物产信息在志书、时间和空间上的分布情况。

一、GIS 概述

地理信息系统（geographic information system，简称 GIS），是对地理空间数据进行采集、存储、表达、更新、检索、管理、综合分析与输出的计算机应用技术系统。GIS 以应用为导向，强调空间实体及其关系，注重空间分析与模拟。自 20 世纪 60 年代出现以来，GIS 迅速发展，已经应用于多个领域，成为地理空间数据管理和分析的重要手段和工具（刘湘南等，2008）。

GIS 具有 3 个方面的特征（张成才，2004）：一是具有采集、管理、分析和输出多种地理信息的能力，且具有空间性和动态性；二是由计算机系统支持进行空间地理数据管理，并由计算机程序模拟常规的或专门的地理分析方法，作用于空间数据，产生有用信息，可视化展示文字表达的内容；三是计算机系统的支持是地理信息系统的重要特征，因此，地理信息系统能快速、精确、综合地对复杂的地理系统进行空间定位和过程动态分析。

空间分析是对数据的空间信息、属性信息或者二者共同信息的统计描述或者说明（张成才，2004），是 GIS 的主要功能，也是 GIS 的核心和灵魂。GIS 环境下的空间分析方法有如下 6 个方面（张成才，2004）：一是确定性空间分析，即分析处理确定性空间数据，无论是空间查询、空间统计分析，还是网络分析、基于地图代数的叠加分析等基本分析方法都是基于确定性的算法或技术；二是探索性空间数据分析，即利用统计学原理和图形图表相结合对空间数据的性质进行分析、鉴别，用以引导确定性模型的结构和解法，逐步地分析、认识和理解数据；三是时空数据分析，不仅描述系统在某一时刻或时段的状态，而且描述系统随时间变化的过程，预测未来时刻或时段系统将呈现的状态，以此获得系统的变化趋势，挖掘变化规律；四是专业模型集成分析，即解决某一类地理问题，在对系统所描述的具体对象进行大量专业研究的基础上，抽取客观规律，将系统数据重新组织，并总结出与研究目标有关的数据间的规则和公式；五是智能化空间分析，针对空间数据的动态性、多重性和复杂性等特点，采用计算机智能以达到快速精准地处理空间数据的目的；六是可视化空间分析，即将空间数据转化为地图，使这些数据表达的空间关系可视化，使得人们可以在地图、影像和其他图形中分析数据表达的各种类型的空间关系。

传统的古籍整理以手工整理为主，这项工作不仅耗时、耗力，且效率较低，甚至有些学者一生只能整理一书。现代信息技术的发展为古籍整理提供了新的研究方法和手段。GIS 在古籍整理中的应用，前人也有少量研究，并积累了一部分成果。朱锁玲等（2013）以《方志物产》广东分卷为语料，探讨了GIS 在物产分布、物产传播中的应用；吴茗（2016）通过对 GIS 技术在国内古籍数字化建设的应用案例分析，总结了在古籍数字化过程中引入 GIS 的技术实现路径，并提出了进一步开展 GIS 应用的建议；徐榕燴等（2012）结合《中国古代重大自然灾害和异常年表总集》中记载的各种自然灾害信息，对历史自然灾害进行了可视化的时空分析；王兆鹏（2011）探讨了如何利用 GIS 技术来提升中国古代文学研究的数字化水平。

GIS 最关键的要素之一是带有地理信息的关系数据源。《方志物产》记载的内容以物产为核心，涉及物产的品种、产地、时间、分类等信息，符合 GIS 对数据源的要求，而且 GIS 将数据转换成可视化地图的功能也能满足对数据源处理的需求。

二、数据清洗

《方志物产》山西分卷共 13 册，约 43 万字，记载了自明成化二十一年（1485 年）至民国二十九年（1940 年）时间跨度共 455 年山西境内的物产情况。其中，明代从明成化二十一年（1485 年）至明崇祯二年（1629 年）145年，清代从清顺治七年（1650 年）至清宣统元年（1909 年）260 年，民国从民国二年（1913 年）至民国二十九年（1940 年）28 年。

在中华农业文明研究院王思明研究团队数字化的基础上，借助文本格式化软件 EditPlus，对 word 文本进行了格式化处理，并存储到关系数据库 SQL SERVER 中，方便随时查询和调用。格式化过程中，对复合型志书和物产信息进行分离处理，结果得到 354 本志书、51 545 条物产信息。

如表 2-7 所示，是《方志物产》所载物产的相关信息整理表的一部分数据，包括了"明·万历三十八年（1610 年）"等记载时间、"《山西通志》"等志书名称、"穀屬"等物产分类名称、"黍"等物产名称、"有二种"等备注信息。

表 2-7 《方志物产》所载物产的相关信息表（部分）

时间	志书名称	类别名称	物产名称	物产备注	重新分类
明·万历三十八年（1610）	山西通志	穀属	黍	有二種	谷属
明·万历三十九年（1611）	渾源州志	菽	黄豆		谷属
明·万历三十九年（1611）	渾源州志	蔬	葫荽		菜属
明·万历三十九年（1611）	渾源州志	瓜	王瓜		瓜属
明·万历三十九年（1611）	渾源州志	果	沙果		果属
明·万历三十九年（1611）	渾源州志	木	栝		木属
清·雍正十三年（1735）	朔州誌	花屬	芍藥		花属
清·雍正十三年（1735）	朔州誌	藥屬	麻黄		药属
明·万历四十年（1612）	太原府志	果之屬	樱桃		果属
清·乾隆六十年（1795）	太谷縣志	禽之屬	黄鸝		羽属
清·乾隆六十年（1795）	太谷縣志		牛		毛属
清·康熙十三年（1674）	榆社縣志	草類	艾		草属
清·康熙四十一年（1702）	永寧州志	蟲之屬	黄杷牛	即蜣蜋	虫属
清·顺治十三年（1656）	永寧州志	货屬	絲		货属
清·乾隆元年（1736）	平陽府志		鰻鱺	俗呼白鱔	水产属
……	……	……	……	……	……

本研究以《方志物产》山西分卷中记载的 51 545 条物产为数据源，数据筛选的目的就是要剔除不符合条件的数据信息，保留符合本研究条件的数据信息，作为最终的数据源。

第一，就物产名称进行筛选。物产名称是物产的重要标志，但是，由于摘抄字迹模糊难辨等原因，物产名称在很大程度上呈现不完善性，即有些物产名称不完整，包含了除汉字以外的其他符号，如 "?" "□" 等，这些物产在后期的数据挖掘中应用价值较小，因此决定将其删除。经统计，至少包含 "?、十、（、）、□" 等几种符号之一的物产名称，如 "□鹅、天□□、（班＋鳥）、□□、??" 等，共计有 274 条，约占总物产量的 0.53%。

第二，就物产产地进行筛选。从表 2-7 中可以看出，志书名称的结构均为 "地名＋志" 的组成方式，从而认为某地志书中记载了某种物产，就代表该地区出产此种物产。因此，将志书名称中的地名作为物产的产地。《方志物产》山西分卷中涉及的志书种类有通志、府志、州志、县志、乡土志、关隘志、山川志等多种形式，为了方便展示，本研究采用府州级展示物产的分布，除通志外，其他府、州、县、乡土、关隘、山川等全部统一为其所属的府州名称。通志中记载的内容代表山西省境内所出产的物产，不能明确到某府州。因此，在进行 GIS 地域分布时，就要删除通志中所载的物产信息，主要有"民国二十八年（1939 年）《山西分省地志》""明·成化二十一年（1485 年）《山西通志》""明·嘉靖四十二年（1563 年）《山西通志》""明·万历三十八年（1610年）《山西通志》""清·康熙二十一年（1682 年）《山西通志》"和"清·雍正十二年（1734 年）《山西通志》"6 本通志，所记载的物产量为 668 条，约占 1.3%。

第三，就物产时间进行筛选。如表 2-7 所示，物产时间包含的元素有朝代、年号、公元纪年等信息。经统计，格式化后的《方志物产》山西分卷的354 本志书中，只有 3 本志书的时间不明确，分别是"清·康熙《宁武守禦所志书》""清·光末《崞縣乡土志》"和"《清凉山靈志》"。其中，虽然"清·康熙《宁武守禦所志书》"和"清·光末《崞縣乡土志》"这 2 本志书的具体时间不明确，但是所属朝代是清晰的，所以在按朝代进行数据统计时，并不影响结果；而"《清凉山靈志》"这本志书则完全没有时间信息，因此，在进行朝代统计数据时，则要删去该志书中记载的物产信息，该志书所载的物产信息有 35条，约占总物产量的 0.068%。

经过对原始数据源的筛选和规范处理，不仅删除了不符合研究要求的数据，且对数据源进行规范化处理，完善了数据源信息，实现了数据清洗的目的。本研究数据源的数量由最初的 51 545 条物产信息调整为 50 568 条物产信息，有效数据源约占原始数据源的 98.1%。可见，这些数据是充实且有效的，能够较为真实地反映出《方志物产》山西分卷所载的物产情况。

三、物产总体分布

1. 山西府州分布情况

根据复旦大学历史地理研究中心网站公布的 1820 年全国地图，山西省范围内包含了"归绥六厅、朔平府、大同府"等 20 个府州。但是，由于《方志物产》在摘抄过程中将"归绥六厅"划入了内蒙古的区域，因此在进行数据统计时实际上是去掉了"归绥六厅"之后的府州信息，包含除"归绥六厅"以外的 19 个府州，分别为保德府、大同府、代州、汾州、霍州、绛州、解州、辽州、潞安府、宁武府、平定州、平阳府、蒲州、沁州、朔平府、太原府、隰州、忻州、泽州府[①]。

---

① 排序依据为首字母先后。

2. 志书的分布情况

经过上一章格式化处理中的志书分离操作，共统计出志书316种。其中，明代志书有46种；清代志书最多，达237种；民国志书最少，为33种。不同时代、不同地区的志书数据统计如表2-8所示。

表2-8 《方志物产》山西分卷的志书统计

序号	府州名称	志书种类			合计
		明	清	民国	
1	保德府	0	6	0	6
2	大同府	4	14	0	18
3	代州	2	10	1	13
4	汾州	1	15	2	18
5	霍州	2	7	2	11
6	绛州	2	19	2	23
7	解州	2	10	2	14
8	辽州	0	8	1	9
9	潞安府	8	21	2	31
10	宁武府	0	3	0	3
11	平定州	1	11	0	12
12	平阳府	8	35	9	52
13	蒲州	3	11	4	18
14	沁州	0	5	1	6
15	朔平府	1	5	1	7
16	太原府	7	26	3	36
17	隰州	0	6	1	7
18	忻州	1	6	0	7
19	泽州	1	17	1	19
20	通志	3	2	1	6
	合计	46	237	33	316

这些志书当中，包含了多种志书类型，有全省通志，如明成化二十一年（1485年）、明嘉靖四十二年（1563年）、明万历三十八年（1610年）、清康熙二十一年（1682年）、清雍正十二年（1734年）的《山西通志》和民国二十八年（1939年）的《山西分省地志》等；有府志，如万历四十三年（1615年）和清康熙四十七年（1708年）的《平阳府志》、明万历四十年（1612年）的《太原府志》、清乾隆四十年（1775年）的《大同府志》、清雍正十一年（1733年）的《朔平府志》等；有州志，如明嘉靖三十七年（1558年）的《霍州

志》、明嘉靖四年（1525 年）的《解州志》、明嘉靖三十八年（1559 年）的《蒲州志》、明万历三十五年（1607 年）的《泽州志》、明万历三十六年（1608 年）的《忻州志》、清乾隆四十九年（1784 年）的《代州志》、清光绪五年（1879 年）的《绛州志》、清康熙十二年（1673 年）的《辽州志》等；有县志，如明嘉靖四十四年（1565 年）的《崞县志》、明万历二十九年（1601 年）的《灵石县志》、明弘治八年（1495 年）的《壶关县志》、清顺治七年（1650 年）的《河曲县志》、清康熙二十三年（1684 年）的《灵丘县志》、清雍正七年（1729 年）的《阳高县志》、清道光十六年（1836 年）的《繁峙县志》、清乾隆三十五年（1770 年）的《介休县志》、清光绪九年（1883 年）的《平遥县志》、民国七年（1918 年）的《闻喜县志》、民国二十四年（1935 年）的《浮山县志》等；也有乡土志，如清宣统元年（1909 年）的《文水县乡土志》、民国十五年（1926 年）的《汾阳西陈家庄乡土志》等；甚至还有关隘志和山川志，如清乾隆五十年（1785 年）的《清凉山志》、清道光二十六年（1846 年）的《偏关志》、清康熙年间的《宁武守御所志书》等。根据志书的类型对通志、府州志、县志、乡土志等类别进行统计，结果如表 2-9 所示。

表 2-9 《方志物产》山西分卷中志书类型统计

时间	类型				合计
	全省通志	府州志	县志	乡土、山川、关隘志等	
明	3	11	32	1	47
清	2	30	197	7	236
民国	1	0	29	3	33
合计	6	41	258	11	316

从表 2-9 中可以看出，就志书类型而言，以县志为最多，明代县志约占明代总志书量的 68.09%，清代县志所占的比例为 83.47%，而民国时期达到了 87.88%，平均比例为 81.65%。府州志次之，明代府州志占明代总志书量的 23.40%，清代的府州志占 12.71%，民国时期没有收集到府州志的资料。3 个时期均有全省通志的修撰，不论从数量上还是从比例上看，明代全省通志的修撰都是领先的。乡土、山川、关隘志等类型较少。

3. 基于空间统计的物产分布概况

以从《方志物产》山西分卷中筛选出来的 50 568 条物产信息为数据源，构建物产与产地关系表，并按照地理分布对物产的记载次数进行统计，得到物产的总体分布情况。从统计数据来看，就单个府州的物产分布而言，平阳府物产最多，达 11 107 条，超过山西总物产记录的 1/5；太原府次之，记录条数为 5 825，超过山西总物产记录的 1/10。就区域的物产分布而言，以平阳府、太原府和潞安府为代表的山西南部物产丰富，太原府以北地区物产较为匮乏。

山西地处黄河中游，位于华北大平原西部，全境处于黄土高原之上，自然条件有限，多山少平原，山地、丘陵的面积比例高达 80% 以上，河谷面积不足 20%，且水资源匮乏，气候干燥，干旱、寒冷等自然灾害较严重。一方面，山西疆域轮廓呈东北斜向西南的平行四边形，是典型的黄土覆盖的山地高原，南北地势起伏较大，北部五台山最高处 3 061.1 米，南部黄河入口处仅有 167.7 米。因此，在气候上，南部地区较北部地区温度高且持续时间长。另一方面，山西西南部濒临黄河，其他主要河流还有 9 条，分别为汾河、沁河、桑干河、滹沱河、漳河、沁河、三川河、昕水河、涑水河。其中，除了桑干河和滹沱河流经北部地区，其他 7 条河流均流经山西南部。可见，南部地区水系较多，水资源较北部地区充足。所以，尽管山西省气候环境比中国东南部地区恶劣，但就山西省内而言，南部地区自然环境温暖湿润，更加适宜农业生产和物产生长。

4. 基于时间统计的物产分布概况

《方志物产》记载了从明成化二十一年（1485 年）至民国二十九年（1940 年）间山西境内的物产及相关信息，时间跨度达 455 年之久，涉及明、清、民国 3 个不同时期。

在物产总体分布的基础上，根据物产记载时间的不同，对物产在时空上的分布进行统计发现，就地理区域而言，不管是在明、清还是民国时期，分布趋势是一致的，即以平阳府为代表的南部地区的物产情况比较丰富，而北方地区较为贫乏。另外，就不同时期而言，清时期的物产记载量最多，共 38 462 条；明时期次之，共 6 101 条；民国时期的物产量最少，共 6 005 条。

可见，《方志物产》虽记载了自明代至民国时期的物产，但不同历史时期的物产记载总量的分布差异较大，在筛选出的 50 568 条数据当中，总体规律是清代最多、明代次之、民国最少。一方面，由于志书记载时间的长短，决定了志书的成书量，也决定了物产的记载量，清代共记载了自 1650—1909 年约 260 年，明代共记载了自 1495—1629 年[①]约 135 年，民国共记载了自 1913—

---

① 最初的 51 545 条原始数据明代跨越的年份是 1485—1629 年，由于通志无法确认到府州级，会影响到地区分布的统计结果，所以筛选出来的 50 568 条数据中不包括 1485 年的山西通志，而是从 1495 年开始。

1940 年约 28 年。另一方面，跟当时社会的政治、经济等状况有关，经济兴盛、社会安定的情况会促进农业生产的发展和农业科技的进步，志书的修撰也比较频繁，物产的记载就会越加详尽，清代的记载从清初到清末，涵盖了清代政治、经济等状况的鼎盛时期；而明代的记载则是在明代后期，随着政治、经济等状况的衰落，生产和记载也会受到负面的影响；民国时期也是我国政治、经济等状况的不稳定时期，无论在农业生产还是文字记载上都存在不足的情况。

数字化整理的基础是数据库的建设，数据库建设的前提是数据的规范化处理。本章在《方志物产》文本数字化建设的基础上，借鉴前人的经验和方法，通过阅读分析文本数据结构特点，设计了一套格式化的规范体系，在 Editor Plus 的辅助下，完成了山西分卷全文格式化处理，并批量存储到 SQL SERVER 数据库中，引入 GIS 技术，实现了志书和物产在时间、空间上的分布概况，让读者快速了解山西分卷的物产状况，并进行了一定程度的原因分析。数据处理中虽然借助了计算机的辅助环境，但是仍然需要进行大量的人工甄别工作。因此，文本的格式化处理耗费了大量的时间和精力。然而，文本格式化处理工作是数字化整理和数据挖掘的基础与前提条件，为以后关联数据的挖掘打下了坚实的数据基础。所以，这项工作是十分必要的。

第三章 物产分类体系构建

目前，关于《方志物产》中物产分类信息的研究，总体数量少，研究程度浅，仅停留在梳理文中分类信息的阶段。例如，衡中青（2009）以广东分卷为例，总结了《方志物产》的分类特征和分类方法，建立了物产分类体系表。芦笛（2015）以上海方志为例，梳理了上海官修方志中的物产分类体系以及文本书写格式，尚未涉及分类体系的规范、智能辅助设计以及较大范围的普遍适用等方面。

由于编写制度的欠缺以及人工摘抄和录入的谬误等原因，《方志物产》物产类目信息在很大程度上呈现不完整和不完善，但仍有一定规律可循。为了优化物产类目信息，本章拟以《方志物产》山西分卷为例，结合数据库技术和数据统计技术，分析了所载物产的分类体系特征，通过梳理中国传统物产分类体系的发展变迁，尝试设计一套适合方志特点的物产分类系统，并实现物产分类信息的格式化和优化功能，为《方志物产》的数据化挖掘和可视化展示奠定数据基础（表3-1）。

表3-1 《方志物产》所载的物产相关信息表（部分）

时　　间	志书名称	类别名称	重新分类
明·万历三十八年（1610）	山西通志	穀屬	谷属
明·万历三十九年（1611）	渾源州志	菽	谷属
明·万历三十九年（1611）	渾源州志	蔬	菜属
明·万历三十九年（1611）	渾源州志	瓜	瓜属
明·万历三十九年（1611）	渾源州志	果	果属
明·万历三十九年（1611）	渾源州志	木	木属
清·雍正十三年（1735）	朔州誌	花屬	花属
清·雍正十三年（1735）	朔州誌	藥屬	药属
明·万历四十年（1612）	太原府志	果之屬	果属
清·乾隆六十年（1795）	太谷縣志	禽之屬	羽属

（续）

时　　间	志书名称	类别名称	重新分类
清·乾隆六十年（1795）	太谷縣志		毛属
清·康熙十三年（1674）	榆社縣志	草類	草属
清·康熙四十一年（1702）	永寧州志	蟲之屬	虫属
清·顺治十三年（1656）	永寧州志	貨屬	货属
清·乾隆元年（1736）	平陽府志		水产属
……	……	……	……

从表 3-1 中可以看出，物产的分类信息不完整。首先，有些物产没有分类信息。例如，清·乾隆六十年（1795 年）《太谷縣志》中记载的"牛"和清·乾隆元年（1736 年）《平阳府志》中记载的"鰻鱺"的分类信息为空。其次，有些物产有分类信息，但是同一种分类名称的表达方式不一致。例如，明·万历三十九年（1611 年）《浑源州志》记载的物产"沙果"属于"果"类，明·万历四十年（1612 年）《太原府志》记载的物产"樱桃"也属于"果"类。但是，前者在记述中物产分类名称使用了"果"，后者则使用了"果之屬"，造成了物产分类名称的多样化。

为了解决这一问题，本章在对物产的分类特点和方法进行详细分析的基础上，重新构建了适合《方志物产》本身特点的物产分类体系，实现了物产分类信息的智能优化，基于地理信息系统展示物产类别在时空上的分布概况。

第一节　我国物产分类体系的发展历程

中国拥有上下五千年的悠久历史，是世界上农业起源国之一。在长期采集渔猎过程中，人们慢慢开始认识自然界，学会辨别有害的和有用的物产，从而可以更好地利用自然资源。随着农牧业的发展，在进一步观察、比较、分析的基础上，逐渐形成了具有我国特色的分类方法，即根据自然属性和功能属性进行分类。

一、中国传统文献中物产分类体系梳理

春秋战国时期，人们开始对动植物进行相对系统的分类。据考证，"动物"和"植物"两个名词也是在这一时期出现的，《周礼·地官·司徒》中有记载："以土会之法辨五地之物生。一曰山林，其动物宜毛物，其植物宜皁物，其民

毛而方；二曰山泽，其动物宜鳞物，其植物宜膏物，其民黑而津；三曰丘陵，其动物宜羽物，其植物宜覈物，其民专而长；四曰坟衍，其动物宜介物，其植物宜荚物，其民晢而瘠；五曰原隰，其动物宜蠃物，其植物宜丛物，其民丰而肉而庳，因此五物者民之常。"[①] 由此可见，当时人们将常见物产分为动物、植物两大类，动物又分为毛、鳞、羽、介、蠃5类，植物又分为皁、膏、覈、荚、丛5类。

秦汉时期，我国对物产分类有了比较完整的认识。对后世产生深远影响的《神农本草经》按照毒性强弱和用药目的的不同，将物产分成上、中、下三品（顾观光，1955）："上品为君药，有120种，主养命以应天，无毒，多服久服不伤人，适于欲轻身益气不老延年者；中品为臣药，有120种，主养性以应人，无毒、有毒，斟酌其宜，适于欲遏病补虚羸者；下品为使药，有125种，主治病以应地，多毒，不可久服，适于欲除寒热邪气、破积聚愈疾者。"《尔雅》最后7篇《释草》《释木》《释虫》《释鱼》《释兽》《释鸟》《释畜》将植物分为草、木2种，将动物分为虫、鱼、兽、鸟、畜5类（郝懿行、王念孙，1989）。另外，还提出了部分定义，如"二足而羽谓之禽，四足而毛谓之兽""狗四尺为獒"等。

三国两晋南北朝时期，生物学分类进一步发展。《毛诗草木鸟兽虫鱼疏》诠释了《诗经》中记载的物产，共有174种。其中，草本80种、木本34种、鸟类23种、兽类9种、鱼类10种、虫类18种（陆玑，1985）。《神农本草经》根据用途的不同将物产分为玉石、草、木、虫、兽、果、菜、米食，这是生物学分类的重大发展（黄奭，1982）。《南方草木状》在《尔雅》的基础上增加了果、竹2类，将植物分为草、木、果、竹4类（嵇含，1993）。

隋唐宋元时期，生物学分类日趋成熟。北宋《图经本草》将动植物分为果、菜、米、虫鱼、禽兽、草、木7部，此分类方法虽然与之前分类相差不大，但是该书提出了一些相对稳定的生物学术语，如"缠绕茎""攀援茎""匍匐茎""直立茎"等。另外，还根据物产的生物学特征将相似的物产排列在一起（胡乃长、王致谱，1988）。《昆虫草木略》把动植物分成草木、昆虫2个纲，草木纲下有草、蔬、稻粱、木、果5目，昆虫纲下有虫鱼、禽、兽3目；在物产的排列方式上，采用大类中分小类的排列方法，注重动植物自然类群和亲缘关系（路甬祥，1996）。

明清时期，生物学分类日益完善。《救荒本草》本着"区别草木欲济斯民

---

① 林尹，1985. 周礼今注今译 [M]. 上海：书目文献出版社.

之饥"的编制原则，首先把植物分成草、木、米谷、果、菜 5 部，其次按照可以食用的部位再进一步分类，如将草类分成叶可食、根可食、实可食、叶及实皆可食、根叶可食、笋叶可食、根及花皆可食、根及实皆可食、花叶皆可食、茎可食、笋及实皆可食等小类，除了注重食性、毒性及救荒时期食用方法的描述，还使用了一些专业术语，如"穗状""伞盖状"等关于花序和果实分类的术语，这是植物学分类的一大进步（朱橚，1969）。叶子奇按照繁殖方式的不同，将动物分成胎生、卵生、泾生、化生四大类，并提出物产有高低贵贱之分（潘星辉，2000）。《本草纲目》在生物学分类上，采用析族区类、振纲分目的综合方法，共分成 16 部、60 类。其中，植物分成草、谷、菜、果、木 5 部，动物分成虫、鳞、介、禽、兽、人 6 部，其他有金石、水、火、土、服器 5 部，每部下又按照生殖方式、形态特点、生态环境、实用价值等特征进一步分类，排列方式体现了从低级向高级、从微至巨的原则，当时这种分类方式在世界上处于领先水平，早于现代植物分类学一个半世纪。清代吴其濬的《植物名实图考》仍然沿用《本草纲目》的体例，删去人部，增加了藤部和花部。

二、方志资料中物产分类信息梳理

1. 宋元时期方志资料中物产分类信息

地方志是我国重要的文化典籍和史料宝库，源远流长、历史悠久，起源于春秋战国，萌芽于秦汉，发展于隋唐，成型于宋，稳定于元，兴盛于明清。宋元之前，地方志的编纂体系发生着较大的变化，但由于种种原因，留存下来的资料凤毛麟角。宋元时期是方志的成型稳定期。据统计，现存于世的完整或者较为完整的宋元方志有 40 余种。《宋元方志丛刊》中共收录了 41 种方志资料（中华书局编辑部，1990）。为详细了解这些资料中物产分类情况，笔者一一进行了统计，结果如表 3 - 2 所示。

表 3 - 2 宋元方志物产统计信息

省份	志书名称	成书年代	物产信息
上海	云间志	宋·绍熙四年（1193）	物产，叙述
陕西	长安志	宋·熙宁九年（1067）	土产，叙述
	类编长安志	元·元贞二年（1296）	土产，叙述
	雍录	南宋孝宗时期	无
山东	齐乘	元·至元五年（1339）	无

（续）

省份	志书名称	成书年代	物产信息
江苏	景定建康志	宋·景定二年（1261）	物产，十大类（穀之品、帛之品、金之品、药之品、香之品、果之品、菜之品、禽之品、鱼之品、兽之品）
	至正金陵新志	元·至正四年（1344）	无
	吴郡图经续记	宋·元丰七年（1084）	物产，叙述
	吴郡志	宋·绍熙三年（1192）	土物，一一列出，无分类
	淳祐玉峯志	宋·淳祐十一年（1251）	土产，九大类（稻、水族、食物、药物、香、布帛、巧石、木、兽）
	咸淳玉峯续志	宋·咸淳八年（1272）	无
	至正昆山郡志	元·至正元年（1341）	土产，一一列出，无分类
	琴川志	宋·庆元二年（1196）	叙产，九大类（穀之属、帛之属、药之属、果之属、蔬之属、畜之属、禽之属、兽之属、鱼之属）
	无锡志	元	无
	嘉定镇江志	宋·嘉定六年（1213）	无
	至顺镇江志	元·至顺三年（1332）	土产，十五大类（穀、布帛、饮食、器用、花、果、蔬、药、草、竹、木、畜、禽、兽、鱼、虫）
	咸淳毗陵志	宋·咸淳四年（1268）	土产，十二大类（穀之属、帛之属、货之属、花之属、蔬之属、果之属、药之属、木之属、竹之属、禽之属、兽之属、鳞介之属）
	乾道临安志	宋·乾道五年（1169）	物产，八大类（穀、衣、货、药、果、花、木、竹）
	淳祐临安志	宋·淳祐十二年（1252）	无
	咸淳临安志	宋·咸淳四年（1268）	物产，十三大类（穀之品、丝之品、枲之品、货之品、菜之品、果之品、竹之品、木之品、花之品、药之品、禽之品、兽之品、虫鱼之品）
	淳熙严州图经	宋·淳熙十二年（1185）	物产，十一大类（穀、衣、货、药、果、木、竹、畜、禽、兽、鱼）
	景定严州续志	宋·景定三年（1262）	无

（续）

省份	志书名称	成书年代	物产信息
江苏	至元嘉禾志	元·至元二十五年（1288）	物产，十二大类（穀之品、帛之品、货之品、药之品、果之品、菜之品、木之品、草之品、竹之品、禽之品、兽之品、鱼之品）
	澉水志	宋·绍定三年（1230）	物产门，十四大类（早稻名、杂穀、丝布、货、花、果、菜、竹、木、药、禽、畜、海味、河味）
	嘉泰吴兴志	宋·嘉泰元年（1201）	物产，十二大类（穀属、縑属、果属、蔬属、兽属、禽属、鱼属、虫属、木属、竹属、草属、金属）
	乾道四明图经	宋·乾道五年（1169）	无
	宝庆四明志	宋·宝庆三年（1227）	叙产，五大类（布帛之品、草之品、果之品、羽之品、水族之品）
	开庆四明续志	宋·开庆元年（1259）	无
	大德昌国州图经	元·大德二年（1298）	叙物产，十三大类（五穀、布帛、禽类、海族、河塘鱼、畜类、兽类、花类、果实、竹类、药类、蔬菜、木类）
	延祐四明志	元·延祐七年（1320）	无
	至正四明续志	元·至正二年（1342）	土产，九大类（市舶物货、五穀、药材、草木、果实、器用、毛族、羽族、水族）
	嘉泰会稽志	宋·嘉泰元年（1201）	十一大类（草部、木部、虫部、鱼部、鸟部、兽部、药石部、纸、盐、日鑄茶、布帛）
	宝庆会稽续志	宋·宝庆元年（1225）	鸟兽草木，九大类（花、果、蔬、草木、茶、竹、药石、纸、禽兽虫鱼）
	剡录	宋·嘉定七年（1214）	草木禽鱼，九大类（木、花、果、药石、草、茶品、泉品、禽、兽麟介）
	嘉定赤诚志	宋·嘉定十六年（1223）	土产，十五大类（穀之属、帛之属、货之属、花之属、药之属、果之属、蔬之属、草之属、木之属、竹之属、畜之属、禽之属、兽之属、鱼之属、虫之属）

（续）

省份	志书名称	成书年代	物产信息
安徽	新安志	宋·淳熙二年（1175）	物产，九大类（穀粟、蔬茄、药物、木果、水族、羽族、兽类、畜擾、货贿）
福建	淳熙三山志	宋·淳熙九年（1182）	物产，十五大类（穀、货、丝麻、果实、菜瓜、药、木、竹、草、藤、畜、兽、禽族、水族、虫）
	仙溪志	宋·宝祐五年（1257）	物产，十大类（货殖、果实、花、草、木、竹、禽、兽、水族、药品）
河南	河南志	元	无
湖北	寿昌乘	宋宝祐年间	无
广东	大德南海志	元·大德八年（1304）	物产，十三大类（谷粟丝麻、宝贝、香药、花、果、瓜、木、竹、菜、兽、畜、水族、禽）

　　虽然由于材料的佚失，宋元时期的方志现存得较少，但是从表3-2中的统计数据依然可以看出，全国保存下来的宋元时期方志材料中，以江苏为大宗，有30种之多，约占总数的3/4。而从是否有物产记载来看，在41种方志中，有28种方志记载了物产信息，并且绝大多数物产都有详细的分类信息。

　　关于物产的记述形式，可以分为3种情况：第一种是详细分类，在每一个分类下一一列出物产，并附上物产备注信息。例如，《景定建康志》分了"穀之品、帛之品、金之品、药之品、香之品、果之品、菜之品、禽之品、鱼之品、兽之品"十大类，这是最常见的一种情况。第二种是虽然有一定的分类，但整体是以叙述的方式记载的。例如，《长安志》记载"畜宜牛马穀宜黍稷"。第三种是不分类，直接将物产一一列出。例如，《昆山郡志》记载有"巧石、苎布、黄草布、藥班布"等物产。

2. 明代至民国时期方志资料中物产分类信息

　　以《方志物产》山西分卷为例，进行明代至民国时期方志资料中物产分类信息的梳理。经计算机词频统计，共得到5 133个物产分类的类目名称，根据文中上下级逻辑关系和类目名称的相关性，将物产类目分成以下3种情况：

　　（1）一级类目：没有上级类目，只有下级类目。如表3-3所示，一级类目表达方式有物产、土产、食货、方产等相关名称，其中，以"物产"相关的衍生名称为主。

表 3-3 《方志物产》山西分卷一级类目信息①

类 别	一级类目名称
物产	物産、物产、物产、方產攷-物產、物產志、風土-物產、農政志-物產、食货志-物產、物產民俗
土产	土產、土产
食货	食货志、食货、食货-食屬、食货
方产	方產、方产
其他	地文誌-生物、五峯靈迹、特産、貢賦、田賦、土物志、物土志

（2）二级类目：既有上级类目，又有下级类目，且上级类目为一级类目。如表 3-4 所示，二级类目大致分为植物、动物、货物 3 个类别。

表 3-4 《方志物产》山西分卷类目二级类目信息

类 别	二级类目名称
植物	植物、格政類-植物
动物	動物、格致類-動物
货物	貨物、雜貨、货之屬、货類、货屬
食屬	食屬

（3）三级类目：只有上级类目，没有下级类目，且上级类目为二级类目，其下为物产信息。如表 3-5 所示，是按照类目名称相关性进行分类后的结果。

表 3-5 《方志物产》山西分卷三级类目信息

类 别	三级类目名称
谷	百穀類、谷、谷屬、穀、穀類、穀屬、穀屬、穀之屬、穀、穀類、穀品、穀菽、穀屬、穀屬、穀粟、穀物、穀之類、穀之属、穀之屬、穀、穀類、穀屬、穀屬、穀之屬、五穀、五穀、五穀類、五穀之屬
禾	禾類、禾屬
麦	麥、麥屬
菽	菽、菽屬、豆、豆子
粟	粟屬、粟之屬
蔬菜	菜、菜豆屬、菜類、菜蔬、菜屬、菜屬、菜之屬、圃蔬、山蔬、疏類、疏屬、蔬、蔬菜、蔬菜類、蔬類、蔬品、蔬屬、蔬屬、蔬之類、蔬之属、蔬之屬、田蔬、野菜屬、野菜屬

---

① 类别是根据类目名称相关性进行分类后抽取出来的代表性名称，类目名称是文中出现的一级分类名称的汇总，出现次数是类目名称的词频统计结果。下同。

（续）

类　别	三级类目名称
草	芔、芔屬、芔之屬、草、草類、草品、草属、草屬、草之屬、異草
瓜	瓜、瓜類、瓜品、瓜属、瓜屬、瓜之屬、蓏、蓏屬、蓏之屬
果	果、果類、果品、果品類、果實、果属、果屬、果之類、果之属、果之屬、菓、菓類、菓品、菓實、菓属、菓屬、菓之屬、木實
花	花、花草、花卉、花卉類、花類、花品、花属、花屬、花之類、花之屬、卉、卉類、卉屬、卉之屬、名花
木	木、木類、木品、木属、木屬、木之類、木之属、木之屬、木植、森林表、樹類、樹木、樹木-被子樹、樹木類、樹木-裸子樹
药	药、药属、藥、藥材、藥材類、藥草、藥餌、薬、薬類、薬品、藥品類、藥属、藥屬、藥之類、藥之属、藥之屬
虫	虫、虫類、虫属、虫屬、虫之屬、蚕、蚕類、蚕品、蚕屬、蟲之屬、蟲、蟲介、蟲類、蟲属、蟲屬、蟲之屬、昆虫之屬、昆蟲、昆蟲類
畜	畜、畜類、畜属、畜屬、畜之類、畜之屬、豢禽類、家畜、六畜、牲畜、牲畜類、兽禽
羽	羽、羽類、羽品、羽属、羽屬、羽之屬、羽族
鸟	鳥、鳥類、鳥属、鳥屬、鳥之屬、禽鳥
禽	飛禽、禽屬、禽、禽類、禽属、禽之類、禽之属、禽之屬、野禽
兽	獸、獸畜、獸類、獸属、獸屬、獸之類、獸之属、獸之屬、野獸、走獸
毛	毛、毛類、毛品、毛属、毛屬、毛之屬、毛族
鳞介	鱗、鱗類、鱗介、鱗介類、鱗介屬、鱗介之屬、鱗品、鱗属、鱗屬、鱗之屬、鱗族、介、介類、介品、介属
鱼	鱼、魚、魚類、魚属、魚屬、魚之屬
水产	水产、水產類、水屬、水之屬、水族、水族屬、潛類
货	货、货屬、貨、貨帛屬、貨類、貨利、貨品、貨属、貨屬、貨物、貨物類、貨之属、貨之屬、枲貨、枲貨類、枲貨屬、枲類、雜貨
帛	帛、帛属、帛屬、帛之屬、布帛
其他	罷、器屬、色類、色品、色屬、色之屬、山產類、山澤之利、石、石屬、食貨、食属、食屬、炭、炭類、特產、土、土類、五金、五色、物貨、物類、薪屬、用屬、酒、醴屬、麻、麻枲、釀之屬、褩產、褩類、雜產、雜產類、雜類、雜属、雜屬、貢物、物產、鼠屬、竹屬

从表3-3、表3-4、表3-5中可以看出，一级类目和二级类目的表达方式相对统一，三级类目的表达方式最为烦冗复杂。

物产分类信息的不统一，主要表现在以下3个方面：一是分类标准不统一，如"水产类、鳞介类、鱼类"，"水产类"的范围最大，"鳞介类"次之，"鱼类"

最小，前者包含后两者；二是表达方式不统一，如"百穀類、谷屬、榖類、榖品、榖物、穀之類、榖之屬"等都是"谷"的意思；三是书写方式不统一，即采用异体字或者繁简体，如"屬与属、谷与榖、药与藥、货与貨"等。

造成物产分类信息多样化的原因，主要有以下 3 个方面：一是时间长，《方志物产》涉及的时间从明代开始一直到民国时期，仅山西分卷而言，时间跨度就达 455 年之久，志书的编纂要求随着时代的变迁而有所不同；二是范围广，《方志物产》的来源以县志为主，地理范围上几乎涉及了全国各个地区，地理位置的不同造成了不同的文化习俗；三是作者多，基本上每本志书的编纂都是由不同的人完成的，在一定程度上与个人的书写习惯及文化背景相关性较大。总之，多方面的原因导致《方志物产》在行文结构和表达方式上存在着诸多不一致、不规范之处。

三、近代生物学在中国的传播及其在《方志物产》山西分卷的体现

16 世纪，随着商人和传教士的东来，中西方文化交流不断加强，西方的各种知识开始在中国传播，包括生物学知识（卢嘉锡等，2005）。

最开始知识传播的主体是传教士。之所以如此，是因为传教士试图传播的上帝学说在中国得不到认可，必须借助一些能让人们信服的东西来证明自己所传的绝非无稽之谈。于是，传播科学技术成为传教的手段。人体解剖学是传入中国最早的生物学知识，明代万历年间来华的意大利传教士利玛窦（M. Ricci）写下了《西国记法》，全书分为 6 篇，其中"原本篇"主要论述了脑是记忆中枢，而非我国"心主记忆"的传统认识。之后，另一意大利传教士艾儒略（G. Aleni）出版了《性学粗述》，介绍了一些解剖生理学知识，主要涉及消化系统、血液循环系统、神经系统和感觉系统。日耳曼传教士邓玉函（J. Terrenz）是早期来华传教士中科学文化素养最高的人之一，比较系统地介绍了西方解剖学知识。

总体而言，在鸦片战争之前，西方生物学传入中国的知识较少，影响也很小。鸦片战争以后，一方面，我国被迫进一步对外开放，来华传教士大增，知识传播力量随之增大；另一方面，国人意识到自己的落后，主动介绍和引进西方知识，因此，西方知识传入的数量增多，内容广泛，影响扩大。

单就生物分类学方面，在 1855 年，《博物新编》一书出版，其中第三集为"鸟兽论略"，介绍了西方近代动物分类学知识，将动物分为胎生类、卵生类、鳞介类和昆虫等，胎生又分为 8 族，一曰韦族，如犀象豸马；二曰脂族，如江豚海马鲸鲵；三曰反刍族，如牛羊驼鹿；四曰食蚁族，如穿山甲；五曰错齿

89

族，如貂猬兔鼠；六曰啖肉族，如猫狮虎獭豺熊；七曰飞鼠族，如蝙蝠；八曰禺族，如猿猴。1858 年，英国传教士韦廉臣和李善兰合译了《植物学》一书，这是在中国出版的第一部介绍西方近代植物学的著作，主要包括植物的地理分布、分类方法、内部组织构造、器官的形态构造和功能、细胞等内容。在翻译术语时，李善兰一方面沿用我国传统术语，另一方面自行创造更加适合的术语，对后世产生了相当的影响。1876 年，英国人傅兰雅（J. Fryer）创办了《格致汇编》，这是我国最早的一种自然科学期刊，刊登动植物方面的文章，有助于转播动植物学知识，扩展知识分子的视野。1886 年，英国人艾约瑟（J. Edkins）编译了《格致启蒙十六种》，其中《动物学启蒙》《植物学启蒙》分别介绍了西方近代动物学和植物学知识。

《方志物产》山西分卷共有 354 种志书，其中有 2 本志书出现了近代生物学分类思想，分别是清宣统元年（1909 年）文水县乡土志和民国二十八年（1939 年）山西分省地志。宣统元年（1909 年）文水县乡土志中物产分类体系如表 3-6 所示。

表 3-6　宣统元年（1909 年）文水县乡土志中物产分类体系

植物	显花植物	被子类	单子叶门	禾本科、山药科、杀虫草科、马蔺科、姜科、百合科、鸢尾科
			双子叶门	十字科、凤仙花科、芍药科、葡萄科、玉兰科、石竹科、罂粟科、豆科、苹果科、安石榴科、蔷薇科、伞形科、葫芦科、菊科、金银花科、旋花科、茄科、胡麻科、地黄科、唇形科、荞科、荼菜科、梧桐科、椒科、桑科、麻科、榆科、桦科、杨柳科、裸子科
	隐花植物	苔蕨部		羊齿类、薛苔类、藻菌类
动物	脊椎动物	哺乳类		厚皮科、倒嚼科、食肉科、啮齿科、食虫科、翼手科
		鸟类		鸡科、燕雀科、鸠科、攀禽科、猛禽科、游禽科、涉禽科、爬虫科、蜥蜴科、蛇科、无尾科
		鱼类		—
	节足动物	昆虫类		鞘翅科、鳞翅科、膜翅科、双翅科、半翅科、脉翅科、直翅科
		蜘蛛类		
		多足类		
	软体动物	腹足类		—
	蠕形动物	环虫类		—

民国二十八年（1939 年）山西分省地志中除了在分类信息中将树木分成裸子树和被子树以及出现了隐花植物以外，对所记载的物产几乎都标有英文学名，如"松 英名 Common pine 學名 Pinus syluestris""柿 英名 Persimmon 學名曰 Diospyros kaki""黃貂（Martes flavigula borealis）"等。

四、物产分类方法总结

由于一级类目和二级类目的划分比较简单且明确，因此物产分类方法的探讨主要是针对三级类目而言的。

如上文所述，虽然有些类目名称不同，但表达意思相同，称之为"同物异名"现象。例如，穀、穀類、穀屬、穀之屬、穀品都代表穀，羽、羽品、羽屬、羽族、羽類、羽之屬都代表羽。把符合同物异名现象的类目名称进行合并，共得到 296 种不同的分类名称，其中植物有 146 种类别、动物有 89 种类别、货物及其他类有 61 种类别。结合中国传统分类体系及现代生物学分类体系，《方志物产》中物产分类方法可以归纳为 6 个方面：

（1）根据物产的自然属性分类，其中，植物如穀、禾、蔬、菜、豆、竹等，动物如虫、鸟、鱼、禽、鼠等，货物如帛、布帛、器等。

（2）根据物产的功能属性分类，其中，货物如食货、用属、食属等。

（3）根据物产的生长环境分类，其中，植物如圃蔬、山蔬、田蔬、野菜等，动物如水产、水族等，货物如山产、山泽之利等。

（4）根据物产是否驯化分类，其中，动物如家畜、豢禽、野禽、野兽、兽、畜等。

（5）根据物产的制作方式分类，其中，货物如醸之属等。

（6）根据现代生物分类体系分类，其中，植物如顯花植物、隱花植物、被子類、單子葉門、禾本科等，动物如脊椎動物、節足動物、哺乳類、厚皮科等。

为深入了解方志类文献中物产的分类体系和分类方法，笔者查阅了宋代的地方志，系统梳理了其中的物产信息，结合明代至民国时期方志中的物产部分，可以发现，宋、元、明三代全部方志物产以及清代和民国时期的大多数方志物产均是采用了我国传统分类方法，在山西分卷中，仅有清代宣统元年（1909 年）文水县乡土志和民国二十八年（1939 年）山西分省地志中出现了现代西方分类学的信息。譬如，植物大类下有被子类，而被子类的物产又可以分为单子叶门和双子叶门，单子叶门包含"禾本科、薑科、百合科、鳶尾科"，双子叶门包含"鳳仙花科、芍藥科、葡萄科、玉蘭科、石竹科、罌粟科、豆科、安石榴科、薔薇科、繖形科、壺盧科、菊科、旋花科、胡麻科、脣形科、梧桐科、桑科、楊柳科"等。这说明从清末开始，西方现代分类学开始在中国传播和应用。

第二节　物产分类体系设计

在重新设计物产分类体系时，参照原始分类方式，进一步明确分类方法，统一类目名称。结构上遵循三级分类模式，方法上以我国传统分类体系为依据，结合《方志物产》自身特点，重新设计一套合理的分类体系。

首先，设置一级类目，从表 3-3 中可以看出，一级类目名称大多是"物产"的变形体，因此，将"物产"作为一级类目的名称，不仅符合原文的特点，也突出了《方志物产》的主题。

其次，在一级类目下设二级类目"植物""动物""货物"3 个类别，将表 3-4 中植物类统一成植物、动物类统一成动物、货物类统一成货物，出现 2 次的"食属"，其中一次的下级类目为"穀菽"，包含的物产为"糯稻、大麥、小麥、蕎麥"等，归入植物类，另外一次的下级类目为"牲畜"，包含的物产为"牛、猪、羊、雞"等，归入动物类。

最后，根据表 3-5 中三级类目的分析，在二级类目下设三级类目，其中，"植物"下设"谷属""菜属""果属""瓜属""木属""花属""药属""草属"8 个三级类目，"动物"下设"羽属""毛属""虫属""水产属"4 个三级类目，"货物"下设"货属"1 个三级类目，如图 3-1 所示。

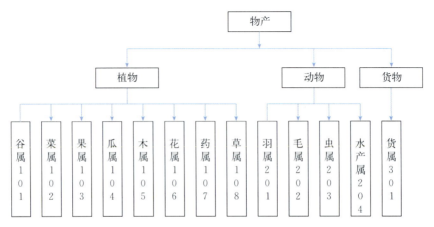

图 3-1　《方志物产》山西分卷物产分类体系设计

在设置"植物"下属的三级类目时，分析发现，原始三级类目名称"谷、禾、麦、菽、粟、蔬菜、草、瓜、果、花、木、药"十二大类中，"菜、药、果、瓜、花、草"这 6 类，不管是类目名称的相关性还是物产属性的相关性，都比较统一。因此，可以保持原状，分别以"菜属、果属、瓜属、花属、药属、草属"为类目名称，对相关性类目名称进行统一即可。另外，"谷"通"穀"，为谷物类粮食作物的总称，包含了"穀、禾、麦、菽、粟、豆"等几类。因此，设置"谷属"，将"谷、禾、麦、菽、粟"归入其中。由于其他类中"物产类"包含的物产为"穀、黍、稷、粱、大麥、小麥、蔴、蕎麥、匾豆、黑豆、豇豆、豌豆、菉豆、小豆、黃豆"，也一并归入"谷属"中。竹类和茶类在山西境内记载较少，偶尔出现且大多并入木属中。因此，"竹、木、茶"统一归入"木属"中。

在设置"动物"下属的三级分类时，在原始分类信息的基础上，参照《尔雅》采用的"虫鱼兽鸟畜"分类标准，根据"二足而羽谓之禽，四足而毛谓之兽"（郝懿行、王念孙，1989）的原则，将"兽鸟畜"划分为"禽"和"兽"两类，为了避免与现代汉语概念混淆，依据物产的特征，将"羽属""毛属"作为类目名称，另外，将水中出产的物产类目命名为"水产属"，"虫属"维持原状。由此，将原始类目名称"禽、兽、鸟、羽、虫、畜、毛、水产、麟介、鱼"分类时，首先，将"畜"进行分离，其包含的物产有"牛、馬、騾、驢、羊、豕、狗、猫、鵝、鴨、雞"，其中，"牛、馬、騾、驢、羊、豕、狗、猫"符合"四足而毛"的特征，归入"兽"，"鵝、鴨、雞"符合"二足而羽"的特征，归入"禽"。其次，"□类"中包含的物产为"牛、馬、騾、驢、羊、豕、兔、狐、狸、獾、犬、貓、虎、狼、鹿、豹、田鼠、黃鼠"，以及其他类中的"鼠属"，均是"四足而毛"类型，归入"兽属"，"□属"中共包含"鶡雞、半翅、天鵝、□鵝"，均是"二足而羽"类型，归入"禽属"。最后，将"禽""鸟""羽"归入"羽属"，"兽""毛"归入"毛属"，"虫"归入"虫属"，"水产""麟介""鱼"归入"水产属"。

"货物"下属的三级分类"货属"，是指具有经济用途或者能满足经济上的某种需要的东西，是动植物和矿物的产出物，不仅包含原始的"货"相关类别，还将其他类中的器用、金、色、石、土、酒、杂产以及帛类包括在内。

第三节　物产分类信息优化

《方志物产》山西分卷共记载 51 545 条物产，除去年代不明确的 35 条，明代有 6 440 条，清代有 38 914 条，民国时期有 6 156 条。类目信息缺失的物产有 16 970 条，缺失率①达到了 32.92%。除去年代不明确的 6 条，明代有 297 条，缺失率为 4.61%；清代有 12 527 条，缺失率为 32.19%；民国时期有 4 140 条，缺失率为 67.25%，如图 3-2 所示。

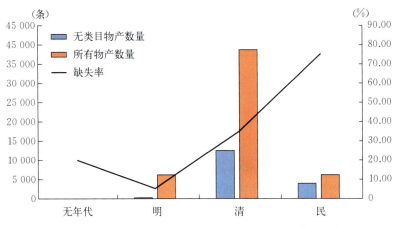

图 3-2 《方志物产》山西分卷中不同时期物产类目信息分布情况

以物产分类体系为依据，借助计算机技术，自动优化物产的类目信息，是数字化整理的重要组成部分。自动优化的过程中，将有原始分类信息的物产作为训练语料，将无原始分类信息的物产作为测试语料，采用比较类推法和聚类法进行自动归类，按照图 3-3 所示的技术路线进行类目名称的优化。

（1）统一训练语料的类目信息。根据前文的论述，使用类比法对物产已有的类目名称进行优化，先将原类目名称②与现类目名称③（去掉"属"）进行模糊比较，若前者含有后者（包括正字、异体字、发音），则用后者替换前者。例如，与"谷属"中"谷"类比成功的有"百榖类、谷、谷属、榖、榖类、榖属、穀屬、榖之屬、榖、穀类、榖品、榖菽、榖属、穀屬、榖粟、榖物、榖之類、榖之属、榖之屬、榖、穀类、穀属、穀屬、榖之屬、五榖、五穀、五穀类、五穀之屬"，再将原类目名称表达的意思或者包含的物产与现类目名称进行比较，若一致，则用后者替换前者。例如，与"谷属"在表达意思或者包含物产上一致的有"禾类、禾屬、麥、麥屬、菽、菽屬、粟屬、粟之屬、物産、豆、豆子"。

————————————

① 缺失率＝没有类目信息的物产的数量／所有物产的数量×100。
② 训练语料中的类目名称。
③ 笔者设计的物产分类体系中的类目名称。

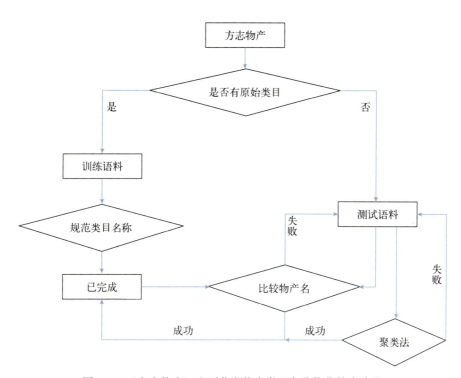

图 3-3 《方志物产》山西分卷物产类目名称优化技术路线

（2）补全测试语料的类目信息。此过程是使用比较法，用物产名称为索引，将测试语料中的物产名称与训练语料中的物产名称作比较，若名称一致，则将训练语料中物产优化后的类目名称赋予测试语料中的物产。例如，清乾隆二十八年（1763 年）《稷山县志》中"鹌鹑"的类目名称为"羽属"，而清雍正十三年（1735 年）《泽州府志》中"鹌鹑"的类目名称为空缺，在比较的过程中，两个物产名称匹配成功，将前者"鹌鹑"的类目名称赋予后者"鹌鹑"，于是，后者"鹌鹑"也就归入了"羽属"。

（3）使用聚类法进一步补全物产信息，对仍剩余的 1 064 条没有分类信息的物产名称进行逐个分析，取物产名称的最后一个字和现类目名称的第一个字进行比较（包含正字、异体字等），若是相同，则将现类目名称赋予该物产。例如，物产"丁香花"的原类目信息为空，其最后一个字为"花"，与"花属"的第一个字比较结果一致，则将"丁香花"归入"花属"。

《方志物产》山西分卷中训练语料共有 34 578 条，测试语料共有 16 968 条，经过计算机智能优化处理，测试语料中有 16 187 条物产被自动赋予了类目名称，仅余 781 条物产没有分类信息，缺失率由 32.9％降到 1.5％，召回率[①]为 95.4％。

经过对《方志物产》山西分卷中 51 545 条物产进行词频统计，除去产地不明的 673 条物产外，其余物产的分布情况为晋南 21 406 条、晋中 11 465 条、晋东南 10 356 条、晋北 7 645 条，物产的分布自南向北递减，与山西的自然生态环境相一致。另外，除了 781 条没有分类信息的物产外，从物产种类来看，以植物为主，约 35 760 条；动物次之，约 13 093 条；货物最少，约 1911 条。其中，植物中以谷、菜、果、瓜等食用植物为最多，共出现 14 596 条，药物次之，共出现 9 197 条，花的记载较之草木要多；动物中以羽、毛类为最多，包括鸡、鸭、鹅、牛、马、猪等家养的和飞鸟类及野兽类等野生的，虫类次之，水产类最少，反映了山西干旱缺水的自然环境；货物是动植物和矿物的产出物，如绢、布、羊绒、油、酒、盐、炭等，大都是与人们生活息息相关的物产。

研究采用计算机技术作为辅助，一方面可以提高工作效率，另一方面由于结合了人工操作，因此难免存在一些偏差。例如，在数据格式化环节、格式化处理以及物产名的粗分都有可能出现不准确的地方，从而影响到分类信息优化的准确性，相关智能处理技术的应用有待于进一步优化。

物产的类目信息缺失率仍有 1.5％的原因。一方面是因为该物产只出现一次，无法参照其他物产进行分类；另一方面是因为该物产使用了异体字，与其他同名物产无法匹配。随着数据的不断增加和完善，这些剩余的物产信息也将被一一处理。例如，"娑罗树"在山西分卷中只出现了一次，说明它在山西境内属于不常见物产，但是在广东、广西等分卷中却十分常见，属于大宗物产。因此，这类物产在全国范围的物产信息数据库建成之后，分类地位就相对清楚了。

山西地处中原，位于黄河之畔，物产相对丰富，自古以来就是农业大省，能够在一定程度上代表黄河流域甚至中北部地区的情况。因此，以其为代表设计的分类体系有一定的通用性。然而，不同地区的特殊性也客观存在，在进行更广区域范围的使用时，可以根据实际情况进行适当调整。该物产分类体系的研究成果，可以为其他省份乃至全国范围的物产分类体系构建与应用提供借鉴。

第四节　物产类别的分布情况

进行物产类别的分布统计，同样要基于时间和地点进行数据筛选，剔除时

---

① 召回率＝测试语料中被补全的物产数量/测试语料中所有的物产数量×100。

间和地点不明确的物产类别。除了对数据源的筛选外，上文进行的物产分类信息优化工作是不可缺的步骤，经过优化处理，绝大多数物产都被赋予了分类信息，仅剩余 781 条物产在赋予分类信息时不成功。对于这 781 条物产，笔者根据物产的备注文字和上下文关系等信息，人工进行了分类处理，最终所有物产均被赋予了分类信息，这就为基于 GIS 的类别分布打下了坚实的数据基础。

一、物产类别的空间分布

本节主要研究物产类别在地理信息上的整体分布。根据物产分类体系的设计，经过筛选后的数据源中 50 568 条物产共分为三大类、13 个小类，大类有植物、动物和货物，植物下有谷属、菜属、果属、瓜属、药属、花属、木属、草属 8 个小类，动物下有羽属、毛属、虫属、水产属 4 个小类，货物下有货属 1 个小类。

为了解《方志物产》山西分卷中所载物产类别的分布情况，首先对植物、动物、货物三大类的地域分布进行统计。结果显示，植物类物产量最多，约有 35 567 条；动物类次之，约有 13 126 条；货物类最少，约有 1 910 条[①]。而在地理位置上，以平阳府为代表的南部地区仍然是山西境内最主要的物产区域。

为深入了解每个大类下的属类分布，本研究分别将植物、动物、货物三大类下的 13 个小类所包含的物产量也一一进行了统计。

植物类下的谷属、菜属、果属、瓜属、药属、花属、木属、草属 8 个小类中，药属最多，有 9 053 条；花属次之，有 5 698 条；菜属第三，有 5 423 条；之后依次是谷（4 048 条）、木属（3 835 条）、果属（3 289 条）、草属（2 385 条）、瓜属（1 836 条）。总体而言，药属物产量最多，花、菜属其次，谷、木、果属又次之，草、瓜属最少。

动物类下有羽、毛、虫、水产 4 个属类，羽属为"两足而羽"的动物，包含了家禽、野禽、鸟类等，毛属为"四足而毛"的动物，包含了家畜、野畜、兽类等。可见，羽属的物产量是最多的，有 5 019 条；毛属次之，有 4 109 条；虫属第三，有 3 145 条；水产属最少，有 853 条。

货属是指动植物的产出物，如动物的皮毛、粮食酿的醋和酒、棉花和蚕丝织就的布帛等。货属在山西的地域分布状况与物产分布概况类似，平阳府最多，太原府、潞安府次之，但总体而言，仍是山西南部多、北部少。

---

① 　这里是在筛选后的 50 568 条物产，再加上 35 条有空间信息但缺少时间信息物产的基础上统计的。

二、物产类别的时间分布

为了探讨不同历史时期物产类别的地理分布情况，按照明代、清代、民国3个不同时期，对物产类别进行数据统计。

从3个不同历史时期物产属类分布的统计数据可以看出，明代13个属的物产分布最多的地区为太原府；到了清代，核心物产分布区域为平阳府，太原府仅次于平阳府；而至民国时期，各属的物产量分布则集中在平阳府，远远大于其他府州。总体而言，物产有一个明显的迁移倾向，即明代至民国期间，山西境内的物产分布重心由太原府迁移到了平阳府。

分类信息是物产的重要属性之一，其优化有利于明确物产的类别，促进物产研究。本章首先梳理了我国传统物产分类的发展历程，统计分析了《方志物产》山西分卷所在的物产分类信息，在规律总结的基础上，设计了一套符合《方志物产》本身分类特征的物产分类体系，结合现代信息技术，实现了物产分类信息的智能优化处理，并基于GIS技术，将物产类别的分布状况进行了可视化呈现，有助于让读者快速了解物产类别的分布概况，查找资料时能够有的放矢。物产分类信息的优化是进行物产信息可视化展示的基础，只有具备规范化的数据，才能达到更加清晰直观的展示效果，体现现代信息技术的特点和优势，为基于大数据的批量处理奠定基础。

第四章

《方志物产》命名实体识别

本章在前期工作的基础上，通过命名实体识别技术中的条件随机场模型，对《方志物产》山西分卷所载物产的备注信息进行处理，识别出其中蕴含的别名、地名、人名、引用名、用途名等命名实体。

第一节 研究路径

本研究过程主要分为 3 个部分：一是语料的选择和标注，即从《方志物产》山西分卷中选出物产的备注信息不为空的物产信息，指定语料的标注原则，人工对物产的备注信息进行标注；二是语料的学习和模型的构建，将人工标注的语料打乱顺序后，平均分为 10 份，每次取其中 9 份作为训练语料，让计算机进行学习，分析并提取标注对象的内外部特征，形成特征模板，根据特征模板完成基于条件随机场的识别模型构建；三是将除训练语料以外的另一份语料作为测试语料，对基于条件随机场的识别模型进行测试，用召回率、精确率和加权平均值作为测评指标，分析测评结果，讨论改进方案。研究的技术路线如图 4-1 所示。

首先，进行总体语料的选择。受文字变迁和记载清晰程度的影响，方志类文献中物产名称不尽完备。山西分卷中记载了 51 545 条物产，部分物产名称中除汉字以外，还包含"?、+、(、)、□"等其他符号，表示该处为"缺字"或者"造字"等，如"□鹅、天□□、(班+鸟)、□□、??"等。此类物产共计有 273 条，约占总物产数量的 0.53%。为了保证数据的原始性和完整性，仍然将其保留，并尝试通过数据关联的方式，补全缺失的物产名称。

方志类文献中物产的记载方式不一，物产的备注信息存在缺失现象，见图 4-2。本研究的目的是从物产的备注信息中抽取别名信息，因此，没有备注信息的物产记录对本研究无意义。在 51 545 条物产信息中，有备注信息的物产共有 9 085 条，约占总物产量的 17.63%。

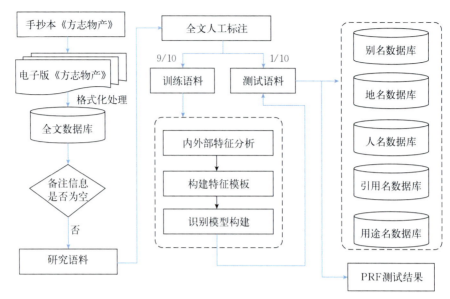

图 4-1　命名实体识别技术路线

物产编号	物产名称	备注信息
29466	草茉莉	紫粉黄
34183	莞蔚子	行气补血
16251	柴胡	
36237	柳	有垂柳
9801	湖鱼	出清源知县储方庆东湖记县故无湖矗白石水漫不遏以时疏導悉嗣城東湮下虔外噴淤燼垣所内益以泉水故致而成…
30919	苦蓬	
1077	莱蘖子	即罗蔔也州山林中茎者重至十五斤甘脆无辛味生咬普梨
11262	蒲	
33555	黄精	
45249	遗志	有大蒌小蒌二種陶宏景曰蒌似蔴黄而青为小蒌馬志曰茎蒌似大青而微小为大蒌

图 4-2　随机选取的 10 条物产名称和物产备注信息样例

其次，在分析识别对象的内部特征时，通过计算命名实体的加权长度，可以明确标注集长度。生成标注集运用式（4-1）：

$$L_i = \frac{1}{N} \sum_{i=1}^{k} iN_i \qquad (4-1)$$

式中，L_i 为当 $i \leqslant k$ 时，命名实体平均加权后的长度；N_i 为语料库中长度为 i 的命名实体出现的次数；k 和 i 为语料库中命名实体长度的最大值和最小值；N 为语料库中命名实体出现的总次数。例如，在 $k=2$ 时，L_2 就表示整个语料库中命名实体的平均长度。

再次，通过对别名的边界词进行统计分析，有助于识别模型确定识别对象的具体位置，提高识别的准确度。假设把一条语料表示成 "SL_n，…，SL_i，…，

100

SL_1，【R，R_1，…，R_n】，SR_1，…，SR_j，…，SR_n"，其中【R，R_1，…，R_n】表示标注集，SL_i 表示标注集的左边界，SR_j 表示标注集的右边界，可以判定标注集的左右一元边界词，即 SL_1 和 SR_1，并分析其分布状况运用式（4-2）：

$$p_c(\omega) = \frac{f_\beta(\omega)}{\sum_\omega f_\beta(\omega)} \qquad (4-2)$$

式中，p_c 为 ω 在语料中出现的频率；$f_\beta(\omega)$ 为左右一元边界词 ω 在边界词位置上出现的次数；$\sum_\omega f_\beta(\omega)$ 为左右一元边界词 ω 在语料库中出现的总次数。

最后，在识别模型的测评过程中，命名实体识别的评价指标有 3 个：精确率 P、召回率 R 及调和平均值 F_1。精确率是指识别结果中正确的命名实体所占的比例，召回率是指识别结果中正确的命名实体数量占语料中所有命名实体总量的比例，调和平均值是精确率和召回率的加权几何平均值。计算公式见式（4-3）～式（4-5）：

$$精确率\ P = \frac{识别正确的命名实体数量}{识别正确的命名实体数量＋识别错误的命名实体数量}$$

$$(4-3)$$

$$召回率\ R = \frac{识别正确的命名实体数量}{识别正确的命名实体数量＋没有识别的命名实体数量}$$

$$(4-4)$$

$$调和平均值\ F_1 = \frac{(\alpha^2+1)\times P\times R}{(\alpha^2\times P)＋R} = \frac{2\times P\times R}{P+R}\ (当\ \alpha=1\ 时)$$

$$(4-5)$$

式中，识别正确的命名实体数量，是指模型识别的结果中是命名实体的个数；识别错误的命名实体数量，是指模型识别的结果中不是命名实体的个数；没有识别的命名实体数量，是指模型没有识别出的命名实体个数。

第二节 别名的识别

物产的别名是相对于物产的正名而言的。由于物产特性、古籍记载、时代变迁、地域差异、民俗文化、人口流动、文化交流等多种历史原因，导致出现同物异名、同名异物的现象。考察物产的名称及其变化是植物史、动物史、货物史研究的重要任务。梳理《方志物产》所载物产的别名，有利于开展有关物产的起源和传播、生物学特征和用途、记载方式变迁、地方性知识等方面的研究，对全面认识物产有着重要的意义。

一、别名语料的标注

在对物产的备注信息进行标注时，用"Alias"表示别名，"A"代表标注之处为别名，用"【"、"】"表示别名的左右边界，完整的标注结构为"【A 别名】"。例如，"螽斯 蝗类也长而色青长角长股翼鸣者也亦有斑黑者其股似瑇瑁五月中以两翅相切作声声闻数十步者是也俗名【A 蚂蚱】以其形似马而鸣声咋咋然也"，最终计算机识别出的螽斯的别名为蚂蚱。标注完成后，9 085 条物产信息中含有别名信息的有 2 522 条，这就是别名识别研究的最终语料。

2 522 条语料共标注出别名 3 458 次。去重后，共得到 891 个物产名称和 1 485 个别名，平均每个物产名称约有 1.67 个别名。每个物产至少有 1 个别名，如"百足虫"的别名为"钱龙"等，最多有 42 个别名，如物产"稷"。平均每个别名出现约 2.33 次，最少出现 1 次，如"羊胡草"等 853 个别名；最多出现 46 次，如"小米"和"诸葛菜"。

二、别名的内外部特征分析

《方志物产》山西分卷的语料经过人工标注后，首先让计算机读取语料的人工标注结果，根据标注特征生成物产别名的标注集，然后编写计算机程序，提取别名的左右一元边界词，左右一元边界词分析有助于精确定位词的边界。在词频和词长统计的基础上，对别名的长度和左右一元边界词等内外部特征进行分析，以便完成特征模板的构建。

1. 标注集的生成

通过计算和实验测试，本研究确定在别名的自动识别中，使用 4 词位的标注集，具体表示为 P＝{B，M，E，S}，其中，B 为别名的初始词，M 为别名的中间词，E 为别名的结束词，S 为别名标记以外的词。经过手工标记的语句如"樗鸡 一名【A 红娘子】俗呼【A 瞎眼婆婆】"，标注集的生成结果如表 4－1 所示。

表 4－1　别名的标注集样例

别　　名	标　　记
一	S
名	S
红	B

（续）

别 名	标 记
娘	M
子	E
俗	S
呼	S
瞎	B
眼	M
婆	M
婆	E

2. 别名的内部特征分析

物产别名的内部特征就是指别名的长度。经过标注，共提取出人工标注的别名 3 458 次，去除重复后，共有 1 485 个不同的别名，每个别名出现的平均次数约为 2.33 次。别名的长度主要有 5 种，即长度为 1、2、3、4、5，数字表示一个别名由几个汉字组成。从词频统计结果看（图 4-3），长度为 2 的别名最多，有 2 001 个，约占总别名的 57.87%；长度为 5 的别名最少，只有 9 个，仅占总别名的 0.26%。别名的长度主要集中在 1、2、3 上，共有 3 353 个，约占总别名的 96.96%，涵盖了绝大多数的别名。

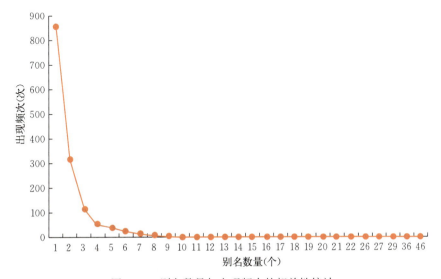

图 4-3 别名数量与出现频次的相关性统计

3. 别名的外部特征分析

物产别名的外部特征就是指别名的左右边界词。别名的左右一元边界词及其出现的概率统计结果（按照出现次序由多到少排序各取前 10 名）如表 4-2 所示。

表 4-2　别名的左右一元边界词信息统计结果（前 10 名）

编号	左一元边界词		概率	编号	右一元边界词		概率
	名称	次数	（%）		名称	次数	（%）
1	名	1 511	72.64	1	也	262	27.75
2	即	389	54.87	2	一	132	10.77
3	曰	180	29.90	3	又	105	26.65
4	呼	148	45.68	4	有	94	9.46
5	为	135	17.11	5	俗	74	9.65
6	之	72	5.83	6	亦	66	18.28
7	謂	61	19.68	7	以	48	9.64
8	稱	56	50.00	8	種	45	5.27
9	有	32	3.22	9	李	38	38.38
10	作	21	11.05	10	即	37	5.22

可见，别名常用的左一元边界词为"名、即、曰、呼、爲、之、謂、稱、有、作"，不同的左一元边界词又以不同的组合方式出现在文本中。表 4-3 统计了前 5 位别名的左一元边界词在文中出现的不同方式及案例。

表 4-3　别名的左一元边界词的出现方式及案例

类　别	表达方式	例　子
名	一名	葱　一名【A 茈】一名【A 和事草】實主明目莖白作湯治傷寒感冒根治頭痛發汗汁治溺血觧毒
	释名	艾　釋名【A 冰臺】王安石字說云艾可乂疾歷久而彌善故字從乂
	又名	白菜　又名【A 菘】秋末晚菘是也
	别名	白菜　別名【A 菘】一種莖圓厚微青一種莖扁薄而白葉皆淡青白色
	又名	白西施　又名【A 白馬】巢瓦窟善鳴
	俗名	百合　俗名【A 山桃花】
	亦名	百脚草　生牆陰秋冬不凋又名風尾草亦名【A 雞脚草】治便血症
	土人名	半痴　小鳥土人名【A 半翅】

（续）

类　别	表达方式	例　子
名	故名	菠即菠菜也本出西域波棱國故名【A 波棱】又名頗陵唐時始入中國為主要蔬品之一
	名	菠棱　名【A 鸚鵡菜】其實如蒺藜四時有之
	他處名	鉢囊花　世傳五百羅漢結夏中臺遺其鉢囊化為此花他處名【A 荷包花】
	又有名	蒼術　一名山連亦曰山芥又有名【A 天蘇】山薑者味苦
	土名	地黃　土名【A 婆婆裙】又呼婆婆乳
	本名	葫蘆　本名【A 壺】象其形也見詩七月篇一名瓠傳云壺瓠也是也俗謂之葫蘆葫與壺雙聲蘆與壺疊韻葫蘆正壺音之切腳也有長頸短頸細腰之別
即	即	鸕　即【A 魚虎】
曰	亦曰	紅果一名欇婆亦曰【A 紅果】種亦不一
	一曰	獲　狼之壯者一曰【A 野豕】膏極可用
	者曰	茴香　細稜者曰【A 小茴香】
	曰	艾　爾雅曰【A 水臺】王安石字說曰艾可又疾久而彌善故字從乂師曠曰歲欲病病草先生艾也
	或曰	白松　或曰【A 白皮松】其學名為 Piaus bungeana 色銀白而光滑三葉叢生以此別於他松
	土名曰	白鼬（Mustela larvata）山西土名曰【A 呆猴狼】（Canis lupus tschiliensis）以寧武五寨為最多為患甚烈
	又曰	半翅　一名半雌又曰【A 半痴】形半於雌痴而易襲說見徐天池詩
	者曰	豹　似虎而小毛白而兼黃赤黑文如錢者曰【A 金錢豹】文散者曰【A 艾葉豹】山中所在皆有諺云山有虎豹則其年豐
呼	俗呼	包穀　俗呼【A 玉桃黍】
	故呼	壁虱　藏房壁間善齧人以其穢臭故呼【A 臭蟲】
	又呼	大薊　兩種氣味同隨處田野俱生大薊高三四尺葉多青刺而皺花開如髻赤紅藍色又呼【A 千針草】俗名馬刺荊
	呼	鳳仙　一名菊婢南宋光宗李后小字鳳仙宮中避之呼【A 好女兒花】花譜云李玉英採鳳仙花染指甲於月下調絲或比之落花流水
	通呼	高粱　亦曰荻芋俗通呼【A 蜀黍】據近儒程瑤田九穀考謂即經書之稷亦分大小及軟硬且有白者高粱黏與小米俱常食大宗
	北人呼	穀　即五穀中之粱也脫殼則為粟米亦曰小米今直名曰穀北人呼【A 穀子】有青紅黃白數種　孟詵謂人不識粟李時珍謂人不識粱重大毛長而粒粗者為粱穗小毛短而粒細者為粟其實一物也又穀之黏者曰粱穀白色粱穀亦有大小二種

（续）

类　别	表达方式	例　子
为	呼为	蝙蝠　一名飛鼠一名蟙蟇俗呼为【A 夜蝙蜉】
	號为	菠菜　俗號为【A 赤根菜】
	謂为	菠菜　玉篇謂为【A 菠薐菜】俗呼青菜
	譌为	菠菜　本是頗陵國種譌为【A 波稜】加草頭俗呼为赤根菜
	訛为	菠菜　一名頗陵菜以種來自頗陵國後遂訛为【A 菠薐】
	則为	穀　即梁也脫殼則为【A 粟米】亦曰小米其種不一通名为穀

三、别名的识别模型构建

在构建 CRF 模型时，语料中上下文的特征都应该被加进去，以提高模型的性能。本研究的模型中需要加入上文所分析的别名的内外部特征，如出现频次、长度、边界词等。

1. 别名长度

正如上文统计所示，最常见的别名长度为 2，如"鳳仙　俗名【A 海納】"，大多数的别名长度都在 1～3 的范围之内，长度为 1 的如"穀 即【A 粟】为秋橡之主東北一帶村莊半居岡皁地瘠苦寒種麥者僅十之一惟河西及南鄉澤鹵之地多種"，长度为 3 的如"穀精草 即【A 文星草】可餧馬令肥"。别名长度用阿拉伯数字表示，作为一个特征加入模型中。

2. 一元边界词

命名实体的识别其实就是确定命名实体的左右边界的过程，一旦左右边界确定了，那么命名实体就顺理成章地被识别出来了。因此，别名的左右一元边界词作为一个非常重要的特征，成为模型的一部分。在前文的统计中，"名、即、曰、呼、为、之、謂、稱、有、作"是别名的左一元边界词的前十名，"也、一、又、有、俗、亦、以、種、李、即"是别名右一元边界词的前十名。在处理训练语料的时候，标注出左右一元边界词，左一元边界词标注为 L，右一元边界词标注为 R，非一元边界词则标注为 N，并作为特征加入模型之中，如语料"花紅 即【A 奈】也俗名【A 紅果】即謂【A 文官果】也"，标注左右一元边界词的结果见表 4 - 4。

表 4 - 4　左右一元边界词的标注样例

编号	词	左右一元边界词标注	别名标注
1	即	L	S
2	奈	N	BE

（续）

编号	词	左右一元边界词标注	别名标注
3	也	R	S
4	俗	N	S
5	名	L	S
6	紅	N	B
7	果	N	E
8	即	R	S
9	謂	L	S
10	文	N	B
11	官	N	M
12	果	N	E
13	也	R	S

四、别名识别模型的测评

《方志物产》山西分卷中物产备注信息中有别名信息的共有 2 522 条。为了提高调和平均值，采用交叉验证的方式构建和测评识别模型，将 2 522 条语料分成 10 等份，进行 10 次实验，每次选取其中的 9 份作为训练语料，构建模型，将剩余的 1 份作为测试语料，对模型的性能进行测试和评价。针对识别结果计算 P、R、F_1 值，结果见表 4-5。

表 4-5　物产别名自动识别模型的测试结果

编　号	训练语料	测试语料	精确率 P （%）	召回率 R （%）	调和平均值 F_1 （%）
1	2～10	1	90.48	80.81	84.52
2	1，3～10	2	93.77	78.85	85.46
3	1～2，4～10	3	91.50	76.66	82.66
4	1～3，5～10	4	93.01	81.76	86.77
5	1～4，6～10	5	93.47	81.24	86.85
6	1～5，7～10	6	95.56	82.03	88.02
7	1～6，8～10	7	94.01	85.56	89.48
8	1～7，9～10	8	93.02	82.18	87.07
9	1～8，10	9	95.03	77.72	85.12
10	1～9	10	95.36	79.53	86.28
	平均值		93.52	80.63	86.22

整体而言，基于 CRF 模型识别的精确率最高，平均值达到了 93.52％；召回率相对较低，为 80.63％，即模型的识别结果中别名正确率较高，但是占全部应识别出的别名比例稍低。就单次测试结果而言，第 7 份测试的整体效果较好。该次测试的语料中，别名的内外部特征与识别模型的特征模板高度吻合；别名长度在 1～3，符合别名长度的分布趋势；73.5％的左右一元边界词都是总体排名前十的字，有利于别名左右边界的精确定位。

五、结果分析

1. 别名单独出现

别名前后没有明显的标识字符，且出现次数较少，不足以形成规律。例如，以下 3 条语料"滴溜　甘露子""醋注　长柄瓠""白鳝　鳗鲡"等，"滴溜、醋注、白鳝"为物产名称，"甘露子、长柄瓠、鳗鲡"分别是 3 种物产的别名，这 3 个别名在整个语料当中都只出现了一次，别名两侧又没有任何标识字符。因此，计算机模型无法将其识别出来。

2. 别名与物产名相同

人工标注过程中，一旦发现物产备注信息中出现的别名与物产名称相同，就放弃对该名称的标注，认为它是物产名称在备注信息中重复出现。但是，计算机模型识别的时候，只要判断符合别名特征，就会被当作别名识别出来。例如，"半痴　俗名半翅檢徐天地集名半痴因其性也"，人工标注的时候只标注出"半翅"，而计算机模型识别的结果为"半翅""半痴"。

3. 别名重复出现

在同一个物产的同一条备注信息中，某别名多次出现，人工标注仅标注一次，而计算机模型不会判断别名是否重复出现。例如，"鳲鳩　俗呼布穀身灰色翅尾俱有黑斑鷇夫侯此鳥鳴乃布種其穀故名布穀"，人工只对"俗呼布穀"进行标注，结果为"布穀"，计算机模型识别的结果为"布穀""布穀"。

4. 别名与其他信息混淆

在物产的备注信息中，有品种、地名等其他类型的命名实体出现的规则与别名相似，在计算机模型分析判断之后，成为识别结果的一部分。例如，"赭石　生河東山中别録曰出代郡者名代赭李時珍曰赭赤色也代即雁門也俗呼土朱鐵"，人工识别的结果为"代赭、土朱鐵"，而计算机模型识别的结果为"代赭、雁門、土朱鐵"。显而易见，"雁門"并非物产"赭石"的别名，而是地点"代"表示的地名。

5. 别名的长度判断错误

物产的别名长度大多数为 2～3 个字，但也有一些较长的别名，在计算机

108

模型进行判断的时候，识别的完整性较低。例如，"玄精石　出解州盐池本草曰乃鹹卤至陰之精凝結而成故名又名太乙玄清石"，计算机模型只识别出"太乙"。

6. 别名并列连续出现

即一个物产有数个别名，这些别名在备注信息中是并列连续出现的，别名之间没有任何标识字符，计算机模型无法准确判断别名个数，不能实现自动分词。例如，"黃精　葉似竹每葉傍生二黑子一名重樓又有菃竹雞格救窮鹿竹等名宋僧延一舊志云出西臺"，人工标注的结果为"重樓、菃竹、雞格、救窮、鹿竹"，计算机模型却仅仅识别出"重樓"，而"菃竹、雞格、救窮、鹿竹"在计算机模型中被判定为无效字段。

第三节　地名的识别

地名是指一个地方的名称。在本研究中，特指出现在物产的备注信息中的地名，这些地名有的记载了物产的来源地，有的记载了物产的特产地，大多数仅记载了有某种物产产出的地点。研究物产的产地，有利于厘清物产的起源状况、传播路径和分布情况，对农史研究具有重要的意义。

一、地名语料的标注

在对物产的备注信息进行标注时，用"Location"表示地名，"L"代表标注之处为地名，用"【"、"】"表示地名的左右边界，完整的标注结构为"【L地名】"。例如，"桐　出【L汾陽】【L介休】【L孝義】一名白桐體最輕虚不生蠹蚛斲琴最良一名青桐即梧桐也其子可炒作果立秋日必墜一葉詩云梧桐一葉落天下盡知秋"，最终计算机识别出与"桐"相关的地名有"汾阳""介休""孝義"。标注完成后，9 085条物产信息中含有地名信息的有1 308条，这就是地名识别研究的最终语料。1 308条语料共标注出地名2 287次。

二、地名的内外部特征分析

首先，让计算机读取基于地名的人工标注语料，生成地名的标注集；然后，提取地名的左右一元边界词，并进行统计分析。在词频和词长统计的基础上，对地名的长度和左右一元边界词等内外部特征进行分析，以此完成特征模板的构建。

1. 标注集的生成

通过计算和实验测试，本研究确定在地名的自动识别中，同样使用4词位的

109

标注集，具体表示为 P＝{B，M，E，S}，其中，B 为地名的初始词，M 为地名的中间词，E 为地名的结束词，S 为地名标记以外的词。经过手工标记的语句如"五靈脂　即寒號蟲糞出【L 太原諸山】上"，标注集的生成结果如表4－6所示。

表 4 - 6　地名的标注集样例

地　　名	标　　记
即	S
寒	S
號	S
蟲	S
糞	S
出	S
太	B
原	M
諸	M
山	E
上	S

2. 地名的内部特征分析

地名的内部特征就是指地名的长度。经过标注，共提取出人工标注的地名 2 287 个。经过长度计算，地名的长度有 8 种类型，即长度为 1、2、3、4、5、6、7、11，数字表示一个地名由几个汉字组成。从词频统计结果看（图 4 - 4），长度为 2 的地名数量最多，有 1 635 个，约占全部地名的 71.49%；长度为 11

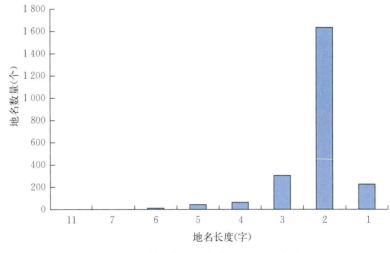

图 4 - 4　地名的数量与长度相关性统计

110

的地名最少，只有 2 个。可见，地名的长度主要集中在 1、2、3 上，共有
2 168 个，约占地名总数的 94.80%，涵盖了绝大多数的地名。

3. 地名的外部特征分析

地名的外部特征就是地名的边界词，即左右一元边界词。地名的左右一元
边界词及其出现的概率统计结果（按照出现次序由多到少排序各取前 10 名）
如表 4-7 所示。

表 4-7　地名的左右一元边界词信息统计结果（前 10 名）

| 编号 | 左一元边界词 | | 概率 | 编号 | 右一元边界词 | | 概率 |
	名称	次数（个）	（%）		名称	次数（个）	（%）
1	出	440	49.49	1	出	197	22.16
2	載	116	78.91	2	有	104	25.43
3	州	104	23.69	3	者	76	27.54
4	原	72	51.80	4	平	72	31.30
5	陽	48	25.95	5	俱	72	35.12
6	城	32	24.06	6	馬	39	36.11
7	俱	32	15.61	7	貢	39	37.50
8	上	28	18.67	8	境	37	72.55
9	惟	28	54.90	9	等	30	52.63
10	玉	28	58.33	10	潞	29	31.87

可见，地名常用的左一元边界词为"出、載、州、原、陽、城、俱、上、
惟、玉"，常用的右一元边界词的规律性稍弱，主要有"出、有、者、平、俱、
馬、貢、境、等、潞"。其中，左右一元边界词的部分出现方式如表 4-8、表
4-9 所示。

表 4-8　地名的左一元边界词举例

左一元边界词	案例
俱	俱潞安出
出	出太原縣
惟	虎豹惟西山中間有之山居之民時防其害
載	即馬繭子也俗呼馬揀子平陽出本草載冀州

表4-9　地名的右一元边界词举例

右一元边界词	案　　例
出	五臺山出
有	平魯朔州有
者	產太原瞽祠者佳其次本邑亦有二種東鄉者霍水性柔食之和中西鄉者汾水力大食之益氣
等	一名牛旁子又名鼠粘子平遥高平等縣出
俱	大同潞安府俱出

三、地名的识别模型构建

在构建 CRF 模型时，语料中上下文的特征都应该被加进去，以提高模型的性能。本研究的模型中需要加入上文所分析地名的内外部特征，如出现频次、长度、边界词等。

1. 地名长度

如上文统计的那样，最常见的地名长度为 2，如"酸棗仁【L 太原】【L 迤南】【L 平陽】【L 汾】【L 沁】【L 澤州】俱出本草載【L 河東】"，大多数的地名长度都在 1~3 的范围之内，长度为 1 的如"兔絲子【L 蒲】【L 絳】二州出"，长度为 3 的如"銅 出 【L 鳳游峪】并出蟾酥"。地名长度用阿拉伯数字表示，作为一个特征加入模型中。

2. 一元边界词

左右一元边界词一旦确定了，地名的识别就基本实现了。因此，地名的左右一元边界词应该作为一个非常重要的特征，成为模型的一部分。在前文的统计中，地名的左一元边界词和右一元边界词的前 10 名分别为"出、載、州、原、陽、城、俱、上、惟、玉"和"出、有、者、平、俱、馬、貢、境、等、潞"。在处理训练语料的时候，标注出左右一元边界词，左一元边界词标注为 L，右一元边界词标注为 R，非一元边界词则标注为 N，并作为特征加入模型之中，如语料"棗　史記雲【L 安邑】千樹棗其人與千戶侯等"，标注左右一元边界词的结果见表4-10。

表4-10　一元边界词的标注样例

编　　号	词	左右一元边界词标注	地名标注
1	史	N	S
2	記	N	S

（续）

编　　号	词	左右一元边界词标注	地名标注
3	雲	L	S
4	安	N	B
5	邑	N	E
6	千	R	S
7	樹	N	S
8	棗	N	S
9	其	N	S
10	人	N	S
11	與	N	S
12	千	N	S
13	戶	N	S
14	侯	N	S
15	等	N	S

四、地名的识别模型测评

《方志物产》山西分卷中物产的备注信息中有地名信息的共有 1 308 条语料，分成 10 等份，进行 10 次实验，每次选取其中的 9 份作为训练语料，构建模型，将剩余的 1 份作为测试语料，对模型的性能进行测试和评价。针对识别结果计算 P、R、F_1 值，结果见表 4－11。

表 4－11　地名自动识别模型的测试结果

编号	训练语料	测试语料	精确率 P（%）	召回率 R（%）	调和平均值 F_1（%）
1	2～10	1	97.56	91.02	94.04
2	1，3～10	2	98.28	84.53	90.75
3	1～2，4～10	3	90.18	79.12	83.95
4	1～3，5～10	4	93.15	83.89	88.21
5	1～4，6～10	5	97.10	87.33	91.87
6	1～5，7～10	6	94.20	84.00	88.47
7	1～6，8～10	7	94.83	89.44	91.68

（续）

编号	训练语料	测试语料	精确率 P（%）	召回率 R（%）	调和平均值 F_1（%）
8	1～7，9～10	8	97.02	85.02	90.43
9	1～8，10	9	98.16	91.55	94.57
10	1～9	10	94.33	84.50	88.61
	平均值		95.48	86.04	90.26

整体而言，基于 CRF 模型识别的精确率最高，平均值达到了 95.48%；召回率相对较低，为 86.04%；调和平均值达到了 90% 以上，即模型的识别结果中地名正确率较高，但是占全部应识别出的地名比例稍低。就单次测试结果而言，第九份测试的整体效果较好。该次测试的语料中，地名的内外部特征与识别模型的特征模板高度吻合。

五、结果分析

基于条件随机场的地名识别研究是在人工标注语料的基础上，先通过计算机对训练语料进行学习和特征分析，构建识别模型，再用测试语料对模型识别效果进行测试。

《方志物产》山西分卷中识别出的地名分为不同级别的行政单位，有省级单位的地名，如"山西"；有府州级行政单位的地名，如"潞州府、太原府、泽州府"等；有县级行政单位的地名，如"五台县、阳曲县、祁县"等；有村级行政单位的地名，如"芮城北山地黄村、炭水村、石门村"等；有山川、河流、寺院的地名，如"石姑山、牛首山、汾州众相寺、河东山谷、西山、姑射山"等。

测试结果是将人工标注的地名集合与模型识别的地名集合进行对比计算的。通过测试结果可知，对于《方志物产》的物产备注信息中地名的识别，基于条件随机场模型的识别效果与前人基于规则的识别效果相比，已较为理想，但仍有提升的空间，主要在以下几个方面：

1. 提高人工标注的准确度

人工标注是计算机自动识别模型构建的基础工作。人工标注的完善程度越高，特征模板的内容越丰富，模型的功能越强大，测试结果也会相应地提高。因此，在人工标注的过程中，尽可能地减少错标、漏标的次数，保证标注的准确率。

2. 提高地名长度判断功能

在《方志物产》山西分卷的记载中，地名没有形成统一的名称，同一个地方会以不同的地名出现，有的是名字不同，有的是全称和简称的关系。例如，"潞安府"就有"潞安""潞安府""潞州""潞"等不同的名称。因此，在地名识别的过程中，如何更加准确地判断一个地名的长度以最接近真实长度，是一项仍需研究的内容。

3. 提高系统的分词功能

常出现一种物产在许多地方都有记载，这些地名就会被连续记载，地名与地名之间没有明显的字符隔开，判断左右边界词就变得比较困难。例如，"柘【L 太原】【L 平陽】【L 潞安】【L 汾】【L 沁】【L 遼】【L 澤】境内俱出惟【L 高平縣】有萬條桑"，连续相连的地名之中，长短不一，分词难度大，需要不断完善特征模板和相关算法，才能进一步提升系统的分词能力。

4. 扩大语料库规模

地名的自动识别研究仅以《方志物产》山西分卷为研究语料，经过人工标注，物产的备注信息中包含地名信息的语料仅有 1 308 条，规模相对较小，模型的训练不完善。随着研究的逐步深入，研究的地域范围不断扩大，语料库的内容逐渐增加，从而可以基于更大规模更加丰富的语料，提高条件随机场模型的适用性。

第四节 人名的识别

《方志物产》中人名的识别，主要是从物产的备注信息中识别出人物信息。这些人物的出现往往是在描述一个物产的时候引用了某个人的著作。例如，在描述物产"麻"的时候，引用了李时珍的《本草纲目》中的解释"大麻即火麻，亦曰黄麻，处处种之，剥麻收子，有雌有雄，雄者为枲，雌者为苴，其皮可作布作屦，亦可为绳索，……"；或者是引用某个人的诗，如在描述物产"金波"的时候，引用了金代名士礼部尚书赵秉文的诗《代州书事》中"金波曾醉雁门关、端有人间六月秋"的诗句；或者引用某个人的事迹，如在描述物产"麻"的时候，引用了张骞出使西域的事迹，"……汉使张骞通西域，自大宛得油麻……"，等等。识别资料中的人物信息，可以为农史研究人员提供资料参考。

一、人名语料的标注

在对物产的备注信息进行标注时，用"Person"表示人物，"P"代表标

115

注之处为人名，用"【"、"】"表示人物的左右边界，完整的标注结构为"【P人物】"。例如，"脂麻即本草所謂胡麻【P沈存中】筆談云胡麻即今油麻古者中國止有大麻漢【P張騫】出使大宛始得油麻以歸故名胡麻"，最终计算机识别出与"脂麻"相关的人物有"沈存中""張騫"。标注完成后，9 085条物产信息中含有人物信息的有624条，这就是人物识别研究的最终语料。

624条语料共标注出人名846次。文中在人物引用的时候，引用方式不统一：有的直接引用人物的全名，如"李时珍"；有的引用人物的名字，如"宏景"；有的引用人物的字号，如"山谷、东坡"等；有的引用皇帝的称呼，如"汉文帝、汉武帝"等；有的使用人物信息的组合引用方式，如"宋梅尧臣"等朝代加姓名的组合、"魏武卫将军奚康生"等职位加姓名的组合、"清韩宗伯炎"等朝代加姓名加职位的组合等。

为了减少人物信息的冗余，本研究首先将人物名称进行规范化处理，即相同的人的称呼统一规范成他的姓名，如"苏轼""苏东坡""东坡"等全部统一成"苏轼"。然而，还有个别人物难以确定他的真实身份和姓名，就保留文中的原始信息，如"纪王、刘王、西域真人、承天道士"等。经过人物名称的统一处理之后，共得到272个人名，平均每个人名出现4次左右。所有人名的出现次数统计结果如表4-12所示。

表4-12　人名的次数统计

人名出现次数	人名个数	人名
132	1	李时珍
42	1	张骞
21	1	孟诜
19	1	陶弘景
15	1	潘岳
13	4	郭璞、胡峤、刘彻、苏轼
12	2	高诱、陆佃
11	1	陆机
10	1	沈括
9	1	崔豹
8	2	陆玑、王世贞
7	4	师旷、徐光启、许慎、庄周
6	5	白居易、段成式、陶渊明、王世隆、萧翰

(续)

人名出现次数	人名个数	人名
5	10	杜甫、孔子、李白、李隆基、僧延一、苏辙、王安石、王翰、张时英、朱彝尊
4	11	陈藏器、韩奕、陆深、孟轲、王筠、谢肃、徐渭、玄烨、于谦、张士英、赵吉士
3	27	曹丕、东方朔、韩翃、黄庭坚、寇宗奭、李翰、李济翁、李商隐、李万江、李植、列御寇、刘禹锡、陆德明、陆稼书、陆游、吕雉、欧阳修、史照、司马光、苏谭、完颜雍、荀况、杨广、张能臣、赵秉文、周伯琦、左思
2	63	昌容、陈鼎铭、陈仁玉、承天道士、程瑶田、储方庆、董仲舒、樊光、范镇、冯贽、高澄、高展、郭义恭、韩愈、皇甫规、姜小白、孔濑山、李夫人、李广利、李进、李世游、李巡、李玉英、李豫、李元忠、李治、蔺相如、令狐楚、刘恒、刘绩、刘盆子、刘熙、刘璋、陆逊、裴楷、裴士淹、邵雍、神农、石勒、司马相如、孙绰、拓跋宏、王士祯、王系、王象极、王祯、萧纲、邢云露、徐化溥、许维新、燕姬、羊祜、杨万里、张采、张衡、张天觉、张维彬、张咏、赵曙、褚云、甄权、郑玄、朱熹
1	136	安重荣、鲍宣、鳖灵、曹操、曹唐、曾瑞伯、程修已、崔实、崔元靖、戴震亨、杜羔、杜畿、杜牧、杜宇、段玉裁、樊哙、范汪、高承简、高固、高启、高湛、管仲、郝经、何出图、贺谦、侯道华、胡桷、姬彪、纪王、贾耽、贾思勰、贾以道、姜南、孔珪、孔氏、李抱真、李凤娘、李后、李环家、李九华、李群玉、李文饶、李长吉、李正封、刘敞、刘基、刘蒙、刘士享、刘叔安、刘王、刘向、刘裕、刘庄、柳贯、柳宗元、卢思道、陆龟蒙、陆云、罗邺、罗隐、吕购、吕莘野、马元骐、马志、毛苌、梅尧臣、孟昶、孟郊、闵仲叔、墨翟、齐大夫、齐王、钱澄之、秦施、商鞅、沈周、尸子、舒元与、司马衷、宋雨公、苏恭、苏颂、苏佑、素馨、太仓公、陶宗仪、屠本畯、屠隆、王褒、王充、王登汉、王孚、王龟龄、王良臣、王琼、王孝瑜、王禕、王植、韦庄、魏钟会、西域真人、奚康生、夏侯湛、萧衍、萧绎、谢枋得、谢朓、辛弃疾、熊商、徐广、徐陵、薛令之、阳处父、杨坚、杨妣、杨玉环、尹公度、鱼宏、云阳先生、扎木合、张敞、张凤翼、张翰林、张祜、张华、张诜、张世南、张天锡、张文潜、张五典、赵雍、郑书忠、郑子臧、周敦颐、周颙、诸葛亮

二、人名的内外部特征分析

在语料人工标注的基础上，让计算机读取训练语料，生成人名的标注集，然后提取人名的左右一元边界词，进行统计分析。在词频和词长统计的基础上，对人名的长度和左右一元边界词等内外部特征进行分析，以此完成特征模板的构建。

1. 人名标注集的生成

通过计算和实验测试，本研究确定在人名的自动识别中，同样使用 4 词位的标注集，具体表示为 P＝｛B，M，E，S｝，其中，B 为人名的初始词，M 为人名的中间词，E 为人名的结束词，S 为人名标记以外的词。经过手工标记的语句如 "太谷蒲桃 见【P 高青邱】詩集今不可得"，标注集的生成结果如表 4 - 13 所示。

表 4 - 13 人名的标注集样例

人 物	标 记
见	S
高	B
青	M
邱	E
詩	S
集	S
今	S
不	S
可	S
得	S

2. 人名的内部特征分析

人名的内部特征就是指人名的长度。经过标注，共提取出人工标注的人名846 个。经过长度计算，长度有 8 种类型，即长度为 2、3、4、5、6、7、10、8，数字表示一个人名由几个汉字组成。从词频统计结果看（图 4 - 5），长度为 3 的人名数量最多，有 329 个，占人名总数的 38.89％；长度为 8 的人名最少，只有 1 个。人名的长度主要集中在 2、3 上，共有 759 个，占人名总数的89.72％，涵盖了绝大多数的人名。

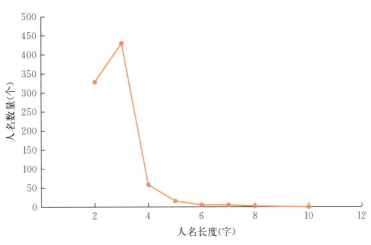

图 4-5 人名的数量与长度相关性统计

3. 人名的外部特征分析

人名的外部特征就是人名的边界词，即左右一元边界词。人名的左右一元边界词及其出现的概率统计结果（按照出现次序由多到少排序各取前 10 名）如表 4-14 所示。

表 4-14 人名的左右一元边界词信息统计结果（前 10 名）

编号	左一元边界词		概率	编号	右一元边界词		概率
	名称	次数（个）	（%）		名称	次数（个）	（%）
1	也	447	8.72	1	曰	510	44.90
2	唐	78	50.00	2	詩	196	43.88
3	米	108	21.30	3	云	211	13.74
4	宋	43	46.51	4	使	43	51.16
5	明	91	20.88	5	謂	164	10.98
6	令	69	23.19	6	自	94	18.09
7	種	497	2.82	7	本	106	15.09
8	漢	89	14.61	8	賦	34	38.24
9	傳	53	18.87	9	征	13	100.00
10	麻	160	5.63	10	紀	15	80.00

可见，人名常用的左一元边界词规律性较差，主要有"也、唐、米、宋、明、令、種、漢、傳、麻"，常用的右一元边界词的规律性较强，主要有"曰、

詩、云、使、謂、自、本、賦、征、紀"。其中，右一元边界词的部分出现方式如表 4 - 15 所示。

表 4 - 15　人名的右一元边界词举例

右一元边界词	案　　例
曰	螯蟲陸德明曰長尾為螫短尾為蠍
詩	虭也亦名元鳥王安石有詩云處處定期秋後別年年常向社前飛明
云	火畜也董子云羊祥也故吉禮多用之
使	一作莚荽音綏應作胡荽為是香菜也張騫使西域得胡荽芫音元一名魚毒南方用以毒魚不可食
謂	果譜云柿有七絕一多壽二多陰三無鳥巢四無蟲蠹五霜葉可玩六佳實可啖七落葉肥大可以臨書禮內則棗栗榛柿鄭康成謂人君燕食所加左思吳都賦云平仲若遷君遷柿之小者司馬光名苑云君遷子似馬奶即今牛奶柿也
自	又名羌桃張騫自羌胡得種故名能益氣養血
本	神農本草恒山有草名神護置之門上每夜叱人物類志護門草取置戶下或有過其門者草必叱之一名百靈草王筠寓直詩霜被守宮槐風驚護門草
賦	潘岳賦石榴者天下之奇樹九州之名果千房同膜十子如一以種來自安石國故名石榴
征	五代時部陽令胡嶠征迴紇得此種歸故名性惡香麝氣觸之即隕
紀	一名金芙蓉一名旱地蓮出清凉山金世宗嘗幸金蓮川周伯琦紀行詩跋金蓮川草多異花有名金蓮花者似荷而黃即此種也

三、人名的识别模型构建

在构建 CRF 模型时，语料中上下文的特征都应该被加进去，以提高模型的性能。本研究的模型中需要加入上文所分析人名的内外部特征，如出现频次、长度、边界词等。

1. 人名长度

如上文统计的那样，最常见的人名长度为 3，如"桑落酒【P 王元美】曰太原酒頗清醇而不甚釅難醉易醒余嘗取其初熟者以汾州羊羔劑半嘗之瀉水晶杯不復辨色清美為天下冠【P 宋雨公】曰【P 徐文長】集中酒三品一曰桑落即太原酒也宗藩東王家尤勝依韻成咏寒暑無□?? 味雪中獨酒香又曰價出王孫重人迷客子鄉桑落又名索郎見【P 陸放翁】詩宋【P 謝枋得】碧湖雜記杜詩云坐開桑落酒來把菊花枝按【P 賈思勰】齊民要術造酒門桑落酒神麴酒其名不一有造桑落酒麴法老杜或本諸此"，大多数的人名长度在 2~3 的范围之内，长度为 4

的如"山栀子 即黄枝子【P 司马相如】赋云鲜支黄燦鲜支即栀子佛书称其花为蒼蔔谢靈運謂之林蘭",长度为 5 的如"烟草【P 清韓宗伯荄】尤嗜之嘗教習庶吉土命作淡巴菰歌行出（食物本草）分甘餘話皆作烟草俗作菸舊志菸舊無此種郷民"。人名长度用阿拉伯数字表示，作为一个特征加入模型中。

2. 一元边界词

命名实体的识别就是确定左右边界词的过程，左右一元边界词一旦确定了，人名的识别就基本实现了。因此，人名的左右一元边界词应该作为一个非常重要的特征，成为模型的一部分。在前文的统计中，人名的左一元边界词和右一元边界词的前 10 名分别为"也、唐、米、宋、明、令、種、漢、傳、麻"和"曰、詩、云、使、謂、自、本、賦、征、紀"。在处理训练语料的时候，标注出左右一元边界词，左一元边界词标注为 L，右一元边界词标注为 R，非一元边界词则标注为 N，并作为特征加入模型之中，如语料"芫荽 一名胡荽相傳【P 張騫】自西域得種歸芫一作蒝"，标注左右一元边界词的结果见表 4 - 16。

表 4 - 16 人名左右一元边界词的标注样例

编 号	词	左右一元边界词标注	人名标注
1	一	N	S
2	名	N	S
3	胡	N	S
4	荽	N	S
5	相	N	S
6	傳	L	S
7	張	N	B
8	騫	N	E
9	自	R	S
10	西	N	S
11	域	N	S
12	得	N	S
13	種	N	S
14	歸	N	S
15	芫	N	S
16	一	N	S
17	作	N	S
18	蒝	N	S

四、人名的识别模型测评

《方志物产》山西分卷中物产的备注信息中有人名信息的共有 624 条语料，分成 10 等份，进行 10 次实验，每次选取其中的 9 份作为训练语料，构建模型，将剩余的 1 份作为测试语料，对模型的性能进行测试和评价。针对识别结果计算 P、R、F_1 值，结果见表 4-17。

表 4-17 人名自动识别模型的测试结果

编　　号	训练语料	测试语料	精确率 P（%）	召回率 R（%）	调和平均值 F_1（%）
1	2～10	1	75.00	56.35	64.35
2	1，3～10	2	69.23	54.86	61.21
3	1～2，4～10	3	72.47	55.54	62.88
4	1～3，5～10	4	75.00	63.52	68.78
5	1～4，6～10	5	71.06	60.54	65.38
6	1～5，7～10	6	70.83	64.82	67.69
7	1～6，8～10	7	75.00	59.80	66.49
8	1～7，9～10	8	71.53	56.78	63.25
9	1～8，10	9	70.30	57.55	63.26
10	1～9	10	72.70	61.13	66.41
	平均值		72.31	59.09	64.97

整体而言，基于 CRF 模型的人名识别的精确率最高，平均值达到了 72.31%；召回率相对较低，为 59.09%；调和平均值为 64.97%，即模型的识别结果中人名正确率较高，但是占全部应识别出的人名比例稍低。就单次测试结果而言，第四份测试的整体效果较好。该次测试的语料中，人名的内外部特征与识别模型的特征模板高度吻合。

五、人名自动识别的改进

正如上述的人名识别研究所得，其测试结果不是特别理想。在反复检查语料标注的过程中，笔者发现，标注信息仍有待改进，故重新完善了人工标注，再次构建和测试人名的自动识别模型，比对结果是否有改进。

首先，在标注阶段，之前的标注内容仅为人名，而不包含其他附加信息，

122

如朝代、官职、地区等，改进之后的标注范围将这些人名的附加信息囊括进去。例如，"攝虎碑刁黄山有虎咥人唐長子令崔元靖遣首吏孟完齊牒往攝之虎啣牒而至元靖數其罪當刑虎觸階死"，原始的标注模式为"攝虎碑刁黄山有虎咥人唐長子令【P崔元靖】遣首吏孟完齊牒往攝之虎啣牒而至元靖數其罪當刑虎觸階死"，改进后的标注模式为"攝虎碑刁黄山有虎咥人【P唐長子令崔元靖】遣首吏孟完齊牒往攝之虎啣牒而至元靖數其罪當刑虎觸階死"。

其次，对改进标注后的语料平均分成 10 份，每次选取其中 9 份作为训练语料，剩余 1 份作为测试语料，让计算机读取和学习训练语料的特点，构建特征模板，完成人名自动识别模型的构建，经过测试语料的测试，结果如表 4-18 所示。

表 4-18 标注改进后的人名自动识别模型测试结果

编　号	训练语料	测试语料	精确率 P（%）	召回率 R（%）	调和平均值 F_1（%）
1	2~10	1	72.97	71.28	72.09
2	1，3~10	2	74.16	73.80	73.98
3	1~2，4~10	3	73.44	72.97	73.20
4	1~3，5~10	4	72.15	69.08	70.51
5	1~4，6~10	5	73.71	73.21	73.46
6	1~5，7~10	6	73.15	71.61	72.35
7	1~6，8~10	7	72.80	72.50	72.65
8	1~7，9~10	8	73.72	73.72	73.72
9	1~8，10	9	72.98	72.31	72.64
10	1~9	10	73.42	71.36	72.35
	平均值		73.25	72.18	72.70

对比表 4-17 和表 4-18 中人名自动识别的测试结果，可见使用标注改进过的模型能够取得更好的效果。精确率、召回率和调和平均值分别提高了 1%、13%、8% 左右，其主要因素是改进后的标注语料完善了自动识别模型的特征模板，提高了文本与特征模板的匹配程度。

六、结果分析

与别名和地名的识别效果相比，人名识别的效果不是十分理想，其精确率、召回率和调和平均值均在80％以下，主要是以下3个方面的原因：

1. 人名的引用方式多样化

一般来说，比较规范的人名引用方式应该是"姓加名"的组合形式。这样可以根据现有的姓氏资料库辅助人名的识别。然而，在《方志物产》的引用中，人物的引用方式比较复杂，既存在直接引用全姓名的方式，又有其他各种引用方式：只引用人物的名字，如"玄烨、宏景"等；只引用人物的字号，如"韩退之、太白、子美"等；只引用人物的尊称，如"孔子、列子、墨子"等；只引用帝王的称呼，如"梁简文帝、齐桓公、唐明皇"等；引用人物的多种信息，如"南宋光宗李后、唐渤海郡王高固、清韩宗伯棻"等。这些信息交融在一起，对人名识别造成了干扰，影响了识别的结果。

2. 人名的边界词不明显

总体而言，人名的右边界词相对明显，如"征"作为右边界词的概率达到了100％，而"纪"作为右边界词的概率也高达80％，还有一些右边界词比较具有代表性，如"曰、谓、云"等。这些词的前面往往都是人名。但是，人名左边界词的规律性较差，在排名前10位的左一元边界词中，作为左一元边界词概率最高的仅为50％，最低的甚至只有5.63％。而边界词的确定直接关系着识别效果，人名边界词的不规律性给边界词的确定带来了困难，成为导致识别效果不显著的原因之一。

3. 人名与其他信息的混淆

在人名识别的过程中，存在着人名与其他名称的混淆现象，如人名与地名的混淆，如"河南王孝瑜、白香山"；人名与官职名称的混淆，如"魏武卫将军奚康生"；人名与朝代名称的混淆，如"唐段成式"等。这些信息都阻碍了人名判断的准确性。

在未来的研究中，随着语料库规模的扩大、标注规则的完善和识别技术的提高，人名的识别效果也会随之提升。

第五节　引用名的识别

本研究中所谓的引用名是指在物产描述信息中出现的资料信息，包括书籍和诗词歌赋。例如，"說文云水鳥也毛有五色建州圖經曰溪游雄者左雌者右皆有式度陳藏器曰五采首有縲者為鸂（式鳥）色多紫尾有毛如船舵形作鸂（涑鳥）者非"中引用了《说文》和《建州图经》等古籍，"太平志邑宜棗往時樹盈野公私賴之邑人有半年糧之謠曲沃志出晉城者視他處特重投水則沉名晉棗方域考曰城西多沃壤棗大如瓜翼城志果惟棗最多有馬牙棗長一寸有紫棗圓如鈴又名核桃文有川乾棗有酥棗墜地則碎"中引用了地方志类别的书籍，"又名文禽雌雄未嘗相離獲其一一相思死故謂匹鳥詩小雅鴛鴦在梁戢其左翼是也正字通鴛鴦紅頭翅尾黑頭有長毛質杏黃色具文采梁簡文帝賦云朝飛綠岸夕歸丹嶼顧落日而俱吟追清風而雙翬徐陵賦云特訝鴛鴦鳥長情真可念許處勝人多何時肯相厭明王世貞詩翠領文綃淺着緋桑波芳渚自依依生憐蕭史前身是長向韓朋故塚飛璧月聯窺秦殿瓦銀燈雙上寶家機烟波最好翻新曲聽罷吳儂拉手歸"中引用了梁简文帝、徐陵撰写的赋和王世贞的诗。

引用名的识别，不仅为农史研究提供更加翔实的资料信息，更给物产文化内涵的考察和提升作出贡献。

一、引用名语料的标注

在对物产的备注信息进行标注时，用"Citation"表示引用名，"C"代表标注之处为引用名，用"【"、"】"表示引用名的左右边界，完整的标注结构为"【C引用名】"。例如，"白菊　黃白二種佳【C抱朴子】曰苗可以菜花可以藥蘽可以枕醸可以飲【C唐草方圖】白菊上黨及建安順政郡竝名羊歡草又菊有【C五美賦】圓花高懸準天極也純黃不雜後土色也早植晚發君子德也冒霜吐頴象勁直也杯中體輕神仙食也"，最终计算机识别出与"白菊"相关的引用名有"抱朴子""唐草方圖""五美賦"。标注完成后，9 085 条物产信息中含有引用名的有 1 306 条，这就是引用名识别研究的最终语料。1 306 条语料共标注出引用名 1 944 次。

二、引用名的内外部特征分析

在语料人工标注的基础上，让计算机读取训练语料，生成引用名的标注集，然后提取引用名的左右一元边界词，并进行统计分析。在词频和词长统计的基础上，对引用名的长度和左右一元边界词等内外部特征进行分析，以此完成特征模板的构建。

1. 引用名标注集的生成

通过计算和实验测试，本研究确定在引用名的自动识别中，同样使用 4 词位的标注集，具体表示为 P= {B，M，E，S}，其中，B 为引用名的初始词，M 为引用名的中间词，E 为引用名的结束词，S 为引用名标记以外的词。经过手工标记的语句如"虎【C格物論】云虎山獸之長"，标注集的生成结果如表 4-19 所示。

表 4-19　引用名的标注集样例

引 用	标 记
格	B
物	M
論	E
云	S
虎	S
山	S
獸	S
之	S
長	S

2. 引用名的内部特征分析

引用名的内部特征就是指引用名称的长度。经过标注，共提取出人工标注的引用名 1 944 个。经过长度计算，长度有 10 种类型，即长度为 1、2、3、4、5、6、7、8、9、13，数字表示一个引用名称由几个汉字组成。从词频统计结果看（图 4-6），长度为 2 的引用名称数量最多，有 877 个，约占引用名总数的 45.11%；长度为 13 的引用名最少，只有 2 个。引用名的长度主要集中在 1、2、3、4、5 上，共有 1 886 个，约占引用名总数的 97.02%，涵盖了绝大多数的引用名。

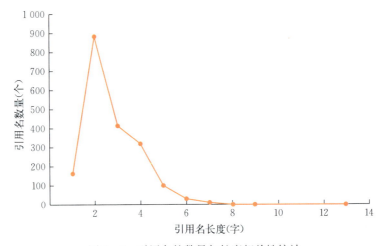

图 4-6　引用名的数量与长度相关性统计

引用名的左右一元边界词及其出现的概率统计结果（按照出现次序由多到少排序各取前 10 名）如表 4 - 20 所示。

表 4 - 20　引用名的左右一元边界词信息统计结果（前 10 名）

编号	左一元边界词		概率	编号	右一元边界词		概率
	名称	次数（个）	（%）		名称	次数（个）	（%）
1	也	813	15.74	1	云	383	73.63
2	出	328	20.43	2	載	168	80.95
3	即	307	11.73	3	曰	585	19.66
4	見	99	21.21	4	一	584	8.22
5	之	1 027	2.04	5	所	212	18.87
6	按	47	42.55	6	名	827	3.51
7	故	283	6.01	7	作	178	16.29
8	（	94	17.02	8	言	115	24.35
9	種	552	2.90	9	謂	301	8.97
10	名	827	1.81	10	稷	165	13.94

可见，引用名常用的左一元边界词规律性较差，主要有"也、出、即、見、之、按、故、（、種、名"；常用的右一元边界词的规律性较强，主要有"云、載、曰、一、所、名、作、言、謂、稷"，部分出现方式如表 4 - 21 所示。

表 4 - 21　引用名的右边界词举例

右一元边界词	举　例
云	名鸚鵡菜【C唐會要】云太宗時尼波羅國獻菠薐類紅藍實如蒺藜
載	太原平陽大同三府汾州俱出【C本草】載汾州二種
曰	古以常山者為上【C詩小雅】曰集於苞杞【C陸機詩疏】曰苦杞【C爾雅】名枸檵衍義名枸棘【C綱目】曰枸杞二樹名北木棘如枸之棘莖如杞之條故無名之
言	野生春苗夏長綠莖碧葉高二三尺八月間白花六瓣狀如牽牛花而大朝開暮合結實圓而有丁拐中有小子【C法華經】言佛說法時天雨曼陀花
所	味甘脆園產即【C周彥經】所謂秋末晚菘也又有一種回回白菜葉葉合抱其形如團味稍遜於菘食宜葷
作	山有小鳥形類竹雞土人名半翅【C徐文長集】作半痴因其性也

三、引用名的识别模型构建

在构建 CRF 模型时，语料中上下文的特征都应该被加进去，以提高模型的性能。本研究的模型需要加入上文所分析的引用名的内外部特征，如出现频次、长度、边界词等。

1. 引用名长度

如上文统计的那样，最常见的引用名长度为 2，如"艾【C 爾雅】曰水臺王安石【C 字說】曰艾可乂疾久而彌善故字從乂師曠曰歲欲病病草先生艾也"，大多数的引用名长度在 1～5 的范围之内，长度为 1 的如"白蒿　名蔞蒿【C 詩】于以采蘩采蘩祁祁食野之蒿蘩蒿凡艾白色為蔞蒿即今日白蒿也春始生及秋可食土人過荒年可以濟飢"，长度为 3 的如"鶡鶉【C 正字通】鶉尾特禿陸佃云鶉無常居而有常匹此鳥性純飛必附草行不越草故曰鶉"，长度为 4 的如"白芥【C 本草原始】曰生太原河東葉如芥而白【C 王禎農書】雲氣味辛烈菜中之介然者食之有剛介之象"，长度为 5 的如"槐【C 春秋說題辭】虛星之精木性堅可作車軸輻"。引用名的长度用阿拉伯数字表示，作为一个特征加入模型中。

2. 一元边界词

命名实体的识别就是确定左右边界词的过程，左右一元边界词一旦确定了，引用名的识别就基本实现了。因此，引用名的左右一元边界词应该作为一个非常重要的特征，成为模型的一部分。在前文的统计中，引用名的左一元边界词和右一元边界词的前 10 位分别为"也、出、即、見、之、按、故、（、種、名"和"云、載、曰、一、所、名、作、言、謂、稷"。在处理训练语料的时候，标注出左右一元边界词，左一元边界词标注为 L，右一元边界词标注为 R，非一元边界词则标注为 N，并作为特征加入模型之中。例如，语料"槐虛星之精【C 博物志】曰槐木生丹不復彫也言堅也"，标注左右一元边界词的结果见表 4-22。

表 4-22　引用名左右一元边界词的标注样例

编号	词	左右一元边界词标注	引用名标注
1	虛	N	S
2	星	N	S
3	之	N	S
4	精	L	S
5	博	N	B
6	物	N	M
7	志	N	E
8	曰	R	S

（续）

编号	词	左右一元边界词标注	引用名标注
9	槐	N	S
10	木	N	S
11	丹	N	S
12	不	N	S
13	復	N	S
14	彫	N	S
15	也	N	S
16	言	N	S
17	堅	N	S
18	也	N	S

四、引用名的识别模型测评

《方志物产》山西分卷中物产的备注信息中有引用名的共有 1 306 条语料，分成 10 等份，进行 10 次实验，每次选取其中的 9 份作为训练语料，构建模型，将剩余的 1 份作为测试语料，对模型的性能进行测试和评价。针对识别结果计算 P、R、F_1 值，结果见表 4 - 23。

表 4 - 23　引用名自动识别模型的测试结果

编　号	训练语料	测试语料	精确率 P （%）	召回率 R （%）	调和平均值 F_1 （%）
1	2～10	1	94.23	83.14	88.02
2	1，3～10	2	95.98	77.75	85.03
3	1～2，4～10	3	91.20	82.78	86.27
4	1～3，5～10	4	93.16	84.88	88.70
5	1～4，6～10	5	87.83	84.12	84.89
6	1～5，7～10	6	94.96	76.49	84.52
7	1～6，8～10	7	90.35	78.93	83.95
8	1～7，9～10	8	94.38	82.97	88.25
9	1～8，10	9	95.56	87.11	91.13
10	1～9	10	91.25	83.47	87.13
	平均值		92.89	82.16	86.79

整体而言，基于 CRF 模型的引用名识别的精确率最高，平均值达到了 92.89%；召回率相对较低，为 82.16%；调和平均值为 86.79%，即模型的识别结果中引用名正确率较高，但是占全部应识别出的引用名比例稍低。就单次测试结果而言，第九份测试的整体效果较好。该次测试的语料中，引用名的内外部特征与识别模型的特征模板高度吻合。

五、结果分析

与前人基于规则的引书识别效果相比，基于条件随机场的引用名识别效果总体上更胜一筹，但仍有进一步提升的空间。影响引用名的识别效果的因素主要有以下 3 个：

1. 引用名的出现方式多样化

本研究中的引用名主要包括了书籍和诗词歌赋等，引用名的出现方式没有严格的规定，故记载的方式有多种形式：有书籍全名，如《本草纲目》《淮南子》等；有书籍简称，如《纲目》《本草》等；有书籍中一部分内容，如《豳风》《释草》等；有人名加书籍名，如《李济翁资暇录》《宋史焗释文》等；有书籍名加内容，如《周礼天官》《尔雅释兽》等；有诗名，如《汾河鱼诗》；有人名加诗，如《明刘基诗》《谢肃诗》等；有人名加诗名，如《刘淑安念奴娇》《圣祖仁皇帝天花诗》等。

2. 人工标注的完善程度

计算机学习的依据是经过人工标注的训练语料，在经过引用名的长度统计和左右一元边界词的分析之后，构建特征模板，并完成识别模型的建设。因此，语料人工标注的程度是模型识别能力最直接的影响因素，只有不断提高标注程度，减少漏标、错标的个数，才能使计算机最大限度地学习语料特点，完善模型功能，提升识别效果。

3. 引用名长度的变化多

由于引用名的出现方式多样化，导致引用名的长度变化比较大，同一种书籍可能会因为出现方式的不同，而导致在识别过程中不能完整地识别，甚至不能识别。

第六节 用途名的识别

用途名是指物产的功能，有的具有食用价值，如"黄豆"可以通过"榨油、造酱、制成豆腐"的方式食用；有的具有药用价值，如"黄精"具有"补

130

中、益气、轻身延年"的药用价值；有的具有器用价值，如"桦木"可以"制成刀靶和酒器、装饰弓箭"；具有其他价值的，如"蓝、靛"可以"染色"等；具有多种用途的，如"桑"，可以"饲蚕"，也可以"制弓、编筐"，还可以"治疗咳嗽"。

梳理物产的用途名，可以明确一个物产具有哪些用途，哪些物产具有相同或者相似的用途，以便更加全面而深刻地认识物产，更好地开发利用物产的价值。

一、用途名语料的标注

在对物产的备注信息进行标注时，用"Function"表示用途名，"F"代表标注之处为用途名，用"【"、"】"表示用途名的左右边界，完整的标注结构为"【F 用途名】"。例如，"柏子仁 味甘平清香能【F 透心肾】【F 益脾胃】久服令人【F 润泽颜色】九月子熟以乾州为最邑栢徧山野采者恒寡冬月球落多为鸟鹊所食"，最终计算机识别出与"柏子仁"相符合的用途名有"透心肾""益脾胃""润泽颜色"。标注完成后，9 085 条物产信息中含有用途名信息的有 823 条，这就是用途名识别研究的最终语料。823 条语料共标注出用途名 1 167 次。

二、用途名的内外部特征分析

在语料人工标注的基础上，让计算机读取训练语料，生成用途名的标注集，然后提取用途名的左右一元边界词，并进行统计分析。在词频和词长统计的基础上，对用途名的长度和左右一元边界词等内外部特征进行分析，以此完成特征模板的构建。

1. 用途名标注集的生成

通过计算和实验测试，本研究确定在用途名的自动识别中，同样使用 4 词位的标注集，具体表示为 P＝ {B，M，E，S}，其中，B 为用途名的初始词，M 为用途名的中间词，E 为用途名的结束词，S 为用途名标记以外的词。经过手工标记的语句如"蝙蝠 其矢名夜明砂【F 治目翳障症】"，标注集的生成结果如表 4 - 24 所示。

表 4 - 24　用途名的标注集样例

用途名	标　记
其	S
矢	S

(续)

用途名	标　记
名	S
夜	S
明	S
砂	S
治	B
目	M
翳	M
障	M
症	E

2. 用途名的内部特征分析

用途名的内部特征是指用途名称的长度。经过标注，共提取出人工标注的用途名 1 167 个。经过长度计算，用途名称的长度有 9 种类型，即长度为 1、2、3、4、5、6、7、8、9，数字表示一个用途名称由几个汉字组成。从词频统计结果看（图 4-7），长度为 1 的用途名称数量最多，有 461 个，约占用途名总数的 39.50%；长度为 9 的用途名最少，只有 2 个。用途名的长度主要集中在 1、2、3 上，共有 1 075 个，约占用途名总数的 92.12%，涵盖了绝大多数的用途名。

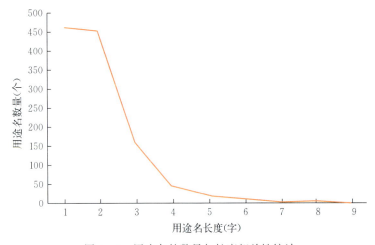

图 4-7　用途名的数量与长度相关性统计

用途名的左右一元边界词及其出现的概率统计结果（按照出现次序由多到少排序各取前10名）如表4-25所示。

表4-25 用途名的左右一元边界词信息统计结果（前10名）

编号	左一元边界词		概率	编号	右一元边界词		概率
	名称	次数（个）	（％）		名称	次数（个）	（％）
1	可	542	62.55	1	用	123	14.63
2	能	106	79.25	2	亦	88	19.32
3	以	192	37.50	3	又	74	21.62
4	为	306	12.42	4	其	176	8.52
5	用	123	17.07	5	之	328	4.27
6	氣	66	28.79	6	及	25	52.00
7	宜	60	28.33	7	不	137	8.03
8	之	328	3.96	8	食	117	9.40
9	血	39	33.33	9	黑	115	8.70
10	風	44	29.55	10	等	16	56.25

可见，用途名常用的左一元边界词规律性较强，主要有"可、能、以、为、用、氣、宜、之、血、風"，常用的右一元边界词的规律性较弱，主要有"用、亦、又、其、之、及、不、食、黑、等"。其中，左一元边界词的部分出现方式如表4-26所示。

表4-26 用途名的左一元边界词举例

左一元边界词	举 例
可	色黎而圓與山產之茬皆可【F 榨油】亦種芝麻不多以上穀屬
能	一名飛鼠其糞夜明沙能【F 益目】焦氏易林蝙蝠夜藏不敢晝行
以	隨菝穀而種初夏收割花黃葉亦可食其籽用以【F 榨油】人多食之
為	爾雅翼粺者後稷所受瑞麥來牟也宜為【F 飯】又可為【F 醋】其蘖可為【F 餳】
宜	白檀也山中有之葉如槐皮青而澤肌細而膩體重而堅材宜【F 車軸】

三、用途名的识别模型构建

在构建 CRF 模型时，语料中上下文的特征都应该被加进去，以提高模型的性能。本研究的模型中需要加入上文所分析的用途名的内外部特征，如出现频次、长度、边界词等。

1. 用途名长度

如上文统计的那样，最常见的用途名长度为 1，如 "白菊　黄白二種佳抱朴子曰苗【F 菜】花可以【F 藥】囊可以【F 枕】釀可以【F 飲】唐草方圖白菊上黨及建安順政郡迣名羊歡草又菊有五美賦圓花高懸準天極也純黄不雜後土色也早植晚發君子德也冒霜吐穎象勁直也杯中體輕神仙食也"，大多数的用途名长度在 1~3 的范围之内，长度为 2 的如 "柏子仁 氣味清香【F 補脾】【F 養心】【F 潤腎】【F 滋肝】"，长度为 3 的如 "蠶 蚕蛾雄者主【F 益精氣】【F 強陰道】【F 能止精】"。用途名的长度用阿拉伯数字表示，作为一个特征加入模型中。

2. 一元边界词

命名实体的识别就是确定左右边界词的过程，左右一元边界词一旦确定了，用途名的识别就基本实现了。因此，用途名的左右一元边界词应该作为一个非常重要的特征，成为模型的一部分。在前文的统计中，用途名的左一元边界词和右一元边界词的前 10 位分别为 "可、能、以、為、用、氣、宜、之、血、風" 和 "用、亦、又、其、之、及、不、食、黑、等"。在处理训练语料的时候，标注出左右一元边界词，左一元边界词标注为 L，右一元边界词标注为 R，非一元边界词则标注为 N，并作为特征加入模型之中。例如，语料 "大麻　一名蓖蘇色青黑可【F 榨油】作點燈用食者少"，标注左右一元边界词的结果见表 4-27。

表 4-27　用途名左右一元边界词的标注样例

编号	词	左右一元边界词标注	用途名标注
1	一	N	S
2	名	N	S
3	蓖	N	S
4	蘇	N	S
5	色	N	S
6	青	N	S
7	黑	N	S
8	可	L	S
9	榨	N	B
10	油	N	E

（续）

编号	词	左右一元边界词标注	用途名标注
11	作	R	S
12	點	N	S
13	用	N	S
14	食	N	S
15	少	N	S

四、用途名的识别模型测评

《方志物产》山西分卷中物产的备注信息中有用途名的共有 823 条语料，分成 10 等份，进行 10 次实验，每次选取其中的 9 份作为训练语料，构建模型，将剩余的 1 份作为测试语料，对模型的性能进行测试和评价。针对识别结果计算 P、R、F_1 值，结果见表 4‑28。

表 4‑28　用途名自动识别模型的测试结果

编　号	训练语料	测试语料	精确率 P（%）	召回率 R（%）	调和平均值 F_1（%）
1	2~10	1	70.29	69.00	69.61
2	1，3~10	2	72.20	72.02	72.11
3	1~2，4~10	3	74.04	73.11	73.56
4	1~3，5~10	4	72.28	71.67	71.97
5	1~4，6~10	5	71.90	69.66	70.73
6	1~5，7~10	6	72.02	70.65	71.32
7	1~6，8~10	7	73.08	71.64	72.34
8	1~7，9~10	8	71.48	70.35	70.89
9	1~8，10	9	72.65	72.71	72.68
10	1~9	10	73.24	70.89	72.01
	平均值		72.32	71.17	71.72

整体而言，基于 CRF 模型的用途名识别的精确率、召回率和调和平均值较为接近，都略高于 70%，平均值分别达到了 72.32%、71.17%、71.72%。

就单次测试结果而言，第三份测试的整体效果较好。该次测试的语料中，引用的内外部特征与识别模型的特征模板高度吻合。

五、结果分析

用途名的识别也没有达到理想的效果，原因主要有以下 3 个方面：

1. 用途名的边界词规律性不强

左右一元边界词是用途名识别的关键。一般情况下，关于用途名药用价值的描述为"治……病""疗……症""作……用"等。然而，《方志物产》中记载物产用途的方式比较多样化，没有统一的规范体系。因此，用途名的左右一元边界词没有呈现出明显的规律性，用途名左右边界的确定比较困难。

2. 连续出现的用途名分词困难

在描述一个物产用途的时候，尤其是药用价值的时候，经常会将数个药用价值连续记载，这对于人工处理十分棘手，计算机自动分词则更加困难。例如，在描述物产"青蒿"的信息"處處生之春夏採莖葉同童便煎退骨蒸勞熱生搗絞汁却心疼熱秋黃冬採根實實須炒治風癧疥瘡虛煩盜汗開胃明目辟邪殺虫"中就有"風癧、疥瘡、虛煩、盜汗、開胃、明目、辟邪、殺虫"等多种用途名称的连用。

3. 语料规模较小

基于条件随机场的模型比较适合在大数据的环境下对规律的学习、统计和分析，但用途名识别的语料仅有 823 条，语料规模较小，不足以达到大数据的要求。笔者希冀在未来的研究中，随着语料规模的扩大，模型的识别效果也将随之提高。

本章在前人研究的基础上，更新了识别方法，改变了研究区域，增加了识别内容，以《方志物产》山西分卷为研究语料，通过命名实体识别技术中的条件随机场模型，对语料中的物产别名、地名、人名、引用名、用途名等信息进行自动化识别，别名、地名、引用名的识别效果相对较好，人名、用途名的识别效果相对较差。其中，物产别名识别的精确率最高达到了 95.56%，地名识别的精确率最高达到了 98.28%，引用名识别的精确率最高达到了 95.98%。而人名和用途名识别的精确率都在 70%～80%，识别效果稍差。条件随机场模型识别的效果，一方面，可以通过扩大语料规模，使其在大数据的环境下充分发挥模型的性能；另一方面，通过改进人工标注的完善程度，降低错标和漏标的概率，使计算机能够充分学习语料的特征，构建包含覆盖面更广的特征模板，从而提升识别模型的性能。

本研究以别名、人物、引书、地名、用途等为挖掘内容，验证了条件随机场模型和社会网络分析技术的可行性，基本实现为农史研究人员提供资料参考的目标。然而，语料的内容非常丰富，设定的这些内容也不一定能够完全满足研究的需要，但方法的应用是相通的，可以根据不同的研究主题对新的内容进行挖掘。

命名实体识别不仅实现了关键内容的快速抽取，更为关联信息的提取打下了基础，是进行社会网络展示和知识发现过程中非常重要的环节。

137

第五章

《方志物产》社会网络分析

第四章中通过命名实体识别技术中条件随机场模型的应用，智能化识别出了物产备注信息中隐含的别名、地名、人物、引用、用途等命名实体，为基于《方志物产》文本内容的整理工作提供了便利，节省了大量的人工劳动和工作时间。本章在命名实体识别的基础上，针对分散的名词实体，通过物产和识别结果之间的关联关系，借助社会网络分析技术，探索《方志物产》文本内容蕴含的知识点，为农史研究提供一个新的方法和视角。

将社会网络分析应用到基于《方志物产》内容的挖掘利用中，是一项非常有意义的探索。对社会网络分析而言，《方志物产》记载的关系数据是比较理想的数据来源，为其提供了新的研究语料，扩展了方法的应用领域；对《方志物产》的整理利用而言，社会网络分析提供了一种新的方法和视角，很大程度上提升了资料开发利用的效率。

第一节　研究路径

本章以《方志物产》山西分卷为语料，在全文数据库和命名实体识别的基础上，以物产名与命名实体识别结果之间的关联关系为研究对象，以社会网络分析为研究方法，在自动识别的基础上，构建物产名与其他命名实体之间的关系网络，实现它们之间社会网络的可视化展示和关系分析，试图突破数量、时空、关系复杂等困境，并从宏观、中观、微观等不同的角度分析网络结构，实现知识关联和知识发现，以期为方志类古籍的数字化、智能化整理与挖掘打开一条新的思路。具体的研究路径如图 5-1 所示。

研究路径主要包括物产名与命名实体之间的关联关系提取、社会网络分析的网络文件生成以及物产名与命名实体之间的社会网络分析等内容。

一、关联关系数据提取

在文本格式化的过程中，已经将文本格式处理成了相对一致的段落式结

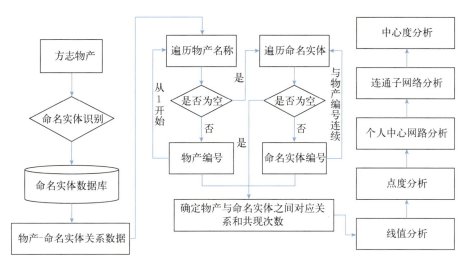

图 5-1 社会网络分析技术路线

构，即每个完整的段落由两部分数据组成：一部分是物产名称，这个是不可或缺的；另一个部分是物产的备注信息，这个是可以缺失的[①]。在提取关联数据的时候，除了时间、地点、志书名称这 3 个信息来自文本已有的明确信息以外，其他信息如别名、人名、引用名、用途名均是来自物产的备注信息，在命名实体识别的结果上，提取的关联信息是物产名与时间、地点、别名、人名、引用名、用途名等命名实体之间的关联关系，如物产名"艾"与它的别名之间的关联关系为"艾-冰台""艾-医草"等。

二、分析软件的选择

为了使社会网络分析具有更强的可移植性和适应性，国内外学者们研制开发了数十种社会网络分析的软件或者程序，在第一章中对相关的社会网络分析软件作了详细的介绍。由中国社会科学院社会学研究所主办的中国社会学网统计了一部分社会网络分析软件，如 Ucinet、Structure、Pajek、NetML 等。本研究尝试使用了 Pajek、Ucinet、VOSviewer 和 Gephi 这 4 款软件，进行可视化展示和分析研究。结果表明，尽管 Pajek 在数据的预处理和规范化处理方面能力有限，但在展示和分析能力上具有突出的优势：高性能大型网络处理能力，甚至多达几百万个节点的巨型网络；便捷的网络分析能力，可以从点度、

[①] 基本结构是物产名称＋备注信息。但是，有些物产的备注信息是缺失的，这也是《方志物产》语料的特征之一。

密度、中心度等方面分析整体网络，也可以提取出不同类型的局部网络；强大的可视化功能，自动布局与手工调整相结合，实现理想的展示效果；灵活的数据输入方式，包括内部生成、外部导入和多软件数据融合等（孟微、庞景安，2008）。因此，本研究选择 Pajek 作为分析软件。Pajek 在斯洛文尼亚语中为"蜘蛛"之意，是一种专门处理大型数据集合的可视化软件，由巴塔格尔吉（Vladimir Batagelj）和穆瓦（Ardej Mrvar）开发，于 1996 年开始使用并定期升级。本章主要以《蜘蛛：社会网络分析技术》（诺伊，2012）为指导，以 Pajek 为工具，完成物产及相关信息之间的社会网络分析研究。

三、社会网络构建与分析

根据提取的关联关系数据，基于 java 开发环境编写应用程序，进行顶点编号和共现次数统计，生成 Pajek 需要的网络文件，实现关系数据的可视化展示，并通过线值、点度、个人中心网络、连通子网络、中心度等特征进行从整体到局部的分析。其中，线值是指网络中 2 个顶点之间的连线值，也是 2 个顶点在文本中的共现次数；点度是指网络中 1 个顶点直接拥有的连线数；个人中心网络是指以某个顶点为观察点，包括它自身、它的邻点在内的顶点以及这些顶点之间的连线构成的集合。根据需求的不同，个人中心网络可以分为不同的级别，如 1-步个人中心网络、2-步个人中心网络等；连通子网络是指这样的一些小网络，每个小网络内部没有孤点，所有的顶点之间都直接或者间接相连，而任何 2 个小网络之间没有联系；中心度是刻画节点中心性的最直接度量指标，根据不同的标准，又可以分为点度中心度、接近中心度和中介中心度，点度中心度反映的是网络中节点的重要性，接近中心度反映的是网络中获取和传播信息的节点，中介中心度反映的是在网络中充当中介或者桥梁的节点。

第二节　物产名与别名的社会网络分析

别名，即异名别称，又称同物异名，是指同一事物用若干不同的名称来表示的现象。游修龄（2011）总结了物产别名现象出现的 4 个因素：一是古籍记载造成的分歧，物产名称的流传需要古籍作为载体，但是古籍中的记载也不完全准确，时常出现混乱的情况，后人的注疏解释也有差错；二是时代差异形成的分歧，有的是物产名称在时代的变迁中改变了原来的称呼，有的是不同时期从域外引进的物产命名方式不统一导致的误解；三是地域差异导致的分歧，我国幅员辽阔、地大物博，物产在南方和北方、东部和西部的名称因方言而不同；四是西学东渐引起的分歧，尤其是生物科学的传入，对物产的定名、分类等冲击很大。梳理研究物产的别名信息是农业史研究的重要任务，研究物产与别名之间的关系，对全面认识物产及区域历史文化具有重要意义。

在方志古籍的记载中，物产名和别名是相对而言的，并随时空变迁而不断更迭。归纳起来，物产名和别名之间的关系可以分为以下 4 种：①一对一，即一个物产名只有一个别名，如"欸冬　即枇杷花傳咸賦云維茲嘉卉欸冬而生"，物产"欸冬"与别名"枇杷花"之间为一对一的关系；②一对多，即一个物产名拥有一个以上的别名，如"百脚草　生牆陰秋冬不凋又名風尾草亦名雞脚草治便血症"，物产名"百脚草"与别名"風尾草、雞脚草"之间为一对二的关系；③多对一，即多个物产名具有相同的别名，如"鬥呆漢　疑即半痴""半翅　徐文長集作半痴"，物产名"鬥呆漢"和"半翅"具有相同的别名"半痴"；④多对多，即一个物产名有不止一个别名，一个别名也不仅是一个物产名的别名，如"秫　俗言荍子""秫　即高粱""蜀秫　俗名稻黍一名高粱一名荍子"，物产"秫"和"蜀秫"均有两个别名"荍子"和"高粱"，而别名"荍子"和"高粱"也都是物产名"秫"和"蜀秫"的别名。

《方志物产》山西分卷共 13 卷、约 43 万字，共记载物产信息 51 545 条，其中，物产备注信息中包含别名的有 2 522 条。别名类型主要包含以下几个方面：根据生物学特征，如"苍术，根苍黑色故名术者山之精也"；根据功效，如"防风，其功疗风最要故名"；根据避讳，如"雉，汉时避吕后讳改名野鸡"；根据来源地，如"菠菜，本出西域波棱国故名波棱"；根据时令，如"半夏，五月半夏生盖当夏之半也故名"；根据产地，如"丹砂，旧志丹山樵者雨后偶获丹砂故以名山"；根据人物，如"芜菁，以诸葛行军令人多种此菜，又名诸葛菜"等。本研究的数据源为基于条件随机场模型的《方志物产》山西分卷中别名的识别结果，是物产与别名的关系数据，满足社会网络分析对数据源的要求，如表 5-1 所示。

表 5-1　物产-别名的关系数据样例

序　号	物产名称	别名
1	蟋蟀	促织
2	蟋蟀	山浏浏
3	蟋蟀	秋虫
4	蟋蟀	王孙
5	细辛	少辛
6	蠄蛸	长脚蜘蛛

（续）

序　　号	物产名称	别名
7	香瓜	甜瓜
8	向日葵	朝阳花
9	鹞	训狐
10	萱草	忘忧草

《方志物产》山西分卷的物产-别名网络中包含 891 个物产名称和 1 485 个别名名称，共有 2 376 个顶点、3 452 对关系。顶点和关系组成了一个巨大的网络集合，这个集合就是物产-别名关系的整体网。如何能直观地展现物产和别名之间的关系网络？如何获取研究者所需的特定的物产-别名信息？如何将整体网化繁为简、易识易读易懂？如何从复杂的网络中进行知识发现？这些问题都能通过社会网络分析得到解决。

社会网络分析提供了基于不同视角的分析方法，本研究采用整体网、个人中心网络和凝聚子群等对物产-别名网络进行详细分析。

一、整体网分析

在物产与别名社会网络中，整体网是指由 2 376 个顶点、3 452 对关系共同组成的网络，如图 5 - 2 所示。整体网是一个庞大的、错综复杂的图，很难直观地从中发现有价值的信息，通过借助线值（line value）和点度（degree）2 个测度，对物产-别名的整体网进行统计分析。

1. 线值分析

社会网络分析用连线表示两个社会行动者之间的联系，用线值的大小表示联系的强弱。线值越大，联系越强；线值越小，联系越弱。在物产-别名网络中，连线代表物产和别名之间存在联系，可以反映出物产是否具有这个别名。例如，"红娘子　红姑姑"这对关系数据之间存在连线，表明"红姑姑"是"红娘子"的别名。线值的大小表示物产和别名的共现次数，线值越大，别名越常用，线值越小，别名越少用。例如，"鹞　训狐"这对关系数据的连线值为 6，就表示"训狐"作为"鹞"的别名被记载了 6 次，可以从一定程度上反映出特定时空下别名的接受和传播程度。图 5 - 2 中共有 1 844 条连线、22 种线值类型，最大线值为 41，最小线值为 1，平均线值约为 1.87。如表 5 - 2 所示，其中，线值为 1 的关系最多，有 1 207 次，占总线数的 65.5%，说明超过半数的别名仅被记载了 1 次，不是物产的常用别名。

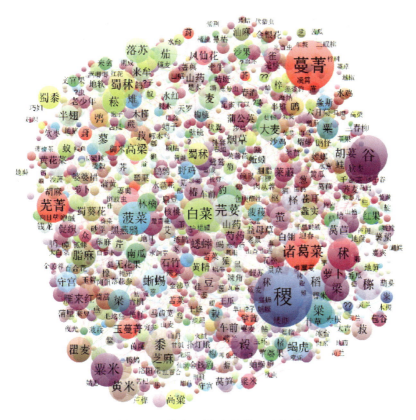

图 5-2 物产-别名的整体网示意图

表 5-2 物产-别名关系线值分布

编号	线值	出现次数	编号	线值	出现次数
1	1	1 207	12	12	2
2	2	363	13	13	3
3	3	101	14	15	1
4	4	60	15	16	3
5	5	33	16	17	2
6	6	23	17	18	1
7	7	11	18	20	2
8	8	12	19	25	1
9	9	9	20	28	1
10	10	3	21	33	1
11	11	4	22	41	1

　　拥有最高线值的顶点是编号为 469 的物产"蔓菁"和编号为 1698 的别名"诸葛菜",即"诸葛菜"作为"蔓菁"的别名在《方志物产》山西分卷中被记

143

载了41次，为接受程度高、传播范围广的常见别名。其由来可以参照《刘宾客嘉话录》（韦绚录，1985）的记载："公曰'诸葛所止，令兵士独种蔓菁者何？'绚曰'莫不是取其才出甲者生啖，一也；叶舒可煮食，二也；久居随以滋长，三也；弃去不惜，四也；回则易寻而采之，五也；冬有根可劚食，六也；比诸蔬属，其利不亦博乎？'曰'信矣。'三蜀之人，今呼蔓菁为诸葛菜，江陵亦然。"

2. 点度分析

点度是指网络中与一个顶点直接相连的顶点的个数，也是一个顶点直接拥有的连线数。点度越大，表示该顶点与其他顶点的联系越密切；点度越小，表示该顶点与其他顶点的联系越疏远。物产-别名网络中，点度可以分为物产的点度和别名的点度两类。

首先，计算物产-别名整体网中物产顶点的点度，代表在《方志物产》山西分卷的记载中一个物产拥有多少个别名。如表5-3所示，物产的数量分布与物产的点度大小成反比，半数以上的物产只有1个别名。拥有最多别名的物产是"稷"，有43个别名。据考证，"稷"起源于我国北方，史前已有栽培，后在全国范围内均有种植，历史上很长时期内作为人们的主食。可见，"稷"种植的时间长、范围广、作用大，因而，随着时空的变迁，名称也不断发生着变化。

表5-3　物产的点度统计

序号	点度类型	顶点数量	序号	点度类型	顶点数量
1	1	474	8	8	4
2	2	224	9	9	6
3	3	79	10	10	3
4	4	34	11	11	2
5	5	33	12	12	1
6	6	18	13	13	1
7	7	11	14	43	1

其次，计算物产-别名整体网中别名顶点的点度，代表在《方志物产》山西分卷中，一个别名是多少物产的共同别名。如表5-4所示，别名的数量分布与别名的点度大小成反比。80%以上的别名点度为最小值1，表明绝大多数别名仅为一个物产的别名。编号为1265的别名顶点"小米"的点度为最大值10，表明"小米"同时是10个物产的别名。

表 5 - 4 别名的点度统计

序号	别名的点度	顶点数量	序号	别名的点度	顶点数量
1	1	1 246	5	5	4
2	2	169	6	6	2
3	3	40	7	7	4
4	4	19	8	10	1

志书除了客观地记载当地的物产信息以外，还与修撰者所处的时代、地域以及个人的表达习惯、文化修养有着直接的关系。因此，同一种物产在不同的志书中可能会呈现出不同的名称。例如，物产"半翅"，清乾隆四十年（1775年）《大同府志》中记载为"半翅"、清顺治九年（1452年）《云中郡志》记载为"半痴"、民国二年（1913年）《岳阳县志》记载为"半翅鸟"、清康熙十二年（1673年）《陵川县志》记载为"半雉"等，修撰者选择了当地比较流行的或者自己比较认可的名称作为物产的正名，而将其他名称作为别名记入物产备注信息中，导致这几个名称互为别名，就出现了一个别名同时成为几个物产别名的现象。

物产名称的考证是作物史研究的重要环节，相比传统研究模式下手工翻阅查找资料而言，社会网络分析突破了单一物产的研究模式，实现了大数据背景下批量统计分析物产的别名信息情况，通过线值和点度的统计分析，能够总体上展示物产别名的数量分布、共用状况以及记载程度等情况，有助于《方志物产》的使用者宏观地了解物产别名的概况。

二、个人中心网络分析

个人中心网络可以根据研究人员的实际需求，从整体网中提取以目标顶点为中心的局部网络。从上文中知道，物产"稷"的别名数量是所有物产之最，有 43 个之多。为了明确物产"稷"的别名情况，在查询界面输入物产顶点名称"稷"或者"稷"的编号，提取以"稷"为中心，选择它的邻点和它们之间的连线，组成物产"稷"的个人中心网络，示意图见图 5 - 3。

图 5 - 3 中，蓝绿色圆点代表物产"稷"，黄色方框代表"稷"的别名，连线的长短代表线值的大小，即该别名出现的次数，线值越大，连线越短，反之越长。根据线值的大小统计"稷"的别名分布情况，见表 5 - 5。"稷"的别名中有 25 个的线值为最小值 1，表示这些别名在资料中仅被记载 1 次。有的是根据外形特点命名的，如"狼尾、棒杵穗、秤锤、驴尾"等；有的是根据颜色特点命名的，如"朱砂红、牛尾黄、东黄亮"等；有的是根据种植时间命名

145

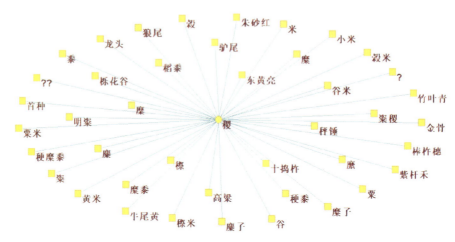

图 5-3　物产顶点"稷"1-步个人中心网络示意图

的，如"首种"等。这些别名中不排除有些是"稷"的品种，之所以用品种名称代表物产名称，可能是因为当时该品种的种植面积大、利用率高、流传范围广等原因。

表 5-5　"稷"的别名网络线值统计

序号	线值	别名数	别　名
1	1	25	紫杆禾、棒杵穗、朱砂红、糜、糜、狼尾、谷米、秤锤、米、穀、明粢、牛尾黄、驴尾、粢稷、栎花谷、首种、金骨、龙头、米、糜子、十捣杵、糜子、稻黍、东黄亮、糜黍
2	2	7	高粱、竹叶青、黍、黍、粟、粳糜黍、粳黍
3	3	1	穄米
4	4	4	粟米、黍、糜、黄米
5	6	2	粢、谷
6	9	1	粟米
7	11	1	小米
8	28	1	穄

　　另外，"稷"的别名出现次数最多的是"穄"，高达28次，加上别名"穄米"，就有31次之多。关于"稷""穄"二者是否为同一物产的争论由来已久，史称"稷讼"。南梁陶弘景在撰写《本草经集注》[①] 和《名医别录》[②] 时怀疑

　　① （梁）陶弘景，1985. 本草经集注 [M]. 尚志钧，尚元胜，辑校. 北京：人民卫生出版社.
　　② （梁）陶弘景，1986. 名医别录 [M]. 尚志钧，辑校. 北京：人民卫生出版社.

"穄"为"稷"的异名。唐苏恭在撰写《新修本草》^①时，认为"氾胜之种植书又不言稷。……《本草》有稷不载穄，稷即穄也"，把陶弘景的怀疑变成了肯定的结论。从此以后，陈藏器、孟诜、苏颂、寇宗奭、郑樵、沈括等本草学家和医学家在自己的著作中都提到"稷""穄"为一物。北宋蔡卞《毛诗名物解》^②中解释道"稷，祭也，故谓之穄"，这更加肯定了苏恭的论点。明代李时珍在《本草纲目》^③谷部中直释"稷"为"穄"，被后人广为引用。

但是，在"稷"的名实考证（指名称与物产之间的对应考证）中，也有很多人反驳"稷""穄"为同一物产的观点。据考证，在唐苏恭之前，人们对"稷""穄"的认识还是比较清楚的。战国时期的《穆天子传》^④中同时记载了"穄麦"和"膜稷"；东汉的郭璞和许慎也指出二者泾渭分明；北魏贾思勰在《齐民要术》^⑤中记载"种谷第三""黍穄第四"，并明确指出"谷，稷也"。张波（1984）就通过《诗经》记载，从字的上古声、韵、调等方面辨析了"稷"的实名，认为"稷"非"穄"。李根蟠（2000）从穗形、播种和生育期、字的读音、字源、在五谷之中的地位、先秦时期的同义词使用 6 个方面，确定"稷""穄"为二物。

本研究的数据统计结果，为"稷""穄"为同一物产的观点提供了支持。但是，也不能排除方志在记载的过程中旁征博引，从古籍中引用前人对"稷"的解释时有失偏颇，从而造成了信息的错误。究竟"稷""穄"的关系如何，还需要学界更加深入的考证和探讨。

在 1-步个人中心网络的基础上，还可以继续提取更多级别的个人中心网络，展示的是某个物产的别名中有哪些同时也是其他物产的别名，那些物产又有哪些别名，如此循环。"稷"的 2-步个人中心网络示意图如图 5-4 所示，可以看出，"稷"和"麻黍"具有共同的别名"穄"，还和"楮、构桃、粱、粟、谷、禾"等具有相同的别名"小米"。

物产的个人中心网络可以从微观的角度，根据研究人员的实际需要，查询指定物产的别名信息，包括名称和记载次数等。检索方式的改变节省了文献查询的时间和精力，提供图文并茂的资料查询结果。

---

① （唐）苏敬，等，1996. 新修本草 [M]. 上海：上海古籍出版社.
② 通志堂经解 毛诗名物解 卷 1-20 诗疑 卷 1-2.
③ 陈贵廷，1992. 本草纲目通释 [M]. 北京：学苑出版社.
④ （晋）郭璞，1990. 穆天子传 [M]. 上海：上海古籍出版社.
⑤ （北魏）贾思勰，1956. 齐民要术 [M]. 北京：中华书局.

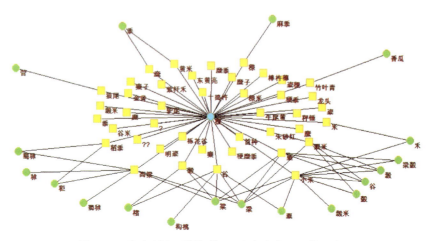

图5-4 物产顶点"稷"的2-步个人中心网络示意图

三、凝聚子群分析

若一个顶点的点度大于1，则表明这个顶点与其他顶点相连，而一个网络有时候并不是一个完整的整体，会被分割成一个个独立的模块，每一个独立模块的顶点之间都是互相连通的，这样的模块就是凝聚子群。在无向网络中，通过计算顶点之间的弱连通关系，可以分离出单独的凝聚子群。

物产-别名网络中，凝聚子群是指这样的一些小网络，每个小网络内部没有孤点，所有的顶点之间都直接或者间接相连，而任何两个小网络之间没有联系。经过弱连通计算，物产-别名网络中共包含622个凝聚子群，根据规模大小，分成22个类别，见表5-6。

表5-6 凝聚子群的分类统计

序号	顶点数	组元数	序号	顶点数	组元数
1	2	324	12	13	3
2	3	126	13	14	2
3	4	55	14	16	1
4	5	28	15	17	1
5	6	27	16	19	3
6	7	23	17	20	1
7	8	6	18	22	1
8	9	2	19	24	1
9	10	6	20	40	1
10	11	5	21	44	1
11	12	4	22	131	1

凝聚子群的数量与规模成反比。70%以上的凝聚子群仅包含 2～3 个顶点。最大规模的凝聚子群包含 131 个顶点，称为最大连通子网络，示意图见图 5-5。

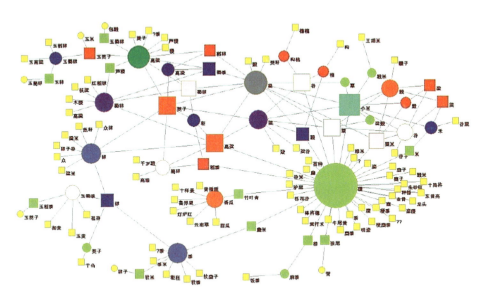

图 5-5　物产-别名网络中的最大连通子网络示意图

图 5-5 中，圆点代表物产名称，方框代表别名，顶点的大小和颜色代表点度，点度越高，顶点越大，相同点度的顶点具有同样的颜色。观察发现，这个网络中的顶点绝大多数都是谷属类作物，主要包括"粟、粱、秫、谷、黍、稷"等物产类别，这些物产在史料的记载中，经常互为别名引用，该网络也从方志资料中证明了这一点。然而，有 3 个物产与众不同：一是"构桃"，该物产的备注信息为"即谷也，博雅云谷楮也，河南人名楮桃，亦曰构桃，结食如杨梅，亦可食"，可见，"构桃"和"杨梅"类似，应该属于果属，而"谷"一般被认为属于谷属，这二者互为别名不能单纯地从外形、颜色等原因分析，然而历史文献中有相关的记载，《说文解字》[①] 将"谷""楮"互训，《广雅》[②] 将"谷""楮"连用，后来河南人将其称为楮桃或构桃，以此相传沿用；二是"香瓜"，属于瓜属，与谷属中的"稷"有相同的别名"竹叶青"，推测"竹叶青"的命名来自物产颜色特征，可能是考虑到"香瓜"的颜色和"稷"的颜色在某一时期都跟竹叶的青颜色类似，所以以此命名；三是"菅"，属于草属，与谷属中的"稷"有相同的别名"狼尾"，推测"狼尾"的命名来自物产的形状特

---

①　（汉）许慎，1991. 说文解字 [M]. 天津：天津古籍出版社.
②　曹宪音，张揖，1985. 广雅 [M]. 北京：中华书局.

征，可能是由于"菅"和"稷"的形状都与狼尾相似，因此得以命名。然而，不同类别的物产具有相同的别名现象，不能一概而论，也不能主观判断，仍需收集更加翔实的史料进行分析。

连通子网络的规模大于个人中心网络，小于整体网络，为研究人员提供了一个中观的分析视角。社会网络分析突破了传统的整理模式，自动化提取和可视化展示了物产名与别名之间的关系，为研究人员提供了量化和可视化的结果数据和再生素材，达到更加高效、精准地利用方志文献资源的效果。

四、物产名耦合关系分析

耦合关系是指2个事物之间存在着某种相互作用、相互影响的关系，在物产名与别名网络中，物产名耦合关系就是如果2个物产名具有相同的别名，那么它们之间就是耦合关系。在大数据背景下，研究物产名之间的耦合关系，有利于物产名称的考证，揭示别名共用的普遍现象。本研究通过模式转换，将物产名与别名的二模网络处理成仅包含物产名的一模网络，抽取物产名的耦合网络。

为了清晰地展示物产名之间的耦合关系，计算物产名的耦合网络中弱连通关系，共得到622个连通子网络，其中，499个仅包含1个顶点，即这些物产以及其他物产之间不存在耦合关系。规模大于1的连通子网络有123个，示意图见图5-6。

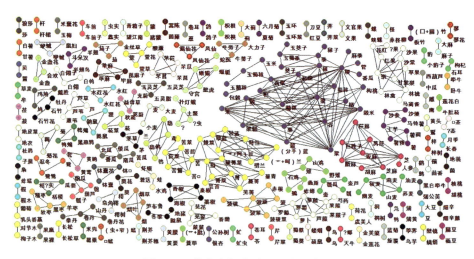

图5-6 物产名耦合关系网络示意图

在规模较小的连通子网络中，多是由于名称记载差异、正异体字或者讹字的存在而导致的同物异名现象，如"黄要"与"黄腰"、"公孙树"与"银杏"

等，通过该耦合网络，可以为物产名称的规范提供一定的借鉴。在规模较大的连通子网络中，呈现了多个物产由于别名共用而产生的耦合关系，如"芝"与药用物产"人参"、油料作物"油麻、胡麻"等产生耦合关系，是因为《方志物产》的有些记载中将"胡麻""油麻""灵芝"均写作"芝"，为别名共用现象提供了资料，拓展了研究思路。

第三节　物产与人物的社会网络分析

一、整体网分析

物产-人物的整体网是指由 565 个顶点和 523 条关系组成的集合，示意图如图 5-7 所示。其中，圆形的顶点代表物产和人物，点的大小与点度相关，点度越高，顶点越大，点度越低，顶点越小；弧形的线代表物产和人物之间的关系，线的粗细与线值有关，线值越大，连线越粗，线值越小，连线越细。

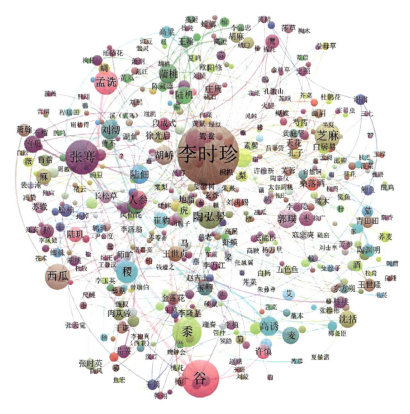

图 5-7　物产-人物的整体网示意图

1. 点度分析

物产-人物关系网络中，点度可以分为两类：一类是物产顶点的点度，表示一个物产与多少个人物相关，反映出物产受关注程度；另一类是人物顶点的点度，表示一个人物与多少个物产相关，反映出人物对物产的关注程度。

首先，计算物产顶点点度。经过统计，物产顶点的点度根据点度的高低分为 9 个类别，最小值为 1，最大值为 10。随着点度的增加，物产数量逐渐减少。有 169 个物产的点度为 1，也就是说，这 169 个物产分别只与 1 个人物相关联；仅有 1 个物产的点度为 10，意味着只有 1 个物产同时与 10 个人物相关联，见表 5 - 7。

表 5 - 7　物产-人物网络中物产顶点的点度统计

物产点度	物产数量
1	169
2	64
3	34
4	11
5	4
6	2
7	3
8	2
10	1

同时与 10 个人物相关联的物产编号为 174，物产名称为人参，相关联的人物为苏轼、韩翃、杨坚、羊祜、陆逊、段成式、石勒、刘邦、张翰林、周繇。其中，苏轼为北宋文学家，韩翃和周繇为唐代诗人，《方志物产》山西分卷在描述人参时引用了他们的诗句。例如，苏轼的《紫团参寄王定国》写道"谽谺土门口，突兀太行顶。岂惟团紫云，实自俯倒景。刚风被草木，真气入苕颖。旧闻人衔芝，生此羊肠岭。纤攗虎豹鬛，蹙缩龙蛇瘿。蚕头试小嚼，龟息变方聘。矧予明真子，已造浮玉境。清宵月挂户，半夜珠落井。灰心宁复然，汗喘久已静。东坡犹故目，北药致遗秉。欲持三桠根，往侑九转鼎。为子置齿颊，岂不贤酒茗"；韩翃的《送客之潞府》写道"官柳青青匹马嘶，回风暮雨入铜鞮。佳期别在春山里，应是人参五叶齐"；另外，在引用周繇的诗《以人参遗段成式》时又出现了段成式、叔子和伯言的名字，诗为"人形上品传方志，我得真英自紫团。惭非叔子空持药，更请伯言审细看"，叔子就是羊

祜，伯言就是陆逊。杨坚是隋文帝，刘邦是汉高祖，石勒是后赵明帝，他们的引用主要是讲述在他们那个时代发生的与人参有关的事情。例如，"上党多有之，《广五行记》曰，隋文帝时，上党有人宅后每夜闻人呼声，求之不得。去宅一里许，见人参枝叶异常，掘之入地五尺，得人参，一如人体，四肢毕具，呼声遂绝""性味同潞泽产，《晋书》载记，石勒时所居武乡北原下，草木皆有铁骑之象。家园中生人参，花叶甚茂，悉成人状"等。

其次，计算人物顶点点度。结果显示，人物顶点的数量随着点度的增加而减少，即二者成反比。人物的顶点点度可以分为 13 个类别，最大值为 56，与此对应的人物数量为 1，表示仅有 1 个人物同时与 56 个物产相关联；最小值为 1，与此对应的人物数量为 194，表示有 194 个人物仅与一个物产相关联，见表 5-8。

表 5-8 物产-人物网络中人物顶点的点度统计

人物点度	人物数量
1	194
2	47
3	10
4	10
5	4
6	1
7	1
8	1
9	1
10	2
12	1
13	2
56	1

以点度为 12 的人物顶点为例进行分析，该顶点编号为 306，人物名称为苏轼，相关联的物产名称有"菠菜、杜鹃花、海棠、芥菜、蒲笔、荠菜、荞麦、人参、芍药、松膏、薇、枣"。文中多是引用苏轼的诗。例如，在海棠的备注信息中，引用了苏轼的《寓居定惠院之东杂花满山有海棠一株土人不知贵也》中的句子："江城地瘴蕃草木，只有名花苦幽独。嫣然一笑竹篱间，桃李

漫山总粗俗。也知造物有深意，故遣佳人在空谷。自然富贵出天姿，不待金盘荐华屋。朱唇得酒晕生脸，翠袖卷纱红映肉。林深雾暗晓光迟，日暖风轻春睡足。雨中有泪亦凄怆，月下无人更清淑。先生食饱无一事，散步逍遥自扪腹。不问人家与僧舍，拄杖敲门看修竹。忽逢绝艳照衰朽，叹息无言揩病目。陋邦何处得此花，无乃好事移西蜀。寸根千里不易到，衔子飞来定鸿鹄。天涯流落俱可念，为饮一樽歌此曲。明朝酒醒还独来，雪落纷纷那忍触。"在芥菜的描述信息中则引用了《雨后行菜圃》中的句子："梦回闻雨声，喜我菜甲长。平明江路湿，并岸飞两桨。天公真富有，膏乳泻黄壤。霜根一蕃滋，风叶渐俯仰。未任筐筥载，已作杯案想。艰难生理窄，一味敢专飨。小摘饭山僧，清安寄真赏。芥蓝如菌蕈，脆美牙颊响。白菘类羔豚，冒土出蹯掌。谁能视火候，小灶当自养。"在荠菜的描述信息中引用了《次韵子由种菜久旱不生》中的句子："新春垱下笋芽生，厨里霜虀倒旧罂。时绕麦田求野荠，强为僧舍煮山羹。园无雨润何须叹，身与时违合退耕。欲看年华自有处，鬓间秋色两三茎。"

2. 线值分析

2 个顶点之间的关系通过两者之间的联系来表示，而连线的值代表连线两段的 2 个顶点共同出现的次数，反映了 2 个顶点之间关系的强弱。线值越大，关系越强；线值越小，关系越弱。物产-人物网络中，物产和人物之间的连线表示物产和人物之间的关系，而线值则表示一个物产和一个人物共现的次数。统计结果显示，物产-人物网络的线值共有 13 个类别，最大值为 31，连线数为 1，表示仅有 1 条连线的线值为 31，该连线两端的物产和人物在文中共同出现了 31 次；最小值为 1，连线数为 373，表示有 373 条连线的线值为 1，这些连线两段的物产和人物在文中仅共同出现了 1 次，见表 5-9。

表 5-9　物产-人物网络中线值统计表

线　值	数　量
1	373
2	106
3	17
4	9
5	4
6	6
7	1
9	1

（续）

线　值	数　量
11	2
13	1
20	1
21	1
31	1

　　最大线值的连线位于编号为196和291的2个顶点之间，其中，196为物产"黍"，291为人物"李时珍"。在文中，主要引用了李时珍关于"黍、稷"关系的观点："苗穗與稷同有黃白赤黑四種米皆黃俗呼為黃米李時珍曰稷黍一類二種粘者為黍不粘者為稷今俗通呼為黍子。"可见，李时珍认为，黍与稷为同一类物产。

二、个人中心网络分析

　　提取个人中心网络，选取一个比较具有代表性的顶点，也就是具有最大点度的顶点，即点度为56的顶点"李时珍"。李时珍的个人中心网络为包括李时珍和他的邻点在内的所有顶点及其之间的连线组成的集合，可以显示李时珍具体与哪些物产有关联。从图5-8可以看出，与李时珍共现次数最多的是黍，为31次；其次是谷，为21次；再次是芝麻，为11次。

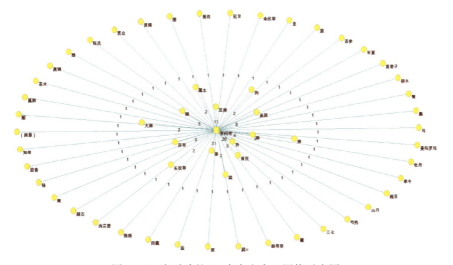

图5-8　李时珍的1-步个人中心网络示意图

　　除了考察与李时珍有关的物产以外，还可以借助社会网络分析进一步提取李时珍个人中心网络的2-步局域网，即包括李时珍、他的邻点、他的邻点的邻点在内的顶点及其之间的连线组成的集合，这个网络可以反映出跟李时珍相关联的物产还与哪些人物有关联，示意图见图5-9。这个图中共有109个顶点，而李时珍的个人中心网络包含了57个顶点。因此，可以判断与李时珍相关联的物产还与其余52个人物相关联。

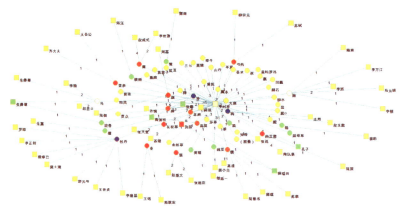

图5-9　李时珍的2-步个人中心网络示意图

　　为了更加清晰地看出与李时珍相关联的物产还与哪些人物之间存在关联，以及关联情况如何，在李时珍的2-步局域网中删去李时珍这个中心顶点，得到图5-10。

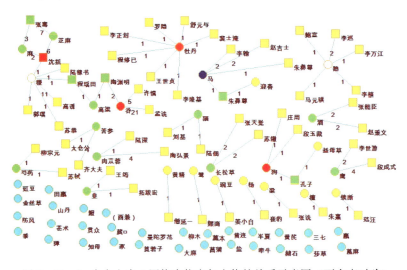

图5-10　2-步个人中心网络中物产与人物的关系示意图（不含李时珍）

三、人物关系网

物产-人物关系网络中包含2个顶点集合：一是物产集合，二是人物集合。因此，物产-人物关系网络属于2-模网络。2-模网络是一个相对复杂的网络，分析起来比较烦琐。为了考察与物产相关的人物之间的关系，将物产-人物的2-模网络进行降维处理，提取其中蕴含的人物之间的关系网络，转换为单纯的1-模网络，得到只包含275个人物及其之间连线的集合，示意图见图5-11。

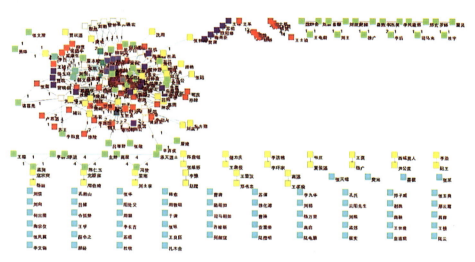

图5-11 人物关系网示意图

图5-11下部的蓝绿色点没有与任何顶点相连，属于孤点，说明在物产网络中，它们与物产之间的关系属于一对一的关系。图中部的黄色点两两相连，说明在物产-人物网络中，相连的两个人物与同一个物产相关，且这个物产不再与其他人物相关联，属于一对多的关系。图右上部的蓝色、红色、绿色顶点为较小规模的连通网络。用点度中心度、接近中心度和中介中心度来衡量人物网络的关联程度，3个度数值越高，说明人物网络的联通性越大，人物之间的关系也越密切，反之则说明人物网络的连通性越小，人物之间的关系就越疏远。经过计算得出，人物网络的点度中心度约为1.79、中介中心度约为0.19，而接近中心度无法计算，是因为该网络不是一个连通网络，网络中存在孤点。由点度中心度和中介中心度较低的特点反映出，人物网络是一个比较松散的网络，直接分析这个网络并没有太大的意义。但是，通过观察可以发现，图左上部存在一个密集相连的网络，也就是人物网络中联系最密集、规模最大的网络，称作最大连通子网络，示意图见图5-12。

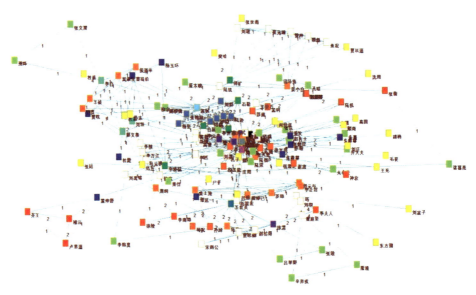

图 5-12　人物关系网络中的最大连通子网络示意图

在最大连通子网络中，可以通过一些数据了解总体状况，如表 5-10 所示。从中可以看出，该网络包含了 151 个人物，他们之间存在 778 条联系，线值为 1，代表 2 个人物之间只通过 1 个物产联系起来，联系相对较弱；线值大于 1，代表 2 个人物之间通过 2 个及以上的物产相连，联系相对较强。

表 5-10　人物网络的结构指标

指标名称	指标值
顶点的总数	151
边的总数	778
线值为 1 的边的数量	23
线值大于 1 的边的数量	755
网络密度	0.034 348 79
平均点度	10.304 635 76

另外，密度代表一个网络中顶点之间联系的紧密程度，0.034 348 79 的密度表示在所有可能存在的连线中只有 3.4％的连线实际出现在网络图中。也就是说，一个人和另一个人同时被一个物产引用的概率为 3.4％。网络的密度受网络规模大小的影响，规模越大的网络，往往越呈现出稀疏性。还有，网络的平均点度为 10.304 635 76，说明网络中平均 11 个人因为一个物产而产生联系。人物网络的结构指标见表 5-10。

接下来，要通过对人物网络的分析，探寻该网络中的关键人物，如名人、中介者、最佳信息传播者、身边的红人等。

首先，通过点度中心性探索网络中的名人。顶点的点度中心性可以反映出某个人物在网络中的重要性，中心度越大，越是重要，就越是名人，反之则越不重要，就越不是名人，示意图见图5-13。点度中心性越大，顶点规模越大。

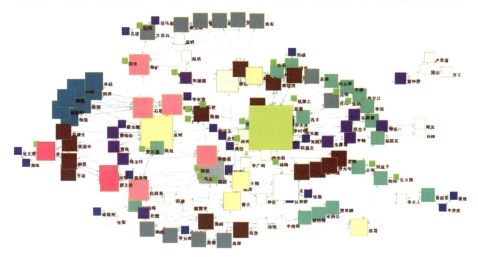

图5-13　人物网络的点度中心性示意图

判断一个人物是否是网络中的名人，可以根据2个指标，即点度中心性和加权点强度。点度中心性反映的是人物之间因为物产而产生的关联，加权点强度将线值考虑进来，反映的是人物之间关联的强度。为了明确这个网络人物之间的关联强度，现在考察人物的点度中心性和加权点强度排在前10位的人物，见表5-11。可见，由于二者的计算原理不同，排在前10名的人物出现了变化，但是有一点可以肯定，李时珍就是这个人物网络中名副其实的名人。

表5-11　人物关系的加权点强度与点度中心性的对比（前10名）

序号	加权点强度		点度中心性	
	人物	分值	人物	分值
1	李时珍	815	李时珍	52
2	孟诜	567	苏轼	28
3	许慎	217	王世贞	18
4	张骞	182	陶弘景	17
5	沈括	142	郭璞	13
6	陶渊明	99	张骞	13

（续）

序号	加权点强度		点度中心性	
	人物	分值	人物	分值
7	高诱	67	师旷	11
8	潘岳	60	白居易	11
9	郭璞	39	李隆基	11
10	苏轼	38	石勒	11
11	段成式	38	段成式	11

注：第10行和第11行数值相同，一并列出。

为了明确李时珍与其他人物之间的关联情况，提取了李时珍的个人中心网络，示意图见图5-14。根据线值可以发现，与李时珍联系最为密切的关系有李时珍-孟诜（420）、李时珍-许慎（100）、李时珍-张骞（89）、李时珍-沈括（75）、李时珍-陶渊明（43）。这几个人物除了与李时珍关系密切以外，他们之间也存在关联关系。例如，孟诜-许慎（105）、孟诜-陶渊明（42）、许慎-陶渊明（10）、张骞-沈括（51），括号中的数字为2个人物共同被同一个物产引用的次数。

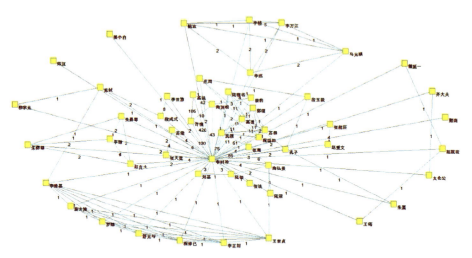

图5-14　人物网络中李时珍的个人中心网络示意图

其次，通过点度中心性探索中介者。中介者是一个网络中的关键节点，承担着连通网络的重任。中介者可以通过中介中心性来探测，反映出人物在网络中起到的桥梁或者中介的作用，能够控制或者影响别人之间的联系。往往是因为这个中介顶点的存在，整个网络或者两个凝聚团体才得以连通，如果这个中介顶点不存在，那么两个凝聚的团体或者整个网络都无法连通，示意图见图5-15。

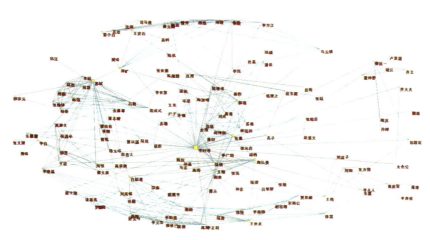

图 5-15　人物网络图的中介中心性示意图

根据中介中心性的计算结果，中介中心性排在前 10 位的人物有李时珍（0.631 632 971）、苏轼（0.263 126 413）、王世贞（0.141 344 281）、陶弘景（0.134 879 782）、张骞（0.119 726 256）、郭璞（0.075 328 61）、师旷（0.060 088 908）、王筠（0.054 429 443）、白居易（0.053 991 68）、孔子（0.052 438 479），其中括号中的数字为人物的中介中心性，数值越高，代表他们在人物关系网络中越能够成为中介者的角色。

再次，分析人物网络中的最佳信息传播者。最佳信息传播者可以通过接近中心性作为指标进行探索，接近中心性代表顶点拥有较短的路径，可以快速地联系上他人，往往能够成为一个网络中信息传播的关键人物，示意图见图 5-16。

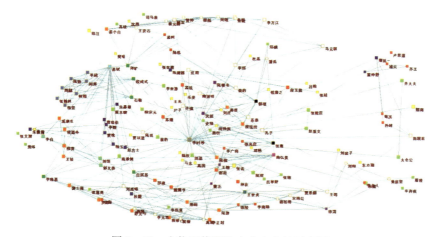

图 5-16　人物网络图的中介中心性示意图

161

151 个人物顶点中，接近中心性最高值为 0.545 5，最小值为 0.193 5，中间值为 0.324 0，算术平均数为 0.319 6，标准方差为 0.053 1。接近中心性排序前 10 位的人物有李时珍（0.545 454 545）、苏轼（0.454 545）、陶弘景（0.429 799）、李隆基（0.412087 912）、王世贞（0.412087 912）、张骞（0.406 504 065）、段成式（0.398 936 17）、郭璞（0.387 597）、柳宗元（0.387 596 899）、沈括（0.384 615 385），其中，括号中的数字为人物的接近中心性。

四、讨论

本节探索了《方志物产》山西分卷的物产备注信息中出现的人物与物产的引用关系网络，提出共被引假设，即如果不同的人物被同一个物产引用，就认为这些人物之间存在关系，而人物被物产同时引用的次数作为关系的连线值。

首先，从整体网视角切入，宏观分析物产-人物关系网，探讨了物产引用人物的数量分布和人物被不同物产引用的数量分布等，反映一个物产受关注或者传播的程度以及人物对物产的关注特点等。

其次，将整体的 2-模网络转换为人物的 1-模网络，不仅简化了网络视图，还能更加清晰地分析人物之间的关系。主要探索了明星人物、中介人物、传播信息的关键人物等。

在使用社会网络分析进行物产-人物网络分析的过程中发现，社会网络分析可以为农史人员提供如下便利：

1. 在物产研究的过程中，快速地展示出与某个物产相关联的人物信息，方便研究人员进行相关资料的收集。

2. 在展示与物产相关联的人物的前提下，还可以进一步展示出与该物产相关的人物还与其他哪些物产相关联，方便研究人员开拓研究思路和研究范围。

3. 在人物研究的过程中，可以迅速地展示出某个人物与哪些物产相关联，进一步拓展研究范围，扩大资料收集的渠道，深入进行人物剖析。

4. 在展示与人物相关联的物产的前提下，进一步展示与该人物相关联的物产还与哪些人物相关，从而进一步丰富研究内容，提升研究主题。

5. 可以单独抽取物产网络和人物网络，针对单一的信息进行分析，挖掘物产与物产之间、人物与人物之间的关联关系。

但是，本研究仍有两个不足之处，有待日后进一步改进。一是整体网的数据准确性，尽管整体网的数据都是依据原始史料进行梳理得到的，然而对文本的标注是人工进行的，难免存在误标、漏标的现象，而影响整体数据的准确性；二是 2－模网络转换成 1－模网络时提出的假设能否成立，在提取人物关系的时候，假设两个不同的人物同时被同一个物产引用，就认为这两个人物之间存在关系，这只是客观存在的现象，在科学研究领域的价值和认可程度还有待探讨。由于本研究是围绕物产为中心开展研究，涉及的人物均是与物产直接相关的，在探讨人物关系网络时，可能效果不是特别显著，但是若换做某一时代背景下的历史人物之间的关系研究，将会取得比较理想的效果。

第四节　物产名与药用价值的社会网络分析

研究一个物产，一般情况下要考证它的原产地、种植传播的路线、名称以及它的价值体系，其中，价值体系包括使用价值、药用价值、文化价值等多个方面。中国自古以来讲究药食同源，物产的研究最先是考察它的食用价值和药用价值。在《方志物产》山西分卷中，物产的食用价值记载的数量较少，且描述语言比较单一，诸如"可食""可充饥""济饥"等一类的描述，不适合进行关联和聚类研究。药用价值涉及的物产较多，且描述类型比较丰富，如"安胎""解毒""利水""和血""化痰"等。

通过物产名称和药用价值的关联关系，可以发现一个物产具有哪些药用价值，哪些物产具有相同的药用价值，通过药用价值相关联的物产之间的关系如何。

一、词级别的物产药用价值网络

经过物产名称和药用价值描述的基本规范化处理，共提取到 195 种物产和 323 种药用价值，518 个顶点之间存在 429 条连线。

1. 连通子网络分析

物产药用价值网络的总体密度为 0.006 811 15，可见，该网络密度较小，连通性不强，经过探索，网络包含了 107 个小的连通子网络。具体分布见表 5－12。

表 5－12　物产药用价值网络的连通子网络分布概况

连通子网络的规模类型	连通子网络的数量
194	1
19	1
10	1

（续）

连通子网络的规模类型	连通子网络的数量
9	2
8	1
6	3
5	5
4	6
3	28
2	59

连通子网络的规模表示该网络中包含多少个顶点，连通子网络的数量表示相同规模的连通子网络有多少个。最大的连通子网络有 1 个，包含了 194 个顶点；最小的连通子网络有 59 个，仅包含 2 个顶点。

图 5-17 中显示了规模为 2~6 的连通子网络，图 5-18 中显示了规模为 8~19 的连通子网络。其中，规模为 2 的连通子网络中只有 1 个物产和 1 个药用价值，也就是说，在《方志物产》山西分卷的记载中，该物产仅被记录了 1 种功效，同时这种功效也只有该物产才有，例如"玉菁"的药用价值为"化骨"。规模为 3~19 的连通子网络中包含的顶点分为 4 种情况：一是 1 个物产具有几种药用价值，如"天门冬"具有"除一切不洁之气"和"保肺气"两个功效；二是几个物产同时具有一种药用价值，如"甜瓜"和"西瓜"同时具有"消暑"的功能；三是几个物产通过几种药用价值互相联系在一起，如"柴胡"和"麻黄"同时具有"发表"的功效，但是二者有区别，还有其他不相同的功

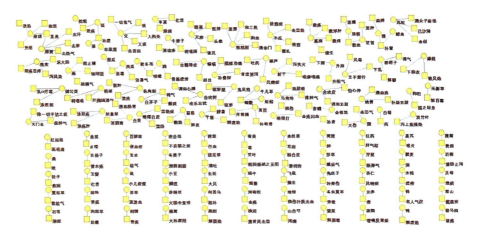

图 5-17　规模为 2~6 的连通子网络示意图

效，却也出现在连通子网络中；四是 2 个物产因为相同的药用价值联系在一起，而其中 7 个物产又与其他物产具有相同的药用价值，这样，几个物产之间就通过几种不同的药用价值直接或间接地联系起来了，如"黄芩"和"桑白皮"就有相同的功效"泻肺火"，而"黄芩"和"桑寄生"具有相同的功效"安胎"，因此"黄芩""桑白皮""桑寄生" 3 个物产及其各自具有的药用价值就形成了一个连通的子网络。图 5-19 显示的就是物产的药用价值网络中的最大连通子网络，即包含了 194 个顶点的连通子网络。

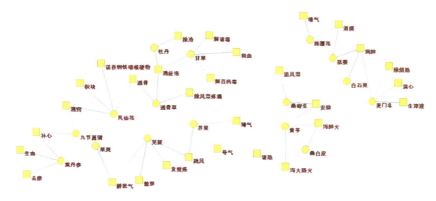

图 5-18　规模为 8~19 的连通子网络示意图

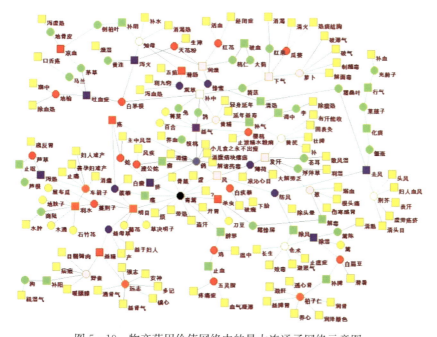

图 5-19　物产药用价值网络中的最大连通子网络示意图

2. 点度分析

通过计算物产的药用价值整体网络中顶点的点度，可以分析 1 个物产具有多少种药用价值，多少个物产具有相同的药用价值。物产顶点和药用价值顶点的点度统计如表 5 - 13 所示。

表 5 - 13　物产药用价值网络中顶点的点度统计

物产点度	物产数量	药用价值点度	药用价值数量
13	1	1	269
9	1	2	32
7	3	3	8
6	4	6	1
5	5	4	6
4	17	5	4
3	21	7	2
2	63	8	1
1	80		

物产的点度表示 1 个物产具有多少种药用价值，点度最小值为 1，包含的物产数量为 80，即所记载的物产中有 80 个物产仅具有单一的药用价值；点度的最大值为 13，物产数量为 1，表示仅有 1 个物产同时具有 13 种药用价值。这个具有 13 种药用价值的物产为"青蒿"。在《方志物产》山西分卷的记载中，青蒿"处处生之，春夏采茎叶，同童便煎退骨蒸劳热，生捣绞汁却心疼热。秋黄，冬采根实，实须炒，治风癏疥瘙虐烦盗汗开胃明目辟邪杀虫"，在《本草纲目》《本草备要》《食疗本草》等很多著作中都有相关的记载。我国著名科学家屠呦呦受到《肘后备急方》的启发，从青蒿中提取了青蒿素，成为治疗症疾的神奇良药，被誉为"拯救两亿人口"的发现，并因此于 2015 年获得了诺贝尔生理学或医学奖，是我国第一位获得诺贝尔科学奖项的本土科学家，也是第一位获得诺贝尔生理学或医学奖的华人科学家，为中医药走向世界指明了方向。

药用价值的点度表示同时有多少物产具有相同的药用价值，点度最小值为 1，数量为 269，即在 269 种药用价值中，每一种都只对应 1 个物产的药用价值；点度的最大值为 8，数量为 1，即只有 1 种药用价值是 8 个物产同时具有的，该药用价值为"益气"，具有这个功效的物产有"黄精""兔""鹑""鸽""樱桃""核桃""百合""菁菜"。

二、字级别的物产药用价值网络

基于词级别的物产药用价值网络研究表明，整体网络的密度较小，连通性较差，是由于《方志物产》中对物产药用价值的描述缺乏统一的规范约束，导致同一种药用价值出现了不同形式的记载方式。在研究之前进行的词级别的规范化处理中，需要专业的中医药知识，本研究仅仅是根据字面意思，对具有相同意义的词进行了规范，并没有全面地完成所有药用价值的用语规范。

考虑到词级别的疏松网络并不能最大化地反映出物产药用价值网络的结构和特点，于是考虑将词级别处理成字级别再次进行研究，观察结果的变化。词级别到字级别的转换过程就是提取出所有描述物产药用价值的词语中包含的单字，根据物产名称与药用价值的对应关系，制作物产名称与提取的字的对应关系，作为研究的数据源。例如，物产"透骨草"的药用价值为"除风湿疼痛"，处理成字级别的结果如表 5-14 所示。

表 5-14 药用价值中词到字的处理举例

物产名称	对应的字
透骨草	除
透骨草	风
透骨草	湿
透骨草	疼
透骨草	痛

在得到的处理结果中，删除一些通用字，如"除""治""疗""病"等，这样就基本完成了元数据的清洗工作。网络数据中共包含 194 个物产名称和 296 个提取的单字，490 个顶点之间存在 964 条连线，网络的整体密度为 0.016 787 41，包含了 4 个连通子网络，示意图如图 5-20 所示。其中，最小规模的连通子网络为"金丝草"治"耳病"、"松子"可"愈病"；规模为 6 的连通子网络中表示的信息为"牛儿草""蜗牛""蚯蚓" 3 个物产均可以治"蝎蜇"；最大规模的连通子网络中包含了 480 个顶点，约占全部顶点的 98%。

同样，点度可以反映出一个物产与多少个关键字相关，一个关键字与多少个物产相关。字级别的物产药用价值网络中点度统计如表 5-15 所示。

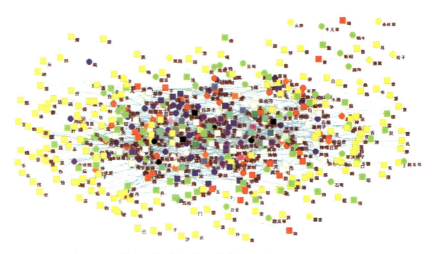

图 5-20 字级别的物产药用价值网络中的连通网络示意图

表 5-15 字级别的物产药用价值网络中点度统计

物产点度	物产数量	字点度	字数量
25	1	41	1
20	1	27	3
16	1	24	1
14	2	18	1
13	4	17	1
12	2	16	2
11	1	15	1
10	6	13	3
9	5	12	2
8	13	11	2
7	13	10	5
6	14	9	4
5	16	8	7
4	40	7	2
3	28	6	12
2	35	5	13
1	12	4	12
		3	16
		2	46
		1	152

　　从表 5 - 15 中可以看出，物产的点度最小值为 1，对应的物产数量为 12，表示有 12 个物产仅与 1 个关键字相关联；最大值为 25，对应的物产数量为 1，表示有 1 个物产同时与 25 个关键字相关联，该物产为"鸽"，在《方志物产》山西分卷的记载中，涉及"鸽"的药用价值的描述信息有"性淫，雌常乘雄，能传书，故又名飞奴，好寄人宇下，肉美，能解诸药毒，卵能佐筵，小儿食之永不出痘""调精益气，鸽铃军中用之""俗名鹁鸽，白色者治风癣疥疮，屎名左盘龙，消腹痞块瘰病"等。另外，在词级别的物产药用价值网络中，点度最高的物产"青蒿"在字级别的物产药用价值网络中点度排序第二，与 20 个关键字相关联。

　　字的点度最小值为 1，对应的数量为 152，即有 152 个关键字仅与 1 个物产相关联；最大值为 41，对应的数量为 1，即仅有 1 个关键字同时与 41 个物产相关联，该关键字为"气"，这与词级别的物产药用价值网络中排序第一的"益气"结果一致。

三、词级别与字级别的物产关联网络对比

　　为了明确物产因为药用价值而发生的关联关系，分别在词级别与字级别对物产药用价值网络进行降维处理，将 2 - 模的物产 - 药用价值网络转换为 1 - 模的物产网络。

　　进行对比实验的网络共有 3 个：一是词级别的物产药用价值网络，二是保留所有关键字的字级别的物产药用价值关键词网络，三是删除了"治""疗""病"等通用关键字的字级别物产药用价值关键字网络。

　　第一个网络中，物产之间通过词级别的药用价值产生关联，整体密度为 0.010 837 96，比较疏松，共包含了 107 个连通子网络，其中最小规模的子网络仅包含 1 个顶点，最大的连通子网络包含 67 个顶点，示意图见图 5 - 21。

　　第二个网络中，物产之间通过字级别的药用价值产生关联，整体密度为 0.276 838 74，比较紧密，整个网络就是 1 个连通网络，包括 199 个顶点和 5 454 条连线。点度最大的顶点为"鸽"，与另外 142 个物产直接相连，示意图见图 5 - 22。

　　第三个网络中，物产之间的连通同样是字级别的药用价值，不同的是字的规模比第二个网络小。该网络密度为 0.200 213 89，连通性略小于第二个网络，整体网络中包含了 3 个类型的连通子网络：一是孤点，即只有 1 个顶点的子网络，有"金丝草"和"松子"；二是有 3 个顶点的小连通子网络，为"牛儿草、蚯蚓、蜗牛"；三是规模最大的连通子网络，包含了 97% 以上的物产顶点，示意图见图 5 - 23。

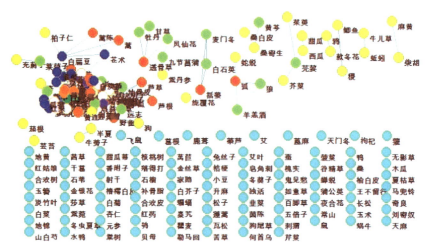

图 5-21 词级别的物产关联网络示意图

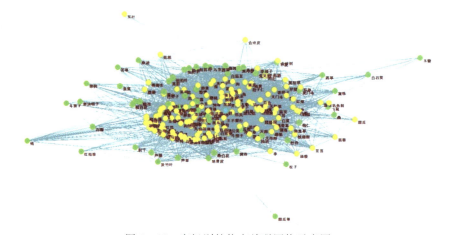

图 5-22 字级别的物产关联网络示意图

在图 5-21、图 5-22、图 5-23 这 3 个网络中，顶点点度最高的基本都是物产"鸽"。首先来看"鸽"的个人中心网络中的物产，词级别的物产网络中"鸽"的个人中心网络规模最小，共有"菁菜、蒺藜、黄精、兔、鹑、防风、蛇、薄荷、青蒿、建公蛇、白蒺藜、樱桃、核桃、百合"14 个物产。也就是说，这 14 个物产与"鸽"具有某方面相似的药用价值。完全关键字的物产关系网络中，"鸽"的个人中心网络中有 143 个物产，包含了词级别中的 14 个物产。不完全关键字的物产关系网络中，"鸽"的个人中心网络中有 31 个物产，包含了词级别中 14 个物产的部分物产，如"青蒿、蛇、薄荷、防风、建公蛇、白蒺藜"等。

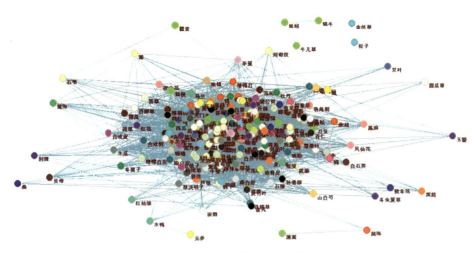

图 5-23　调整字库后的物产关联网络示意图

四、讨论

本节内容从词和字两个不同的角度对物产与药用价值之间的网络进行分析，词是指从物产的备注信息中识别出来的药用价值名称，字是指词中包含的字。之所以要从不同的角度来考察物产与药用价值之间的关系网络，是因为以下两个方面的原因：

第一，《方志物产》中描述物产的药用价值时的用词没有严格的规范，使用起来主观性比较大，导致有些相同的药用价值在描述的过程中使用了不同的表达方式。这样，在词级别的药用价值关联时，具有相同药用价值的物产并不一定都能关联起来，从而限制了知识关联和知识发现的深度。

第二，描述物产的药用价值的词中包含的字能够体现出物产的关键价值。例如，"导气、益气、补气"等词中都包含了关键词"气"，虽然在词级别的关联网络中相关的物产之间没有关联关系，但是在字级别的关联网络中就发生了关联关系。这样，具有某一类药用价值的物产就会联系在一起，扩展了知识关联和知识发现的宽度。

总之，在词级别的研究中，物产与药用价值的网络密度较小，比较疏松，不能全面地进行知识关联和知识发现；而在字级别的研究中，增加了网络密度，整体网络变得相对紧密，能够在更大范围内进行知识关联和知识发现。但是，两个研究视角都存在不严谨的地方，要根据研究者的实际需求，选择和改进分析视角，增强分析的适用性。

第五节　物产在时空上的变迁分析

古代人类在长期采集渔猎的过程中，逐渐开始对动植物进行驯化，先后驯化了"五谷""六畜"。随着人类生活方式的更新和文明程度的提高，人类可用的物产越来越多。但是，人类所了解的自然界的物产并非是一成不变的，相反由于多种原因，物产种类和数量处在动态变化的过程中。

一是自然原因。随着时代的变迁，自然界的气温、生态环境等也随之发生了变化，变迁之前的物产可能会由于不适应新的自然环境而出现灭绝的情况。

二是人类原因。远古的时候，人类的数量非常少，居住分散，对自然界的影响较小。随着时间的推移，人类的数量逐渐增加，后来出现了几次人口大爆发时期，而人类数量的增大，造成了人类活动范围的扩大和对自然界资源的需求量增加，如森林的砍伐、动物的捕猎、耕地的开垦、垃圾的处理等，都对自然界和物产的存亡造成了很大的影响。

三是新物产的原因。随着交通运输渠道的发展，不同地域的人群之间的交流程度也日益密切。在互相交流的过程中，经常会发生物产的引种和推广现象，如西汉张骞出使西域带回了很多新的物产、明代美洲作物的引入和传播等。有些新引入的物产适应性强、种植简单、产量高，逐渐成为人们生活中的主角，逐渐取代了本土的一些物产，导致本土物产的消失。

以上仅分析了一部分原因，事实上，还有更多更深层次的原因，共同导致物产的变迁。研究物产的变迁是一件意义重大的事情，然而在传统的研究中，手工劳作方法见效慢、工作量大、时间久。

本节内容以《方志物产》山西分卷为例，通过物产在时空上的关联关系，一方面，探讨随着时间的推移，物产消失或者新增的概况；另一方面，探索物产的多产地、特产地以及地区的物产丰富程度等。

一、物产时空信息的预处理

《方志物产》山西分卷共 13 本、约 43 万字，记载了从明成化二十一年（1485年）至民国二十九年（1940 年）间山西境内的物产及相关信息，共记载了 51 545条物产信息。实现物产在时空范围上的变迁研究，需要进行以下 4 个方面的说明：

1. 数据源筛选

由于文本记载的缺陷，有些物产名称呈现出不完整性，在分析时空范围上的物产变迁时，不完整的物产名称价值不大，因此在选取数据源时将其删去，只选取物产名称完整的物产信息。

2. 物产名称规范

虽然物产名称是完整的，但是也存在同物异名的现象，首先根据前文别名的研究以及人工判断，对物产名称进行一定程度的规范化处理，尽可能降低信息的冗余。

3. 物产时间确定

根据《方志物产》的记载特点，所有的物产都记载在某一本志书上，这个志书有撰修时间，便以志书撰修的时间作为跟物产相关的时间。也就是说，该物产在该时间有产出。

4. 物产地点确定

如同物产时间的确定一样，记载物产的志书除了有撰修的时间信息以外，还有地点信息，表达的是该志书记载的是哪个地方的物产，便以这个地点作为跟物产相关的地点。也就是说，该物产产于该地点。

经过以上 4 个步骤的处理，得到了基本的数据源，即物产在何时产于何地。

二、物产在时间上的变迁

《方志物产》山西分卷中物产的记载时间从 1485 年至 1940 年，共 455 年之久。在 455 年的时间区间上，有明确年份记载的有 156 年，物产名称经过规范化处理，共得到 4 350 个不同的物产名称。为了更加清晰地展现物产的变迁结果，以 455 年为跨度，将时间分为不同的区间，再按照不同的时间区间进行分析。

首先，有明确记载的 156 年分布并不均匀。从不同的时期分析，有的时间分布相对紧凑，如清康熙和乾隆时期，修志频率较其他时期高，康熙时期有记载的年份为 30 年，乾隆时期有记载的年份为 31 年；有的时间分布相对分散，如明崇祯和弘历时期有记载的年份均为 1 年。从不同的朝代分析，有的朝代记载年份多，有的朝代记载年份少，其中，明代有记载的年份共有 31 年，清代有 106 年，民国时期有 19 年。如果按照原始年份进行统计，一方面，时间信息众多，不利于信息发现和图片展示；另一方面，年份的分布差异性大，且物产的记载受志书数量的影响较大，干扰最终的分析结果。

其次，在时间段的划分上，为了保证区间划分的合理性，采用多区间的方式，即将年份根据不同的标准，划分成不同规模的时间区间，从多个角度研究和分析物产的变迁，从而得出较为合理的结果。本研究按照 10 年、20 年、30 年、50 年、100 年的时间区间为划分标准，对时间信息进行切分。图 5 - 24 是 20 年时间分区下物产数量和种类的变化情况。

173

图 5-24　20 年时间分区下的物产分布

研究物产随时间的变迁，可以分为两个方面：一是原有物产随着时间的迁移而消失；二是随着时间的迁移，原来没有的物产开始出现。

1. 物产在时间线上的消失

随着时间的变迁，部分原有的物产逐渐消失。消失的意思是在时间线的开始阶段还有记载的物产，在此后的任何时间段都没有记载。根据 10 年、20 年、30 年、50 年、100 年的划分区间，分别统计在不同的时间划分情况下，植物、动物、货物三大类别中物产消失的情况。

在社会网络分析过程中，采用的具体方法：先找出第一个时间分区内的物产名称，提取出与这些物产名称相关联的其他时间分区，得到的孤点就是消失的物产。

由表 5-16 可以看出，以 10 年、20 年、30 年为划分区间的孤点数量统计比较稳定，50 年分区也有所波动，而 100 年的分区则波动最大。因此，在分析的过程中，选择 30 年、50 年为划分区间对植物、动物、货物进行分析。

表 5-16　植物、动物、货物在不同时间分区的孤点情况

时间分段标准	植物孤点	动物孤点	货物孤点
10	11	1	6
20	11	1	6
30	11	1	6
50	20	1	8
100	78	35	25

（1）植物。《方志物产》山西分卷中共记载植物 2 113 种，包含了谷属、菜属、果属、瓜属、木属、药属、花属、草属 8 个类别。从图 5 - 25 中，并不能直观地发现有哪些物产是随着时间的推移而消失的。可以借助社会网络分析技术中的自我中心网络进一步分析。首先，抽取第一个时间分区内的物产信息，也就是 1484—1515 年的物产名称，示意图见图 5 - 26。

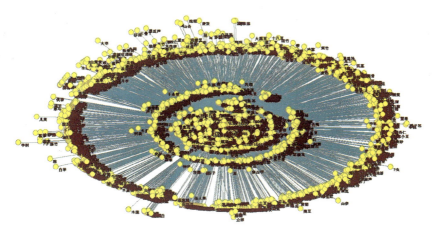

图 5 - 25　30 年时间分区下的植物类物产与时间的关系示意图

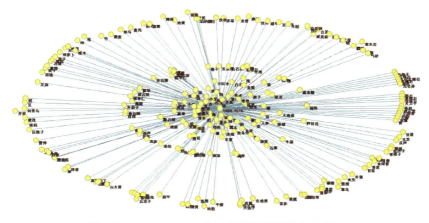

图 5 - 26　1484—1515 年记载的植物类物产示意图

1484—1515 年的植物类物产共有 226 种。以这 226 种植物类物产作为《方志物产》山西分卷中最早记载的植物类物产，观察它们在 1515 年以后还有没有记载。如果有记载，就代表没有消失；如果没有记载，就代表已经消失。接下来，在 1484—1515 年的自我中心网络的基础上，选取 1484—1515 年的2 - 步中心网络。

从图5-27中可以看出，存在11个孤点，分别是草马、猪苓、茯苓、伏神、瓜芦、黄、虫实、山柴胡、苏香、矾石、山太黄。

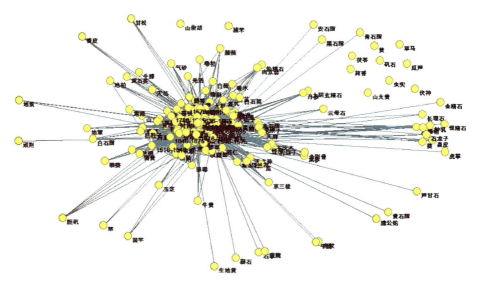

图5-27　30年时间分区下植物类物产孤点发现示意图

根据相同的操作步骤和原理，对植物类物产在50年的时间分区下进行相同的操作，示意图见图5-28。可以看出，共存在20个孤点，分别是草马、猪苓、茯苓、伏神、黄、瓜芦、虫实、山柴胡、苏香、矾石、山太黄、菱茨、萑、莎茜、三春丫、遂瓜芦、蛇稍、鹭鸶藤、山杏、芷壳。

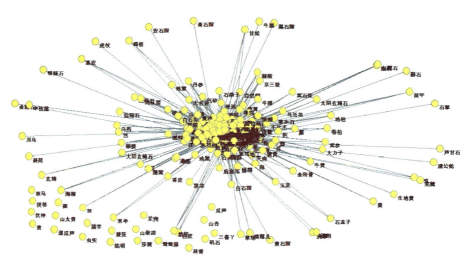

图5-28　50年时间分区下植物类物产孤点发现示意图

（2）动物。《方志物产》山西分卷中共记载动物 1 007 种，包含毛属、羽属、虫属、水产属 4 个类别，示意图如图 5 - 29。

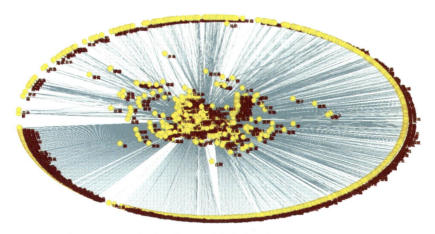

图 5 - 29 30 年时间分区下动物类物产与时间的关系示意图

同样，这样庞大而复杂的图片，很难给人明显的特征和知识，需要借助社会网络技术中的自我中心网络来具体分析这个整体网络，选取 1484—1515 年动物类物产的名称，示意图见图 5 - 30。

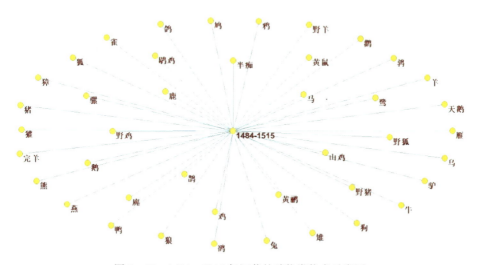

图 5 - 30 1484—1515 年记载的动物类物产示意图

1484—1515 年志书记载的动物类物产共有 42 种，但是仔细观察可以发现，这 42 种物产只包含了毛属和羽属两类物产，如"鹖鸡、半痴、天鹅、山鸡、雉、鸦、雀、鹊、鸽、鸡、鹅、鸭、鸠、燕、鹭、雁、鸽、鹑、野鸡、鹳、黄鹂、乌"22 种物产属于羽属，"熊、獐、鹿、麂、獾、野猪、野羊、马、牛、羊、完羊、黄鼠、兔、狼、狐、骡、猪、狗、野狐、驴"20 种物产属于毛属。并未见这一时期有虫属或者水产属物产的相关记载。

接下来，对 1484—1515 年记载的 42 种动物与其他时间分区进行关联，展示出 1484—1515 年的 2-步自我中心网络，示意图见图 5-31。

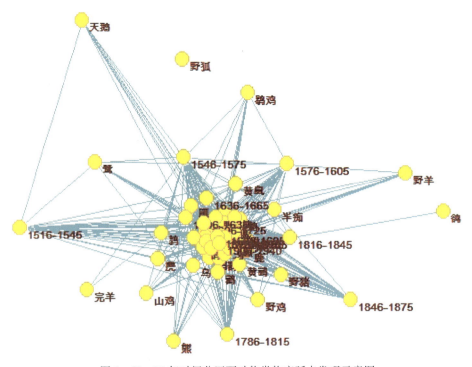

图 5-31 30 年时间分区下动物类物产孤点发现示意图

30 年时间分区下第一个时间分区中的物产与其他时间分区的关系图中只有 1 个孤点存在，即野狐。也就是说，只有这 1 个物产仅在 1484—1515 年有过记载，之后再无记载。

了解 30 年时间分区动物类物产消失的情况后，继续按照 50 年为时间分区进行划分，进行结果对比，选择更加合理的划分区间。从图 5-32 中可以看出，50 年时间分区和 30 年时间分区所得到的孤点情况是一致的。

（3）货物。《方志物产》山西分卷中共记载货物类物产 353 种，有自然界或者动植物直接产出的货物，如羊毛、棉花、各种矿石等；也有经过人为加工而成的货物，如帕、布帛、油料作物炸出的油、粮食或者水果等酿成的醋和酒等。货物在时间线上的社会网络示意图如图 5-33 所示。

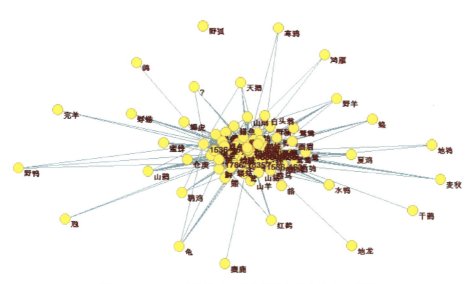

图 5 - 32　50 年时间分区下动物类物产孤点发现示意图

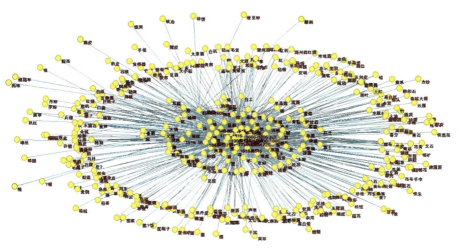

图 5 - 33　30 年时间分区下货物类物产与时间的关系示意图

　　首先，根据 30 年分区的时间划分，以 1484—1515 年为中心，提取它的个人中心网络，展示在 1484—1515 年《方志物产》山西分卷中记载了哪些货物类物产，示意图见图 5 - 34。

　　1484—1515 年，《方志物产》山西分卷记载货物类物产 30 种，有自然界产出物，如"石碌、片碌、罗粉、土粉、丹粉、银朱、蓝、盐、硝、矾、石炭、银"等；也有植物产出物，如"红花、紫草、赤木、漆木、棉花"等；还

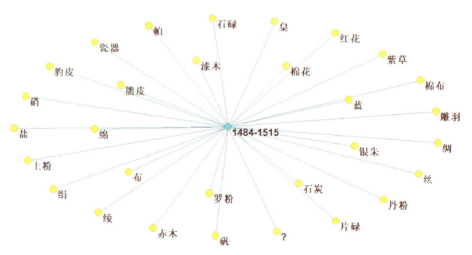

图 5-34 1484—1515 年记载的货物类物产示意图

有动物产出物，如"丝"等；人为加工而成的产出物，如"绸、瓷器、布、绢"等。

要挖掘 1484—1515 年的货物类物产随着时间变迁而消失的情况，需要提取以 1484—1515 年为中心的 2-步自我中心网络，寻找网络中存在的孤点，示意图见图 5-35。

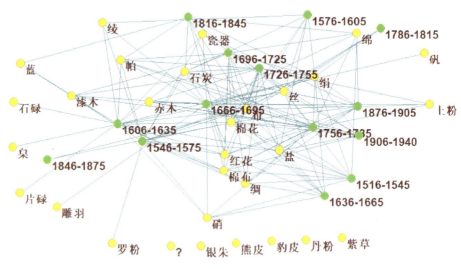

图 5-35 30 年时间分区下货物类物产孤点发现示意图

图 5-35 中共有 6 个孤点存在，分别为"?、银朱、豹皮、熊皮、丹粉、紫草"，其中，"?"在文中是"砷"，但是由于字体编码系统不同等原因，在图

180

中未能显示出该字，仅以"?"代替，在此特作说明。

从图5-35、图5-36可以看出，前者比后者消失的物产多了"银和线"两种。

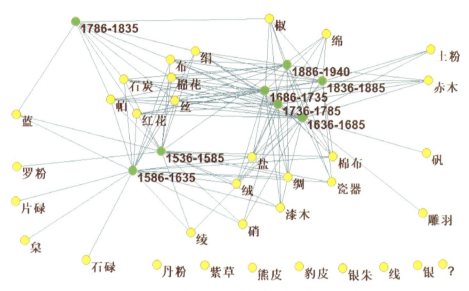

图5-36　50年时间分区下货物类物产孤点发现示意图

2. 物产在时间线上的增加

物产在时间线上的增加是指在时间段的开始阶段没有出现某物产的记载，随着时间的推移，逐渐出现在了以后时间段的记载当中。在研究《方志物产》山西分卷中物产在时间线上的增加时，本研究将时间分区的最后一个时间段中的物产与其他时间段的物产进行关联，如果出现孤点，则该物产就是新增的物产。在时间段的划分中，依然采用10年、20年、30年、50年、100年的方式（表5-17）。

表5-17　植物、动物、货物在不同时间分区的孤点情况

时间分区（年）	植物孤点	动物孤点	货物孤点
10	25	32	4
20	139	62	12
30	267	115	22
50	269	116	24
100	269	116	24

根据表 5 - 17 统计的情况，选取数据较为稳定的区间，即 50 年的分区为划分标准。

据研究，中国引种域外作物主要分为以下 4 个阶段：一是汉武帝时期，汉武帝于建元三年（公元前 138 年）和元狩四年（公元前 118 年）先后 2 次派张骞出使西域，联络西亚各国，共同抵御匈奴，张骞的出使为我国带来了苜蓿、葡萄、胡桃、胡蒜、胡荽、胡瓜、胡麻、胡豆等作物；二是唐代，当时我国与西域的交往非常频繁，又有一批作物引入我国，如波斯枣、偏桃、婆那娑、齐暾果、胡椒、底称实、阿月浑子、菠菜、西瓜、莳萝等；三是宋元时期，又有不少域外作物随着海上丝绸之路的兴盛而传入我国，如占城稻、胡萝卜、凉薯等；四是美洲作物的传入，如南瓜、番薯、玉米、烟草、花生、马铃薯、辣椒、番茄、菜豆、结球甘蓝、花菜、洋葱、杜果、番荔枝、菠萝、番木瓜、陆地棉、向日葵等（闵宗殿，1991；邓啟刚，2013）。

《方志物产》山西分卷记载的时间从明成化二十一年（1485 年）开始，此时大约处于明代中期，明代之前传入我国的域外作物的种植情况基本稳定，而美洲作物的引种、传播和本土化还在进程当中。传入中国的美洲作物主要有粮食作物、蔬菜类、瓜果类、货物类等几类。所以，在考察《方志物产》山西分卷中记载的物产在时间线上的增加情况时，选择了谷属、菜属、果属、瓜属、货属等为例进行一一分析。

由于研究方法、思路和步骤都跟物产在时间线上的消失非常相似，这里就不详细展示步骤，仅呈现结果。

（1）谷属。谷属中以粮食作物和油料作物等为主，共包含 176 种物产，以 50 年为划分区间，共得到 9 个时间分区。选取最后一个时间分区（1886—1940 年）作为顶点提取它的自我中心网络，再以它的自我中心网络中的物产为中心选取各自的自我中心网络，这样组成的集合为谷属的目标集合。计算谷属目标集合中顶点的点度，从中提取点度为 0 的顶点，就得到了《方志物产》山西分卷记载的谷属中最后 50 年新增的物产名称，示意图见图 5 - 37。可见，谷属中最后 50 年新增的物产有 15 个，分别为"禾、甘薯、亚麻、蓖麻子、山药、野豌豆、板豆、菜姜、杂豆、单麻、玉谷、真绿豆、大红豆、铁豌豆、洋麦"。

（2）菜属。菜属主要以蔬菜类物产为主，共包含 498 种物产，以 50 年为划分区间，同样得到了 9 个时间区间。选择最后一个时间区间（1886—1940 年）作为观察点提取它的个人中心网络，再以该中心网络中的物产名称为观察点提取它们的自我中心网络，这样就得到了菜属的目标网络。计算该目标网络中所有顶点的点度，选取点度为 0 的顶点，就是《方志物产》山西分卷记载的

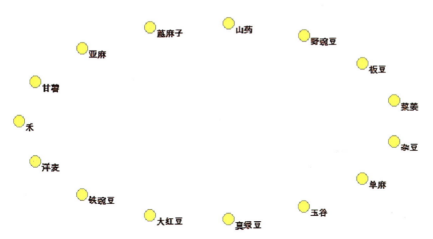

图 5-37 50 年时间分区下谷属新增物产示意图

菜属物产在最后 50 年新增的种类，示意图见图 5-38。可见，菜属中在最后 50 年新增的品种较多，有 31 个，分别为"牛肚菘、地耳、猴蕈、蓁椒、苦筸、黄花蕨菜、木菌、落葵、土菌、芥圪塔、人寒、芦笋、雪里红、红薯、土豆、银条、洋姜、菜防风、青蓝、马铃薯、草蓝、大葱、红芋、辣菜、甘蓝、青笋、羊须、长角、肉角、人齿、野蒜"。

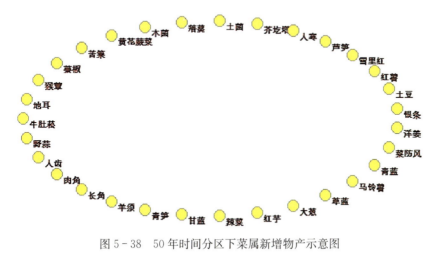

图 5-38 50 年时间分区下菜属新增物产示意图

（3）果属。果属中主要是水果类的物产，共 167 种，同样以 50 年为划分区间，得到了 9 个时间区间。选择最后一个时间区间（1886—1940 年）作为观察点提取它的个人中心网络，再以该中心网络中的物产名称为观察点提取它们的自我中心网络，这样就得到了果属的目标网络。计算该目标网络中所有顶点的点度，选取点度为0的顶点，就是《方志物产》山西分卷记载的果属物产在最后50年新增的种类，示意图见图5-39。可见，果属中在最后50年新增的品种有17个，分别为"山红果、君迁子、八旦杏、牛李、喝果、蜜果、藏葡萄、江石榴、红茄、糯枣、野杏、野桃、红梅、家杏野李、野梨、家梨、浆果"。

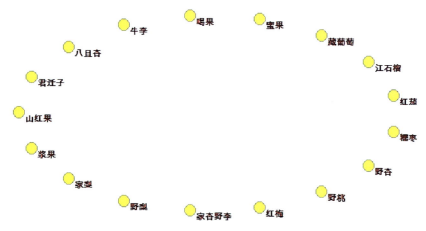

图5-39 50年时间分区下果属新增物产示意图

（4）瓜属。瓜属中主要是瓜类的物产，如西瓜、香瓜等，共65种，同样以50年为划分区间，得到了9个时间区间。选择最后一个时间区间（1886—1940年）作为观察点提取它的个人中心网络，再以该中心网络中的物产名称为观察点提取它们的自我中心网络，这样就得到了瓜属的目标网络。计算该目标网络中所有顶点的点度，选取点度为0的顶点，就是《方志物产》山西分卷记载的瓜属物产在最后50年新增的种类，示意图见图5-40。可见，瓜属中在最后50年新增的品种有12个，分别为"绞瓜、翠瓜、醋注、瓢、土瓜、展布瓜、腌瓜、瓜芦子、莴瓜、打瓜、挞瓜、普通南瓜"。

（5）货属。货属物产与货物类物产是一样的，共353种，同样以50年为划分区间，得到了9个时间区间。选择最后一个时间区间（1886—1940年）作为观察点提取它的个人中心网络，再以该中心网络中的物产名称为观察点提取它们的自我中心网络，这样就得到了货属的目标网络。计算该目标网络中所有顶点的点度，选取点度为0的顶点，就是《方志物产》山西分卷记载的货属物产在最后50年新增的种类，示意图见图5-41。可见，货属中在最后50年新增的品种有24个，分别为"蒲纸、蒲笔、火腿、松花、藡、皂角、靛蓝、水烟、白麻纸、茶叶、谷糖、毛纸、花青、草帽、笼儿、笼驮、架子、松烟、松煤、白纸、苇箔、窑矾、编造、粘"。

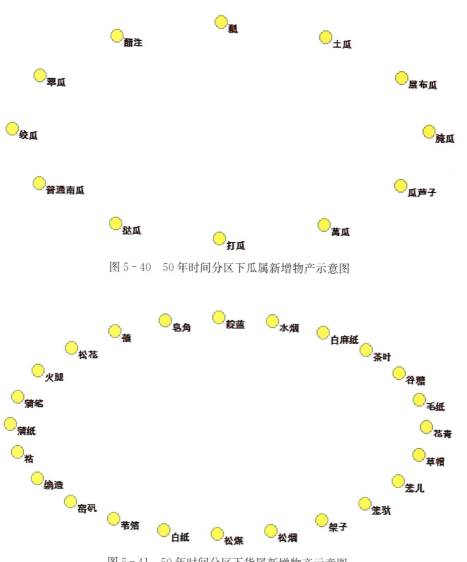

图 5-40 50 年时间分区下瓜属新增物产示意图

图 5-41 50 年时间分区下货属新增物产示意图

3. 结果分析

从以上的测试结果可以发现，有些原有物产虽然在消失的物产中，但是并不一定代表就完全消失了，也有可能是换了一个名称记载。同样的，有些物产即使在新增物产的结果中，也并不一定代表这个物产一定是新引种的，也有可能是原有物产的一个新的品种或者名称。有以下 3 个方面需要说明：

（1）由于本研究中的物产名称规范程度不高，因此在网络数据中仍然存在同物异名的现象，而由于物产名称的不同，导致在寻找消失的物产或者新增的物产时，会成为一定的干扰因素。所以，最终得出消失的或者新增的物产名称不一定全部准确，在实际的研究应用中，如何辨析、利用这些结果仍是需要考虑的问题。

（2）物产的消失有很多原因，有的是因为自然环境的变迁，不适宜物产的生存，有的是因为被新物种所代替，有的是因为政府的政策导向。新增的物产有的是域外引种的，有的是国内其他省份引种的，也有的是原有物产的新品种。

（3）本研究仅仅是以《方志物产》山西分卷记载的物产信息为依据，进行客观的分析，没有开展考证工作，也没有掺杂主观的人为因素，研究的目的是为农史研究人员提供一种资料参考和探索视角。

三、物产在空间上的变迁

物产除了会随着时间的变化而发生变化以外，还会根据空间的不同而发生变迁，如物产从一个地方传播到另一个地方。研究物产在空间上的变迁，有利于更好地梳理物产的起源、传播以及对社会的影响等，可以更好地为农业史和区域史服务。

《方志物产》山西分卷中记载的 51 545 条物产信息中，除去物产名称不全的，共得到 50 603 条与地名有关的物产信息，分别分布在山西省的大同府、汾州府、平阳府、平定州、潞安府、朔平府、代州、忻州、宁武府、保德府、太原府、辽州、沁州、霍州、隰州、泽州府、绛州、解州、蒲州府 19 个府州。

研究物产在空间上的变迁，主要是通过物产和地点的关联关系，探索哪些地区的物种比较丰富、哪些地区的物产总量比较大、哪些物产的产地比较广泛、哪些物产是某地的特产等。

在经过初步的物产名称规范化之后，共得到了 3 090 种物产名称和相关的 19 个府州名称，以及它们之间的关联关系 10 875 对。物产—地名的整体网络是一个庞大的联通网络，其中不存在孤点或者孤立的子网络，网络密度为 0.185 232 50，连通性较强，平均点度为 6.995 818 59，表示平均每个顶点大约与其他 7 个顶点相连。

首先，考察不同地点的物产种类丰富程度，通过 Pajek 提供的 partition - degree 功能计算顶点的点度，通过 vector - centrality - degree strength 功能计算顶点的点强度，提取出山西省 19 个府州对应的点度和点强度数据，见表 5 - 18。

表 5 - 18　物产与地名网络中顶点点度统计

地　　名	点　　度	地　　名	点强度
平阳府	1 293	平阳府	11 107
太原府	1 038	太原府	5 825
绛州	739	潞安府	4 645
汾州府	731	汾州府	3 516
大同府	707	绛州	3 104
蒲州府	621	泽州府	3 080
潞安府	613	大同府	3 017
霍州	584	蒲州府	2 336
解州	582	平定州	2064
代州	490	霍州	1 842
泽州府	489	解州	1 693
沁州	476	代州	1 432
平定州	470	朔平府	1 367
隰州	459	沁州	1 315
朔平府	370	辽州	1 294
保德府	356	隰州	1 224
忻州	352	保德府	797
辽州	343	忻州	744
宁武府	162	宁武府	201

　　府州的点度表示该府州所见的物产种类的数量，点度反映的是物产种类的分布情况。总体而言，山西南部物产种类丰富，北部物产种类较少。具体而言，点度最高的府州是平阳府，其次是太原府，宁武府的点度最低，表示山西省内的各府州之中，以平阳府和太原府的物产种类最为丰富，宁武府的物产种类最少。

　　点强度考虑了点度和线值的双重因素，表示一个府州的物产种类和记载的次数，反映的是物产总量的分布情况。总体而言，平阳府的物产总量远远超过其他府州，宁武府的物产总量仍然是最少的，其余各府州的排序与物产种类的丰富程度顺序有些许区别。

　　无论是在物产种类还是物产总量上，平阳府在山西省内都是最为丰富的府州。主要有以下 8 个方面的原因：一是历史悠久，为尧舜之都，据清雍正《平

187

阳府志》记载："平阳隶古冀州，自禹奠九州，以至于今，未之有改也。秦汉以来，为国、为郡、为镇、为州、为府、为道、为军、为路，徒割既殊，称名亦异。然图籍犹存，可考而见。至若秦汉而上，但存大略，其详不可得闻矣。"二是土地面积大，平阳府境内有临汾盆地，提供了适宜耕种的土地环境。三是人口众多，清雍正《平阳府志》记载有人口约二十一万六千人。四是水系发达，外有黄河、沁水、汾水等大河水系流经平阳府境内，内有涝水、平水、浍水、涧水等。五是气候温暖，平阳府地处山西之西南方，位于黄河之畔，气候温暖，适宜农作物的种植生产以及物产的繁衍生存。六是广修水利，"平阳地多高仰，灌溉为难，汾平浍涝环绕境内，而咨其利者什不二三"。为了充分利用平阳府境内的水系，当地人们修建了很多水利工程。例如，临汾知县刑云路修的防止涝水渠障水的千金堰、浮山县村民引源出东山的水流灌溉农田的柏河水与杨村河、岳阳县修建的大涧渠可以灌溉农田七顷七十亩等。七是经济发达，清雍正《平阳府志》在《田赋》中称平阳府"有人有土有财有用，自古王者體国经野，罔不以此为首务"。八是志书量大，有关平阳府及其辖区的志书多达 52 种，时间从明代至民国，是所有府州当中志书量最多的地区。

宁武府无论是在物产的丰富程度还是总体数量上都处于最后一位，究其原因，主要是因为：地处山西北部，面积狭小，土地耕种面积更小，乾隆十至十二年统计的人口共有约十二万，仅为平阳府的一半；山西北部天气寒冷，水资源匮乏，不利于物产的繁衍生息；宁武府的第一本志书为清乾隆年间的《宁武府志》，而《方志物产》山西分卷中仅摘抄了有关宁武府的 3 本志书，均为清代所编纂，志书记载量的多少也是反映物产丰富程度的指标之一。

其次，考察物产的分布程度。从上述计算出的物产-地点网络的点度和点强度数据中提取物产顶点点度和点强度信息，进行排序以及分布统计，见表 5-19。

表 5-19　物产与地名网络中点度与点强度数据统计

点　　度	物产数量	点强度	物产名称
19	59	322	芍药
18	38	276	黍
17	35	260	韭菜
16	35	260	柳
15	26	260	榆
14	32	259	槐
13	29	255	葱

（续）

点　度	物产数量	点强度	物产名称
12	31	254	松
11	42	251	柏
10	27	250	桃
9	30	249	芥菜
8	42	249	蒜
7	61	249	枣
6	86	248	茄
5	93	247	稷
4	132	244	萝卜
3	190	242	梨
2	382	242	李
1	1 720	242	兔

　　点度表示一个物产在多少个府州有记载，点度最高值为 19，对应的物产数量为 59，就表示有 59 种物产在山西省境内的 19 个府州均有记载，即山西全境皆有。这 59 个物产分别为"艾、白菜、柏、扁豆、苍术、车前子、葱、地骨皮、凤仙花、鸽、狗、黑豆、狐、葫芦、黄精、黄芩、鸡、鸡冠花、芥菜、韭菜、菊花、苦荬、狼、柳、萝卜、骡、驴、麻、马、蔓菁、猫、牛、牵牛花、荞麦、芹菜、雀、鹊、山丹、芍药、蛇、石竹花、黍、水红花、松、蒜、兔、豌豆、王瓜、杏、萱草、鸭、燕、羊、杨、益母草、榆、芜荑、雉、猪"，主要包括植物和动物两大类，动物又以毛属和羽属为主，植物包含谷属、菜属、果属、药属、花属、木属、瓜属、草属的部分物产。

　　点强度表示一个物产在点度和线值的双重影响下排名靠前，反映了该物产的产出范围和产量都比较突出，表 5-19 中列举的是点强度的前 19 个物产。芍药的点强度最高，可以看出芍药在山西的流传程度，它不仅观赏价值高，同时还具有食用和药用价值。木属中"柳树、榆树、槐树、松树、柏树"的点强度较高，这些都属于抗寒耐旱的树种，适合山西寒冷干旱的气候，且木质坚硬，可做家具、房屋等多种用途，比较实用。另外，点强度较高的还有果属中的"桃、枣、梨、李"，这几种水果直到现在都非常有名；谷属的"黍、稷"二种记载量较大，可见山西省当时大概以小米为主食；菜属中的"韭菜、葱、蒜、萝卜、芥菜"也都是耐寒耐旱的蔬菜品种，能够适宜山西的自然环境。动

189

物类中以"兔"的点强度最高。

点度和点强度的最小值均为 1，表示这些物产仅在某一地记载了一次，属于出产较少的物产，且产地比较单一。例如，水产属中的"鳟"主要产于黄河之滨的绛州。

为了进一步明确山西的主食结构，选取了粟、稻、麦 3 种典型的物产做了数量统计，图 5 - 42 是粟、稻、麦 3 种物产的记载量以及每个时期志书量的折线图。可以看出粟的量最大、麦次之、稻最少，而粟、麦、稻、志书四者的数量变化趋势基本一致。

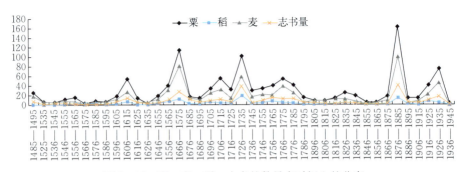

图 5 - 42   粟、麦、稻、志书的数量在时间上的分布

物产记载量的多少往往跟志书的成书量有着直接的关系，为了平衡不同时期志书量的影响，将物产量除以志书量，得到平均一本志书记载的物产量，见图 5 - 43。可以看出，在所有的记载时间内，稻的记载量都是最小的；粟的记载量超过麦的记载量，但是存在 2 个特殊的时期：一是 1626—1635 年，麦的记载量甚至超过粟；二是 1676—1685 年和 1856—1875 年，二者的记载量几乎相同。

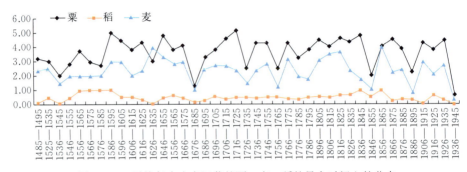

图 5 - 43   平均每本志书记载的粟、麦、稻的量在时间上的分布

四、单一物产在时空上的变迁

前文研究了大量的物产分别在时间和空间的分布状况。接下来，选择某个特定的物产，从时间和空间相结合的角度上，综合分析其在山西境内的传播过程。

在众多的物产中，因为棉花不是我国的原产物产，所以选择棉花作为研究对象，棉花有引种、推广的逐步过程，有利于进行阶段性的研究。我国种植的棉花主要分为两类：一类是亚洲棉，另一类是草棉。学界认为，亚洲棉的原产地应该是印度，而草棉的原产地应该是美洲。棉花传入我国的路线可以划分为 3 条：一是由印度传入新疆，从印度开始，沿着印度河，传入伊朗，再传入我国新疆，继而传到河西走廊一带；二是由缅甸传入云南、贵州等地，棉花很早就由孟加拉国传入缅甸，云南与缅甸接壤，所以传入云南；三是由越南传入海南、福建、广东、广西等地，我国和越南自古就有良好的外交和贸易关系，且土地相互接壤，为物产的传播提供了条件，在西汉末年，棉花经海路传入我国（汪若海，1991；石声汉、李凤岐，1981；刘咸、陈渭坤，1987）。

棉花传入我国之后，华南地区和新疆地区一直是我国主要的产棉区，长江流域和黄河流域的棉花种植较晚。宋、元前，长江流域和黄河流域的人们主要以丝和麻作为衣被的主要原材料，而当时的丝麻制品基本能满足人们的日常需求，因此不急于引种棉花；棉花加工技术的改进和北传较迟，直到黄道婆改良了弹棉花的技术，才有了真正可以推广的棉花加工技术；棉花叶子大而密，棉桃结于枝叶之间，成熟时间长，对日照时间、温度、湿度等都有一定的要求，不适合北方高纬度的环境（于绍杰，1993）。

在山西，明成化二十一年（1485 年）最早出现了"棉布"的记载。清乾隆十九年（1754 年）《蒲州府志》和清光绪十二年（1886 年）《永济县志》都记载了山西棉花的来源地，"种自河南，至甚久。晋省诸郡皆有之，唯永乐所出独多，性宜沙土，疏而易达，永乐人艺者于河壖，不计顷亩，岁无霖潦及河水所败，则大收，缊絮御冬及供织纺赖其用焉"，可以推测山西的棉花极有可能来源于河南地区。

本研究提取了与棉相关的物产名称及其记载的时间和地点信息，如"棉、棉花、棉布"等，制作物产与时间和地点的关联关系。由于单纯的社会网络分析提供的图片不能直观地展示棉花在山西随着时间和空间变迁的特点，故借助 R 语言将网络关系转化成一张时空图，见图 5-44。

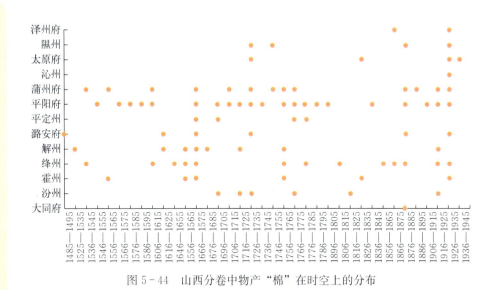

图 5-44　山西分卷中物产"棉"在时空上的分布

　　纵坐标是府州名称，横坐标是时间区间。可以看出，棉花共在山西省 13 个府州有记载，最早是在潞州府，后来传入解州，再到绛州、蒲州，随后山西南部地区几乎都有种植；而北部地区只有大同府有记载，是因为它处在大同盆地，比较适合棉花的种植，但是由于气候寒冷，记载量并不多。南部地区以平阳府的记载量最大，这与平阳府的地理位置和气候条件是分不开的。因为棉花是喜温作物，适合种植在土壤肥沃、水分充足之地，山西南部有汾河、涑河等河流和盆地，日照时间长、土地营养高、灌溉资源多，成为最适宜的棉花种植地。正如民国九年（1920 年）《解县志书》对棉花种植时间和地点的描述："解邑遍地皆可种，惟土质松疏之地，绒细而长，土质刚劲之地，绒粗而短。清明后谷雨前下种最合时，迟不过立夏，一入小满，万不宜种，种则苗而不秀，秀而不实。今年雨泽愆期，小满后方下种，空苗无实者甚多，间有结实累累，及碰开摘花却薄弱无几，大约中伏结实者，花甚佳，小满下种，结实在秋后，非惟花不佳，即实亦多碰不开。此热带物天凉甚不宜，故晋省北不产。"也有人尝试移植到山西北部种植，但结果不尽如人意："近人有用初次所摘花籽在省北一带试种者，虽亦能收，到底不畅旺。天之所生，地之所长，各有相宜之物，若阴阳寒暑此物在吾地万不能生，而必以人力胜之，用力多而收效少亦徒何哉？如莜麦葫麻，省北甚多，省南必不敢试种，此皆限于天时，非人力所能争者。论曰植物分二本，一木本，一草本，谓之木棉，则木本也。吾邑所种者，是草本而兼木质，何以言之高粱苞谷，其长高丈余，茎亦肥壮，然体质薄脆，风日干之，与茅草等。棉花高不过尺许，即弱茎细，枝亦坚劲如木，似非草本。然年年下种，根死茎枯，又非木本（或谓中国地方寒冻死，若不待其枯萎移置地窖中，明春栽之，与新种无异，未知信否？）此在不草不木之间，中国古无此种，流传至今千余年矣。"

第一，棉花的种植和传播受到政府导向的影响。早在元代至元二十六年（1289 年），就设置木棉提举司，责令年输木棉布十万匹；至明代，朱元璋也曾下令，"凡田五亩至十亩者，栽桑、麻、木棉各半亩；十亩以上加倍"；到民国二十九年（1940 年）《榆次县志》记载"邑中气候春寒多风，向不种棉，自民国六年后，省令督饬，乃试种之，近有每亩可获净棉六十余斤者，颇见推广"。这些政策都促进了棉花的种植。

第二，棉花的种植和传播受到棉花科技进步的影响。光绪十二年（1886 年）《虞乡县志》记载了当时棉花的加工技术："境内皆种，宋史照《释文》，木棉，春三月下种，至秋开黄花结实，及熟时，其皮四裂，绽出如绵，工人以铁铤碾去其核，取如绵者，以竹为小弓，长尺四五寸许，牵弦以弹绵，令其匀细，卷为筒，就车纺之，自然抽绪如缲丝状，不劳纽绩，织以为布。"民国九年（1920 年）《虞乡县志》也记载了当时棉花的加工方法："境内皆种，宋史照《释文》，木棉，春三月下种，至秋开黄花结实，及熟时，其皮四裂，绽出如绵。旧法工人以铁铤碾其核，自洋压车轮入，多用此以去核，旧法竟废矣。又以木为弓，长四五尺许，率弦以弹绵，令其匀细，卷为筒，就车纺之，自然抽绪如蚕丝状，织以为布。"前后记载对比可知，民国时期在去籽、弹花等方面的技术均比清代有了很大的提高，推动了棉花的种植。

第三，棉花的种植和传播受到经济价值的影响。民国九年（1920 年）《虞乡县志》记载"除作衣裳被服外，恒作价出售，以故全境妇女织布纺线，一事均优为焉，且木棉之种，近数年年较前更多，尤以奉发美国棉粉收获为慢，东北乡一带，常年用费及封纳粮赋，均视此为转移，外来商人每岁由境内贩运者实繁，有徒盖又地面一大利源也"，可见当时棉花种植量的增多和销售情况。民国九年（1920 年）《解县志书》中记载"五十年前，人稠工贱，一尺之布仅值制钱二十余文"，当时"统计吾解之地，种棉者不过百分之一二"，然而当时"花价腾贵，布几如绸"，于是"风气大开"，达到了"人人有挟纩之乐，家家无断杼之声"的情况，甚至"本地物产惟棉有利，日种日多，恐无置五谷之地。今秋收成稍薄，家家人无粮马无草，里巷谈论，十室九空，问其卖花所得之利，金钱到手挥霍无存，若遇凶岁何以为生"，种棉盛况之下，难掩忧患之情。

在各种因素的推动之下，棉花的品种、产量和种植面积都在不断增加。民国二十四年（1935 年）《荣河县志》记载了当地棉花的品种和产量："河东蒲解各县，本属产棉区域，而荣河尤以棉为特产，大约无村无种棉之户，有地百亩者，即种棉六七十亩，以是商人货之四方，岁数以百万斤计。其棉分有硬棉、软棉、胡棉、洋棉、德国棉、美国脱字棉各种，而以种德、美棉者为最多，约以谷雨节前三后四为适宜，苗既发，须一月三耨，至初伏节，折其顶尖，名曰打花稍，盖必须经此，后棉始横生枝干，而结棉桃，又须将其分枝，各芽剪去，使力不耗散，而棉桃丰大，及桃开绒露，则旋熟旋摘，摊于箔上暴干，以防湿潮腐坏，大都平均收成每亩约纯棉三十斤上下，亦有六七十斤，至八九十斤者则稀矣。盖荣人生活专赖产棉，棉花丰收则衣食用俱足，否则立呈艰困之象，县中风尚大有宁可不种麦而不肯不种棉者也。"山西南部棉花种植由此可见一斑。

总之，根据《方志物产》山西分卷资料所记载的棉花出现的时间和地点，推测山西省的棉花种植推广路线，应该首先是自河南省传入潞州府，然后扩展到山西西南部地区，接着种植至山西中部地区，最后到北部地区，但仍以中南部地区为棉花的主产区，北部地区种植量较少。

本章以命名实体识别的结果为数据源，通过社会网络分析方法，研究了《方志物产》中记载的物产与别名、人物、药用价值、时间、地点等要素之间的关系。在物产与别名的社会网络分析中，分析了物产的别名名称和数量、与别名相关的物产名称和数量等内容，发现物产别名的命名方式多样，不仅同类物产之间存在共有别名的现象，甚至不同种类的物产之间也存在着共有别名的现象；在物产与人物的社会网络分析中，分析了物产引用人物的名称和数量、人物被引用的物产名称和数量、人物的共被引网络等内容，发现被引频率最高的人物以及其他关键人物；在物产与药用价值的社会网络分析中，在词与字两个不同的层面分别分析了物产之间因药用价值相同或者相似而产生的相关性、物产的药用价值名称和数量等内容，发现基于词的物产之间的关联性较小，基于字的物产之间的关联性较大；在物产与时间和地点的社会网络分析中，展示了批量物产随着时间的变迁发生的消失和新增状况，以及单一物产在时空上的传播情况。

本研究以《方志物产》山西分卷为研究语料，从格式化处理到数据库建设，从命名实体识别到社会网络分析，都是根据客观记载进行整理的，并未过多掺杂人为因素，而为了不干扰农史研究人员的需要，笔者对研究结果没有做过多处理，仅是站在历史的视角上引用古籍资料说明一些现象，或者根据个人认识，较为合理地推断一些现象背后的原因等。因此，由于物产名称和相关信息的不完全规范现象，本研究得出的结果可能会存在一定程度的误差，仅为专业研究人员提供相关的资料参考。在实际使用过程中，对于实验结果，如何进行由表面到内在、由表象到本质的解释剖析，判断结果是否合理，并加以甄别利用，还需要进一步考证、辨析和深度解读。

结　语

在信息技术快速发展的背景下，数字人文越来越受到人文学科的关注，目的是通过技术实现不同学科的交流，使得历史学在研究资料、分析方法、叙述方式等方面正发生着变化，催生了数字史学概念。目前，数字史学正处于发展初期，学界尚未形成明确统一的概念，但一致赞同数字史学需要借助新的信息技术实现史料大数据的智能化处理，实现检索、呈现和传播方式的创新，其基础和重点仍然是数据库的建设，目的是通过对海量史料内容进行梳理，发现隐含的信息，靠近更加真实的历史。本研究在数字史学的范畴下，以摘抄自数千部地方志中的物产资料为研究对象，选取《方志物产》山西分卷为研究案例，梳理方志及《方志物产》的发展整理概况，结合文献学、情报学、计算机科学等技术和方法，探索基于《方志物产》文本内容的知识组织研究。

一、研究结果

本研究从基础的资料数据格式化整理开始，到可视化展示和分析结束，整个过程涵盖了基础的数据整理、数据库建设、分类体系构建、基于 CRF 的命名实体识别、基于 GIS 和 SNA 的可视化展示等环节，初步构建了一个相对完整的方志古籍知识组织的研究体系，将数字史学的研究落到了实处。主要实现了以下 3 个方面的创新研究结果：

1. 探索了物产分类体系构建

关于方志古籍中物产分类信息的专题研究较少，已有的研究大

196

多止步于对文献蕴含的物产分类信息的梳理和统计，尚未发现通过现代信息技术进行分类体系重建的研究，本研究尝试进行了方志古籍中物产分类体系重构探索。主要是根据《方志物产》山西分卷中物产分类信息的特点，结合中国物产分类体系的演化进程，设计一套简洁合理的物产分类体系。该体系为三级分类体系：第一级别为物产，表示该资料所记载的内容均为物产相关的内容；第二级别为植物、动物、货物三大类，表示物产整体可以分为 3 个不同的类别；第三级别为 13 个小类，植物类的谷属、菜属、果属、瓜属、花属、木属、草属、药属，动物类的毛属、羽属、虫属、水产属和货物类的货属，每个属类的下面是包含的物产信息。在分类体系确定的情况下，对物产原有的分类信息进行智能优化处理，统一已有的分类信息，补全缺失的分类信息。

2. 创新了命名实体识别方法

命名实体识别是进行知识组织研究的基础，为知识组织提供了关键的数据源。已有研究中关于方志古籍命名实体识别主要采用基于规则的方法，灵活性和可移植性较弱。本研究采用基于统计的方法，引入条件随机场模型，实现了基于机器学习的命名实体自动识别。第一，筛选出物产信息中备注信息不为空的物产；第二，通过人工标注的方式，对备注信息中蕴含的别名、人物、地名、用途、引书等实体加以标注；第三，将标注完成的语料进行乱序排列，平均分成 10 等份，每次选取其中 9 份作为训练语料，剩余 1 份作为测试语料，进行模型构建和测试，重复 10 次；第四，使用命名实体识别技术中的条件随机场模型对训练语料进行学习，提取标注信息的内外部特征，形成特征模板，完成识别模型的构建；第五，用测试语料检测识别模型的识别效果，以召回率、精确率、调和平均值为测试指标，判断模型的识别程度。测试结果显示，地名的识别效果最好，别名和引书的识别效果次之，用途和人物的识别效果较低。

197

3. 尝试了关联数据可视化技术

关联数据可视化是知识组织的核心，通过可视化结果可以实现知识发现的目的。已有研究中关于方志古籍关联数据可视化的研究技术主要集中在 GIS 的应用上，从空间分布的角度进行分析。本研究在关联数据可视化的应用上，不仅应用了 GIS 技术，站在时空交叉的角度，展示了物产总量、物产种类、物产分类等信息在山西省的时空分布。更重要的是，引入了社会网络分析技术，在条件随机场模型识别的基础上，根据物产名称与识别对象之间的对应关系，提取物产与别名、物产与地名、物产与人物、物产与药用价值、物产与时间等多种类型的关联数据，制作成社会网络分析所需要的数据源，通过社会网络分析软件 Pajek、VOSViewer 等实现社会网络的绘图。然后，从宏观层面的整体网分析，到中观层面的局部网分析，再到微观层面的个体网分析，研究各个网络的结构和蕴含的知识，如在物产与别名的社会网络中，可以显示 1 个物产有多少个别名，每个别名记载的次数是多少，而 1 个别名同时可以成为多少个物产的共同别名，是否有不同类别的物产具有相同的别名；在物产与人物的社会网络中，可以显示 1 个物产引用了多少人物，每个人物的引用次数是多少，1 个人物被多少个物产引用过，人物的共被引网络中可以探查中介人物、明星人物、最佳的信息传播人物；在物产与时空的社会网络中，可以分析不同地区的物产丰富程度以及不同物产的区域分布，展示物产随着时间的变迁发生消失或者新增的内容，也可以研究指定物产在时空上的变迁路线；在物产与药用价值的社会网络中，可以从描述物产药用价值的词级别和字级别的不同层面，展示具有相同药用价值的物产信息。

二、研究结论

数字史学的关键是信息技术的应用，而研究中使用的技术是否能够实现数字史学研究的目的，是每一个进行数字史学研究都要考

198

量的指标。本研究所采用的主要研究方法是条件随机场和社会网络分析，条件随机场是基础，识别出物产备注信息中的各类命名实体；社会网络分析是主体，对条件随机场的识别结果进行可视化的关联分析，达到知识展示和知识发现的目的。二者结合取得了较好的研究效果，适合在更大范围内推广应用在方志古籍的知识组织研究中。

1. 条件随机场模型有效提升了命名实体识别效果

通过条件随机场模型，进行了别名、地名、人名、引用名、用途名等命名实体的识别。其中，别名、地名、引用名的识别效果较好，精确率的平均值分别达到了 93.52％、95.48％、91.25％，比前人基于规则的方法提高了 20 个百分点；与精确率相比，整体召回率偏低，平均值分别为 80.63％、86.04％、83.47％，除了地名识别结果比前人研究稍高，别名和引用名的识别甚至比前人基于规则识别的研究稍低。其原因是在一定量的语料范围内，人工整理规则越全面，召回率就越高，而机器学习的结果对命名实体的覆盖面可能不全，导致了召回率偏低。另外，人名和用途名的识别效果与别名、地名和引用名的差距较大，精确率的平均值为 72.31％、72.32％，召回率的平均值为 59.09％、71.17％。其原因是人名和用途名的出现规律性不强、特征不明显，导致计算机构建的识别模型覆盖率较低。

由别名、地名、引用名的识别效果与前人研究的对比结果可得，条件随机场模型在《方志物产》的内容识别研究中是适用的，且能够取得更好的识别效果，对人名和用途名的首次尝试识别虽然未达到理想效果，但也是有价值的探索，在未来的研究中需要完善识别方法、提升识别效果。

2. 社会网络分析深入推进了方志古籍知识组织进程

以条件随机场对《方志物产》内容识别的结果为数据源，通过社会网络分析技术，提取物产与别名、地名、人名、药用价值、时间等命名实体之间的关联关系，并进行可视化的展示，借助社会网络分析技术提供的分析视角，探索了物产与各类命名实体的内在关系，达到了查询、展示、分析的目的，通过查询和展示为农史研究人员提供了参考资料，通过关联展示为农史研究人员开拓了研究思路。因此，社会网络分析同样适用于《方志物产》的内容挖掘，可以根据农史研究人员的需要灵活地进行资料的查询、展示、关联和知识发现。

三、研究展望

本研究首次使用条件随机场模型和社会网络分析技术实现了《方志物产》山西分卷内容的知识组织研究，初建了一套相对完整的方志古籍知识组织体系。这只是深入文本内容进行知识组织的一个开端，仍需通过多方法、多语料的尝试，不断深入探讨和完善古籍整理的新模式。结合本研究进行中存在的一些不足之处，在进一步的研究中，需要不断探索、拓展和深化，改进工作思路，提升技术方法，完善研究体系。

1. 初步构建一套相对完整的方志古籍知识组织研究体系

本研究体系首先将最底层的数据处理成具有特定格式的信息，其次对物产的属性数据即分类信息体系进行重建和优化，再次手工完成语料的标注工作，然后实现了基于条件随机场的命名实体自动识别，最终完成了关联数据的抽取和可视化展示。本体系突破了前人分段研究的局限，深入语料内容进行知识组织研究，实现了研究的完整性和连贯性。然而，一方面，在基础数据处理和语料标注过程中，尽管借助了计算机辅助技术，仍存在着大量的人工操作，属于半自动化实现过程，希望未来通过不断完善的技术手段，逐步提升自动化处理程度，更加精确地标注语料；另一方面，本研究体系目前只是应用于山西一个省的语料挖掘，下一步尝试推广到附近省份或者更远的省份甚至全国范围，根据实际效果探讨体系推广可行性，加深加快方志古籍的挖掘利用。

2. 逐步实现方志古籍全样本知识地图展示

本研究应用条件随机场模型进行《方志物产》多类型命名实体识别，在识别的基础上，运用社会网络分析技术实现了物产与识别的各个命名实体之间的知识关联展示，已经取得了相对理想的识别和展示效果。但是，目前研究语料仅限于山西省，地域范围和语料规模较小，随着全国范围的《方志物产》不断纳入语料库，增加语料地域和内容的丰富性，将会更加提升条件随机场模型的识别性能，用于社会网络分析的数据也会更加多样性，实现时空交叉视野下近千年的全语料知识地图展示，与历史进行跨时空的对话，了解更加真实的历史，具有不可估量的价值。

3. 加快突破技术壁垒

快速发展的信息科技和不断扩大的语料库，为数字人文和数字史学研究的开展提供了坚实的技术支撑和资料基础，是知识组织机体的骨骼和血肉。目前，基于《方志物产》内容挖掘的数字人文方法主要包括命名实体识别、社会网络分析、GIS 等。其中，命名实体识别方法的对比实验结果表明，针对方志古籍，基于统计的 CRF 模型优于基于规则的模型，但是 CRF 仍有提升的空间，需要更新和优化不断提高识别效果；社会网络分析实现了关联数据可视化展示和分析，取得了较好的效果，但是人机交互界面有待进一步完善，实现界面直接选择和抽取的效果有待继续探索；GIS 技术完成了地域分布图的绘制，提供了一种更加直观的结果展示方法，但只能静态展示，不能达到动态变迁的效果。相信通过不断的技术创新，在不久的将来将会突破技术积累，开发出更多更有效的方法应用到方志古籍知识组织中，深化方志古籍开发利用程度。

借助数字人文的东风，开展数字史学研究，与传统史学研究形成互补关系，完善历史学研究方法。数字史学仍然是史学，没有产生新的研究理论，只是提供了新的研究工具和方法，为传统史学研究的进一步发展创造了技术条件，因此，数字史学与传统史学是一脉相承的关系。未来发展中，传统史学与数字史学应更多地结合起来，开展多学科交叉合作交流，以问题为导向，开展更加具体的研究，以需求推动技术改进和创新，以技术促进史学研究的方法和思路，实现跨学科深度交流常态化，推动数字人文学科蓬勃发展。

主 要 参 考 文 献

安介生，2004. 明代山西藩府的人口增长与数量统计 [J]. 史学月刊 (5)：97 - 104.

安介生，2007. 自然灾害、制度缺失与传统农业社会中的"田地陷阱"——基于明代山西地区灾害与人口变动状况的探讨 [J]. 陕西师范大学学报（哲学社会科学版）(3)：88 - 96.

巴兆祥，2003. 方志目录学刍议 [J]. 中国地方志 (3)：5 - 11.

鲍杨，朱庆华，2009. 近 10 年我国情报学研究领域主要作者和论文的可视化分析——基于社会网络分析方法的探讨 [J]. 情报理论与实践 (4)：9 - 13.

暴希明，2009. 古人名、字、号关系论略 [J]. 河南师范大学学报（哲学社会科学版）(3)：201 - 203.

毕强，牟冬梅，2007. 语义网格环境下数字图书馆知识组织理论、方法及其过程研究 [J]. 图书情报工作 (8)：6 - 9，20.

毕强，赵夷平，贯君，2015. 基于社会网络分析视角的微博学术信息交流实证分析 [J]. 图书馆学研究 (9)：26 - 34.

边燕杰，张文宏，2001. 经济体制、社会网络与职业流动 [J]. 中国社会科学 (2)：77 - 89.

卜书庆，2009. 基于《中分表》的国家数字图书馆知识组织思考 [J]. 图书馆论坛，29 (6)：194 - 198.

蔡璐，熊拥军，刘灿姣，2016. 基于本体和元数据的非遗资源知识组织体系构建 [J]. 图书馆理论与实践 (3)：39 - 43.

蔡宁，吴结兵，2006. 产业集群组织间关系密集性的社会网络分析 [J]. 浙江大学学报（人文社会科学版）(4)：58 - 65.

曹刚华，2007. 明代佛教方志文献研究概述 [J]. 中国地方志 (10)：33 - 37.

常春，2016. 面向叙词表构建的知识组织生态系统研究 [J]. 图书情报工作，60 (15)：101 - 107.

常娥，侯汉清，2007. 古代农业专题资料自动编纂的设计和研究 [J]. 中国索引 (4)：43 - 48.

常娥，侯汉清，2007. 农业古籍自动编纂的设计和研究 [J]. 南京农业大学学报（社会科学版）(1)：99 - 104.

常娥，侯汉清，曹玲，2007. 古籍自动校勘的研究和实现 [J]. 中文信息学报 (2)：83 - 88.

陈初才，1989. 方志和区域研究 [J]. 地理研究 (3)：42 - 50.

陈迪，2006. 组织知识获取能力提升的社会网络分析 [J]. 东南大学学报（哲学社会科学版）(6)：84 - 88.

陈锋，翟羽佳，王芳，2016. 基于条件随机场的学术期刊中理论的自动识别方法 [J]. 图书情报工作（2）：122 - 128.

陈刚，2014."数字人文"与历史地理信息化研究［J］.南京社会科学（3）：136 - 142.

陈贵廷，1992.本草纲目通释［M］.北京：学苑出版社.

陈宏亮，2013.方志馆地方文献分类探讨——以广东地方文献分类为例［J］.中国地方志
（2）：18 - 21.

陈静，王东波，谢靖，等，2012.基于条件随机场的兼语结构自动识别［J］.情报科学
（3）：439 - 443.

陈蕾，胡亦旻，艾苇，等，2015.《红楼梦》中社会权势关系的提取及网络构建［J］.中文
信息学报（5）：185 - 193.

陈品谚，2011.《清实录》之文本分析与时间标记初探［D］.台北：台湾大学.

陈诗沛，2011.信息技术与历史文献分析［D］.台北：台湾大学.

陈淑洁，叶新东，邹文才，2009.社会网络分析在网络课程评价中的应用研究［J］.现代教
育技术（3）：26 - 30.

陈泽泓，2015.自然部类称名研究析论［J］.中国地方志（8）：22 - 28.

程月，陈小荷，2009.基于条件随机场的汉语动宾搭配自动识别［J］.中文信息学报（1）：
9 - 15.

崔春，毕强，2014.关联数据在数字人文领域中的应用剖析——以关联爵士项目为例［J］.
图书情报工作（24）：99 - 105.

戴安德，姜文涛，赵薇，2016.数字人文作为一种方法：西方研究现状及展望［J］.山东社
会科学（11）：26 - 33.

戴维·诺克，杨松，2012.社会网络分析［M］.第 2 版.上海：上海人民出版社.

邓菲，衡中青，2011.佛山地方志门目对比研究——以明、清及民国为例［J］.图书情报工
作（23）：126 - 130.

邓啟刚，2013.域外经济作物的引种及本土化研究［D］.杨凌：西北农林科技大学.

丁恒，陆伟，2016.标准文献知识服务系统设计与实现［J］.现代图书情报技术（Z1）：
120 - 128.

丁荣贵，刘芳，孙涛，等，2010.基于社会网络分析的项目治理研究——以大型建设监理
项目为例［J］.中国软科学（6）：132 - 140.

丁卫香，2009.清代山西森林分布的变迁［D］.西安：陕西师范大学.

丁卓冶，2008.中文命名实体识别的研究［D］.大连：大连理工大学.

董慧，王菲，姜赢，等，2009.基于数字图书馆的本体应用环境研究［J］.中国图书馆学
报，35（5）：52 - 58.

董一博，1984.关于修志工作中几个理论问题的看法［J］.中国地方志通讯（4、5 合刊）.

董政娥，陈惠兰，2015.数字人文资源调查与发展对策探讨［J］.情报资料工作（5）：103 - 109.

段宇锋，朱雯晶，陈巧，等，2015.条件随机场与领域本体元素集相结合的未登录词识别
研究［J］.现代图书情报技术（4）：41 - 49.

范佳，2013. "数字人文"内涵与古籍数字化的深度开发［J］. 图书馆学研究（3）：29 - 32.

方付建，2012. 当代民族问题的研究态势——基于 2006—2011 年国家社科基金立项数据的分析［J］. 中南民族大学学报（人文社会科学版）（1）：32 - 37.

冯元勇，孙乐，李文波，等，2008. 基于单字提示特征的中文命名实体识别快速算法［J］. 中文信息学报（1）：104 - 110.

弗里曼，2008. 社会网络分析发展史：一项科学社会学的研究［M］. 张文宏，刘军，王卫东，译. 北京：中国人民大学出版社.

符正平，曾素英，2008. 集群产业转移中的转移模式与行动特征——基于企业社会网络视角的分析［J］. 管理世界（12）：83 - 92.

高瑾，2017. 数字人文学科结构研究的回顾与探索［J］. 图书馆论坛（1）：1 - 9.

苟天来，左停，2009. 自然人群的规模及其形成的一些属性——来自皖南山区村落人际关系的社会网络分析［J］. 中国农业大学学报（社会科学版）（1）：101 - 107.

郭剑毅，薛征山，余正涛，等，2009. 基于层叠条件随机场的旅游领域命名实体识别［J］. 中文信息学报（5）：47 - 52.

郭金龙，许鑫，2012. 数字人文中的文本挖掘研究［J］. 大学图书馆学报（3）：11 - 18.

郭乃华，2014. 中国古代法典及其事例之自动化整合——以乾隆朝《大清会典》为例［D］. 台北：台湾大学.

郭永辉，2014. 自组织生态产业链社会网络分析及治理策略——基于利益相关者的视角［J］. 中国人口·资源与环境（11）：120 - 125.

韩红旗，付媛，桂婕，等，2016. 社会网络分析的岛屿方法及其应用［J］. 情报理论与实践（6）：52 - 55.

韩普，2013. 基于语料库的词汇级知识挖掘研究［D］. 南京：南京大学.

韩彦昭，乔亚男，范亚平，等，2016. 基于条件随机场模型和文本纠错的微博新词词性识别研究［J］. 南京大学学报（自然科学版）（2）：353 - 360.

韩毅，2011. 社会网络分析与挖掘的若干关键问题研究［D］. 长沙：国防科学技术大学.

郝懿行，王念孙，1989. 尔雅（清注四疏合刊）［M］. 上海：上海古籍出版社.

贺德方，2010. 《汉语主题词表》的回顾与展望［J］. 情报理论与实践，33（2）：1 - 4.

衡中青，2007. 地方志知识组织及内容挖掘研究［D］. 南京：南京农业大学.

衡中青，2009. 中国地方志物产分类方法研究——以明、清、民国广东方志物产为例［C］//全国第五次情报检索语言发展方向研讨会论文集：215 - 223.

衡中青，侯汉清，2008. 方志类古籍引书挖掘及其引书分析研究［J］. 中国索引（2）：22 - 29.

衡中青，侯汉清，2009. 地方志中基于模式匹配的物产异名别称表达方式研究［J］. 图书馆理论与实践（12）：83 - 86.

侯海燕，2006. 基于知识图谱的科学计量学进展研究［D］. 大连：大连理工大学.

侯赟慧，刘志彪，岳中刚，2009. 长三角区域经济一体化进程的社会网络分析［J］. 中国软科学（12）：90 - 101.

胡俊峰，俞士汶，2001. 唐宋诗之计算机辅助深层研究 [J]. 北京大学学报（自然科学版），37（5）：727 - 733.

胡良文，1991. 李时珍分类思想研究 [J]. 辽宁大学学报（哲学社会科学版）（6）：30 - 32.

胡英泽，2014. 晋藩与晋水：明代山西宗藩与地方水利 [J]. 中国历史地理论丛（2）：122 - 135.

黄慧霞，2010. 跨境毒品犯罪组织结构的社会网络分析 [J]. 中国人民公安大学学报（社会科学版）（1）：29 - 40.

黄建年，2009. 农业古籍的计算机断句标点与分词标引研究 [D]. 南京：南京农业大学.

黄建年，侯汉清，2008. 农业古籍断句标点模式研究 [J]. 中文信息学报（4）：31 - 38.

黄建生，2004. 从方志的历史演变看未来对方志学的归类趋势 [J]. 图书馆研究与工作（4）：65 - 68.

黄奭，1982. 神农本草经 [M]. 北京：中医古籍出版社.

黄水清，王东波，何琳，2015. 基于先秦语料库的古汉语地名自动识别模型构建研究 [J]. 图书情报工作（12）：135 - 140.

黄水清，王东波，何琳，2015. 以《汉学引得丛刊》为领域词表的先秦典籍自动分词探讨 [J]. 图书情报工作，59（11）：127 - 133.

贾自艳，史忠植，2004. 基于概率统计技术和规则方法的新词发现 [J]. 计算机工程，30（20）：19 - 21.

姜永常，陶颖，2005. 论知识服务质量的全面控制 [J]. 中国图书馆学报（1）：65 - 70.

蒋永福，1999. 图书馆与知识组织——从知识组织的角度理解图书馆学 [J]. 中国图书馆学报（5）：19 - 23.

蒋永福，李景正，2001. 论知识组织方法 [J]. 中国图书馆学报（1）：3 - 7.

靳文豪，2013. 明代豫北移民若干问题研究 [D]. 桂林：广西师范大学.

康才畯，龙从军，江荻，2015. 基于条件随机场的藏文人名识别研究 [J]. 计算机工程与应用（3）：109 - 111、185.

柯平，宫平，2016. 数字人文研究演化路径与热点领域分析 [J]. 中国图书馆学报（6）：13 - 30.

拉德克利夫-布朗，2002. 社会人类学方法 [M]. 夏建中，译. 北京：华夏出版社.

来新夏，1984. 方志学概论 [M]. 福州：福建人民出版社.

来新夏，2005. 中国地方志的史料价值及其利用 [J]. 国家图书馆学刊（1）：5 - 8.

蓝凌云，2006. 数字方志的内涵、特征及其困惑 [J]. 中国地方志（3）：37 - 40.

黎耀奇，谢礼珊，2013. 社会网络分析在组织管理研究中的应用与展望 [J]. 管理学报，10（1）：146 - 154.

李保利，陈玉忠，俞士汶，2003. 信息抽取研究综述 [J]. 计算机工程与应用（10）：1 - 5.

李根蟠，2000. 稷粟同物，确凿无疑——千年悬案"稷穄之辨"述论 [J]. 古今农业（2）：1 - 15，44.

李根蟠，2001.《马首农言注释》评价 [J]. 农业考古（3）：208 - 209.

李贺，刘佳，2010. 基于知识构建的数字图书馆知识服务优化研究 [J]. 图书情报工作，54

（2）：127 – 130，49.

李金华，2009. 网络研究三部曲：图论、社会网络分析与复杂网络理论［J］. 华南师范大学学报（社会科学版）（2）：136 – 138.

李丽双，党延忠，廖文平，等，2012.CRF 与规则相结合的中文地名识别［J］. 大连理工大学学报（2）：285 – 289.

李亮，朱庆华，2008. 社会网络分析方法在合著分析中的实证研究［J］. 情报科学（4）：549 – 555.

李娜，白振田，包平，2016. 基于《方志物产》的古籍知识组织路径探析［J］. 古今农业（1）：105 – 113.

李倩，2016. 清代山西农村定期集市区域差异研究［D］. 天津：天津师范大学.

李贤平，1987.《红楼梦》成书新说［J］. 复旦学报（社会科学版）（5）：3 – 16.

李心纯，1998. 从生态系统的角度透视明代的流民现象——以黄河中下游流域的山西、河北为中心［J］. 中国历史地理论丛（3）：137 – 152.

李秀英，2010. 基于历史典籍双语平行语料库的术语对齐研究［D］. 大连：大连理工大学.

李亚婷，马费成，2012. 基于标签共现的社会网络分析研究［J］. 情报杂志（7）：103 – 109.

李宇，2015. 契约所见清代山西土地价格研究［D］. 太原：山西大学.

李约瑟，2010. 中国科学技术史［M］. 上海：上海古籍出版社.

李镇君，2014. 清末州县财政实证分析［D］. 桂林：广西师范大学.

李智杰，曾文，乔晓东，2017. 知识组织系统构建技术研究［J］. 情报理论与实践，40（1）：115 – 120.

梁法，2008. 山西清代煤炭业探讨与区域经济发展［D］. 太原：山西大学.

梁社会，陈小荷，2013. 先秦文献《孟子》自动分词方法研究［J］. 南京师范大学文学院学报（3）：175 – 182.

梁四宝，王云爱，2004. 玉米在山西的传播引种及其经济作用［J］. 中国农史（1）：52 – 57.

林琛，王兰成，2013. 基于条件随机场的网民评论对象识别研究［J］. 现代图书情报技术（6）：63 – 67.

林聚任，2008. 论社会网络分析的结构观［J］. 山东大学学报（哲学社会科学版）（5）：147 – 153.

林聚任，2009. 社会网络分析：理论、方法与应用［M］. 北京：北京师范大学出版社.

林衍经，1988. 方志学综论［M］. 上海：华东师范大学出版社.

刘非凡，赵军，吕碧波，等，2006. 面向商务信息抽取的产品命名实体识别研究［J］. 中文信息学报（1）：7 – 13.

刘海燕，尹晓虎，2015. 文学作品中的"小世界"——菲茨杰拉德小说人物关系网络的实证分析［J］. 统计与信息论坛（12）：102 – 107.

刘洪波，1991. 知识组织论——关于图书馆内部活动的一种说明［J］. 图书馆（2）：13 – 18，48.

刘华梅，侯汉清，2010. 基于受控词表互操作的集成词库构建研究［J］. 中国图书馆学报，

　　36（3）：67－72.

刘焕波，2007. 清代山西乡村人口流动［D］. 西安：陕西师范大学.

刘慧，2008. 明代山西作家研究［D］. 上海：上海师范大学.

刘锦增，2015. 金代山西区域经济研究［D］. 西安：陕西师范大学.

刘军，2004. 社会网络分析导论［M］. 北京：社会科学文献出版社.

刘军，2004. 社会网络模型研究论析［J］. 社会学研究（1）：1－12.

刘军，2014. 整体网分析［M］. 上海：格致出版社.

刘群，张华平，俞鸿魁，等，2004. 基于层叠隐马模型的汉语词法分析［J］. 计算机研究与
　　发展，41（8）：1421－1429.

刘荣升，1995. 中国古人的名、字、号［J］. 山西大学学报（哲学社会科学版）（2）：68－73.

刘盛博，2014. 科学论文的引用内容分析及其应用［D］. 大连：大连理工大学.

刘士纲，2012.《清实录》人名撷取自动化［D］. 台北：台湾大学.

刘水养，衡中青，2011. 地方志门目名称同义词现象研究——以明、清、民国广东官修方
　　志为例［J］. 图书情报工作（15）：144－147.

刘咸，陈渭坤，1987. 中国植棉史考略［J］. 中国农史（1）：35－44.

刘湘南，黄方，王平，2008. GIS空间分析原理与方法［M］. 第2版. 北京：科学出版社.

刘迅，1985. 知识工程——未来图书馆学情报学教育内容变化的学科归宿［J］. 情报科学
　　（5）：1－6.

刘延玲，2001. 近五十年来异体字研究与整理状况综述（上）［J］. 辞书研究（5）：35－44.

刘延玲，2001. 近五十年来异体字研究与整理状况综述（下）［J］. 辞书研究（6）：21－
　　29，51.

刘益龄，2004. 明代山西方志编纂考略［J］. 中国地方志（10）：45－52.

留金腾，宋彦，夏飞，2013. 上古汉语分词及词性标注语料库的构建——以《淮南子》为
　　范例［J］. 中文信息学报，27（6）：6－16.

卢嘉锡，罗桂环，汪子春，2005. 中国科学技术史：生物学卷［M］. 北京：科学出版社.

卢章平，王晗啸，李凤春，等，2016. 社会网络分析在社交媒体上的应用研究［J］. 情报科
　　学（12）：75－81.

芦笛，2015. 近代上海方志中的物产概念和文本书写［J］. 地方文化研究辑刊（1）：238－245.

陆玑，1985. 毛诗草木鸟兽虫鱼疏［M］. 北京：中华书局.

陆奇，2010. 方志学与其他相关学科的关系辨析［J］. 中国地方志（2）：8－11.

鹿凯宁，孙琪，刘安安，等，2013. 基于隐条件随机场的人体行为识别方法［J］. 天津大学
　　学报（自然科学与工程技术版）（10）：917－922.

路甬祥，夏经林，1996. 中国古代科学技术史纲·生物卷［M］. 沈阳：辽宁教育出版社.

罗家德，2010. 社会网分析讲义［M］. 第2版. 北京：社会科学文献出版社.

罗军，2013. 基于复杂社会网络的企业员工知识分享行为研究［D］. 重庆：重庆大学.

罗元信，2001. 也谈"剥皮实草"的真实性［J］. 历史研究（4）：157－166.

骆耀峰，2015. 社会网络分析（SNA）在自然资源管理研究中的应用［J］. 软科学（6）：135‐138.

马创新，李斌，2011. 基于 VC＋＋的人工分词及词性标注辅助程序设计与实现［J］. 电脑编程技巧与维护（1）：12‐14，31.

马费成，姜愿，赵一鸣，2015. 服务视角下的知识组织系统研究新进展［J］. 情报杂志，34（7）：165‐172，152.

马国英，2010. 光绪年间山西粮食产量研究［D］. 太原：山西大学.

马龙，2009. 基于条件随机域模型的中文地名识别的研究［D］. 大连：大连理工大学.

马润花，2001. 明清山西民居地理初探［D］. 西安：陕西师范大学.

梅森，2007. 志书篇目分类述论——兼论志书分类标准制订的需要与原则［J］. 中国地方志（10）：8‐16.

孟庆斌，2010. 关于方志科学性问题的再思考［J］. 中国地方志（3）：6‐16.

苗海，张仰森，2013. 规则与统计相结合的词义消歧方法研究［J］. 计算机科学，40（12）：282‐286.

闵宗殿，1991. 海外农作物的传入和对我国农业生产的影响［J］. 古今农业（1）：1‐11.

莫洛·F. 纪廉，2006. 新经济社会学：一门新兴学科的发展［M］. 姚伟，译. 北京：社会科学文献出版社.

牟力科，2008. Web 中文信息抽取技术与命名实体识别方法的研究［D］. 西安：西北大学.

缪启愉，1998.《马首农言》的种植特点和名物考索［J］. 中国农史（1）：89‐98.

木合亚提·尼亚孜别克，古力沙吾利·塔里甫，达吾勒·阿布都哈依尔，2016. 采用 CRF 模型的哈萨克语信息技术术语自动抽取技术研究［J］. 西北师范大学学报（自然科学版）（1）：53‐56.

牛建强，2015. 明代北方水利滞后与官员试图改观现实的努力［J］. 史学月刊（3）：32‐47.

诺伊，等，2012. 蜘蛛社会网络分析技术［M］. 林枫，译. 北京/西安：世界图书出版公司.

欧阳剑，2016. 面向数字人文研究的大规模古籍文本可视化分析与挖掘［J］. 中国图书馆学报（2）：66‐80.

潘峰华，赖志勇，葛岳静，2013. 社会网络分析方法在地缘政治领域的应用［J］. 经济地理（7）：15‐21.

潘正高，2012. 基于规则和统计相结合的中文命名实体识别研究［J］. 情报科学（5）：708‐712.

彭昆仑，1984. 关于《红楼梦》时间进程和人物年龄问题的探讨——兼论电子计算机在红学研究中的初步运用［J］. 红楼梦学刊（2）：322‐341.

彭维谦，2013. 不同脉络中的历史文本之自动分析——以《资治通监》《册府元龟》及《正史》为例［D］. 台北：台湾大学.

齐惠颖，2009. Web 中的社会网络分析技术［J］. 情报科学（12）：1871‐1875.

祈隽藻，1999. 马首农言注释［M］. 高恩广，胡辅华，注释. 北京：中国农业出版社.

钱智勇，周建忠，童国平，等，2014. 基于 HMM 的楚辞自动分词标注研究［J］. 图书情报工作（4）：105 - 110.

乔维，孙茂松，2010. 基于 M～3N 的中文分词与命名实体识别一体化 [J]. 清华大学学报（自然科学版）（5）：758 - 762.

乔新华，2011. 尧舜故地——明代山西平阳府州县方志纂修的文化现象学探析 [J]. 清华大学学报（哲学社会科学版）（5）：44 - 48.

乔永波，2007. 规则与统计相结合的中文命名实体识别 [D]. 济南：山东大学.

秦长江，2009. 基于科学计量学共现分析法的中国农史学科知识图谱构建研究 [D]. 南京：南京农业大学.

邱冰，皇甫娟，2008. 基于中文信息处理的古代汉语分词研究 [J]. 微计算机信息（24）：100 - 102.

邱均平，王菲菲，2011. 基于文献计量的国内外社会网络分析研究比较 [J]. 情报资料工作（1）：33 - 37.

权伟东，2015. 近代山西棉花种植与市场变迁研究 [D]. 太原：山西大学.

任根珠，2003. 山西旧志整理与研究 [J]. 中国地方志（5）：70 - 77.

戎军涛，2015. 基于关联数据的知识组织深度序化机制研究 [J]. 图书情报工作，59（13）：134 - 141.

邵云飞，欧阳青燕，孙雷，2009. 社会网络分析方法及其在创新研究中的运用 [J]. 管理学报（9）：1188 - 1193.

石民，李斌，陈小荷，2010. 基于 CRF 的先秦汉语分词标注一体化研究 [J]. 中文信息学报（2）：39 - 45.

石声汉，1985. 明末以前棉及棉织品输入的史迹 [J]. 陕西农业科学（2）：1 - 8.

史海峰，2010. 基于 CRF 的中文命名实体识别研究 [D]. 苏州：苏州大学.

宋歌，2010. 社会网络分析在引文评价中的应用研究 [J]. 图书情报工作（14）：16 - 19，115.

苏慧慧，2010. 山西汾河流域公元前 730 年至 2000 年旱涝灾害研究 [D]. 西安：陕西师范大学.

苏启林，万佳迪，2014. 辛迪加网络对股权投资偏好的影响及作用机制——基于社会网络分析视角 [J]. 中国地质大学学报（社会科学版）（1）：125 - 131.

苏颂，1988. 图经本草（辑复本）[M]. 胡乃长，王致谱，辑注. 福州：福建科学技术出版社.

苏新宁，等，2014. 面向知识服务的知识组织理论与方法 [M]. 北京：科学出版社.

宿继光，2006. 明清山西武术发展的社会因素探析 [D]. 太原：山西大学.

孙建军，李江，2009. 社会科学方法在网络链接研究中的应用——以社会网络分析、网络空间分析、虚拟民族志为例 [J]. 图书情报工作（10）：37 - 40.

孙茂松，黄昌宁，高海燕，等，1995. 中文姓名的自动辨识 [J]. 中文信息学报（2）：16 - 27.

孙镇，王惠临，2010. 命名实体识别研究进展综述 [J]. 现代图书情报技术，26（6）：42 - 47.

汤汇道，2009. 社会网络分析法述评 [J]. 学术界（3）：205 - 208.

汤亚芬，2013. 先秦古汉语典籍中的人名自动识别研究 [J]. 现代图书情报技术（Z1）：63-68.

陶弘景，1986. 名医别录 [M]. 尚志钧，辑校. 北京：人民卫生出版社.

滕广青，毕强，2010. 知识组织体系的演进路径及相关研究的发展趋势探析 [J]. 中国图书馆学报，36（5）：49-53.

田雨，2014. 近代以来山西稻作研究 [D]. 济南：山东大学.

涂尔干，2000. 社会分工论 [M]. 渠东，译. 北京：生活·读书·新知三联书店.

汪定明，李清源，2013. 《老子》汉英翻译平行语料库建设 [J]. 上海翻译（4）：60-64.

汪会玲，吴梦颖，2015. 基于社会网络分析的我国家庭旅馆评价模型构建 [J]. 管理学报（3）：433-438.

汪青青，2009. 先秦人名识别初探 [J]. 文教资料（18）：202-204.

汪若海，1991. 我国植棉史拾零 [J]. 农业考古（1）：323-324，337.

汪伟良，董阳，2014. 学术不端行为的社会网络分析——以J大学"撤稿事件"为例 [J]. 科学学研究（5）：669-676.

王宝卿，2006. 明清以来山东种植结构变迁及其影响研究 [D]. 南京：南京农业大学.

王春雨，王芳，2014. 基于条件随机场的农业命名实体识别研究 [J]. 河北农业大学学报（1）：132-135.

王纯婧，2009. 山西地区宋金时期瓷器研究 [D]. 长春：吉林大学.

王东波，沈耕宇，黄水清，2013. 以作者合作共现为源数据的科研团队发掘方法研究 [J]. 现代图书情报技术（1）：57-62.

王晖，2005. 四论方志性质与特征 [J]. 中国地方志（1）：5-13.

王荟，肖禹，2012. 地方志数字化模式与案例分析 [M]. 北京：国家图书馆出版社.

王嘉灵，2014. 以《汉书》为例的中古汉语自动分词 [D]. 南京：南京师范大学.

王江伟，2005. 基于最大熵模型的中文命名实体识别 [D]. 南京：南京理工大学.

王杰瑜，2006. 明代山西北部聚落变迁 [J]. 中国历史地理论丛（1）：113-124.

王立清，2011. 中文古籍数字化研究 [M]. 北京：国家图书馆出版社.

王丽娃，2015. 广东旧志整理回顾与展望 [J]. 中国地方志（2）：34-37.

王利霞，2012. 清代山西晋中集市变迁研究 [D]. 太原：山西大学.

王陆，2009. 典型的社会网络分析软件工具及分析方法 [J]. 中国电化教育（4）：95-100.

王陆，2009. 虚拟学习社区的社会网络分析 [J]. 中国电化教育（2）：5-11.

王娜，陈兴鹏，张子龙，等，2015. 西北地区产业关联网络演变的社会网络分析 [J]. 资源开发与市场，31（9）：1045-1051.

王宁，葛瑞芳，苑春法，等，2002. 中文金融新闻中公司名的识别 [J]. 中文信息学报，16（2）：1-6.

王鹏远，姬东鸿，2017. 基于多标签CRF的疾病名称抽取 [J]. 计算机应用研究（1）：1-6.

王平，2006. 基于社会网络分析的组织隐性知识共享研究 [J]. 情报资料工作（2）：102-104.

王睿，张洁，张由仪，等，2005. 基于混合模型的中文命名实体抽取系统 [J]. 清华大学学报（自然科学版）（S1）：1908-1914.

王思明，2010. 美洲作物在中国的传播及影响研究［M］. 北京：中国三峡出版社.

王思明，陈少华，2005. 万国鼎文集［M］. 北京：中国农业科学技术出版社.

王涛，2017. "数字史学"：现状、问题与展望［J］. 江海学刊（2）：172-176.

王宪洪，2009. 数字化古籍及其对方志研究的影响［J］. 中国地方志（4）：34-38.

王新斐，2013. 清代山西税契制度研究［D］. 太原：山西大学.

王兴亚，1984. 明初迁山西民到河南考述［J］. 史学月刊（4）：38-46.

王颖，张智雄，孙辉，等，2015. 国史知识的语义揭示与组织方法研究［J］. 中国图书馆学报，41（4）：55-64.

王曰芬，吴鹏，2008. 国外几种典型的知识组织系统及应用［J］. 情报理论与实践（2）：193-197.

王曰芬，熊铭辉，吴鹏，2008. 面向个性化服务的知识组织机制研究［J］. 情报理论与实践（1）：7-11.

王璋，2012. 灾荒、制度、民生——清代山西灾荒与地方社会经济研究［D］. 天津：南开大学.

王兆鹏，2011. 利用GIS技术提升中国古代文学研究的数字化水平［C］. 首都师范大学电子文献研究所，中国诗歌研究中心，国学传播中心，国学网. 第三届中国古籍数字化国际学术研讨会论文集：5.

王铮，2008. 基于CRF的古籍地名自动识别研究［D］. 南宁：广西民族大学.

王知津，1998. 从情报组织到知识组织［J］. 情报学报（3）：71-75.

王知津，樊振佳，2007. 基于社会网络分析的企业竞争情报战略［J］. 图书情报知识（6）：5-10.

韦路，丁方舟，2015. 社会化媒体时代的全球传播图景：基于Twitter媒介机构账号的社会网络分析［J］. 浙江大学学报（人文社会科学版）（6）：91-105.

韦绚录，1985. 刘宾客嘉话录［M］. 北京：中华书局.

魏巍，刘仲林，2009. 跨学科研究的社会网络分析方法［J］. 科学学与科学技术管理（7）：25-28.

温芳芳，2014. 基于社会网络分析的中外图书馆学合作模式比较研究［J］. 国家图书馆学刊（1）：76-83.

沃瑟曼，福斯特，2012. 社会网络分析：方法与应用［M］. 陈禹，孙彩虹，译. 北京：中国人民大学出版社.

吴超，郑彦宁，化柏林，2014. 数值信息抽取研究进展综述［J］. 中国图书馆学报（2）：107-119.

吴飞，2007. 社会传播网络分析——传播学研究的新进路［J］. 中国人民大学学报（4）：106-113.

吴金星，那顺乌日图，杨振新，2016. 基于CRF的蒙古文人名自动识别研究［J］. 计算机应用研究（7）：2014 - 2017.

吴茗，2016. GIS 技术在古籍数字化资源建设中的应用 [J]. 图书馆学刊（4）：55 - 58.

吴其濬，1960. 植物名实图考 [M]. 上海：世界书局.

吴琼，黄德根，2014. 基于条件随机场与时间词库的中文时间表达式识别 [J]. 中文信息学报（6）：169 - 174，189.

吴晓锋，宗成庆，2009. 一种基于 LDA 的 CRF 自动文摘方法 [J]. 中文信息学报，23（6）：39 - 45.

夏翠娟，张磊，2016. 关联数据在家谱数字人文服务中的应用 [J]. 图书馆杂志（10）：26 - 34.

夏方朝，2013. 适用于动态社会网络的社团发现算法的研究与实现 [D]. 沈阳：东北大学.

向晓雯，2006. 基于条件随机场的中文命名实体识别 [D]. 厦门：厦门大学.

向阳，2016. 德性、技术与特色：图书馆数字人文建设的路径选择 [J]. 图书馆（10）：89 - 92.

项洁，2011. 数字人文研究的新视野：基础与想象 [M]. 台北：台湾大学出版中心.

肖鸿，1999. 试析当代社会网研究的若干进展 [J]. 社会学研究（3）：3 - 13.

肖磊，2009. 《左传》地名研究初探 [J]. 文教资料（18）：204 - 207.

肖磊，2010. 先秦地名知识库构建 [D]. 南京：南京师范大学.

行龙，张万寿，2004. 近代山西集市数量、分布及其变迁 [J]. 中国经济史研究（2）：53 - 61.

徐健，张智雄，吴振新，2008. 实体关系抽取的技术方法综述 [J]. 现代图书情报技术（8）：18 - 23.

徐榕焓，徐士进，董少春，2012. 基于 GIS 的历史自然灾害数据库设计与实现 [J]. 测绘科学，37（1）：85 - 88.

徐润华，陈小荷，2012. 一种利用注疏的《左传》分词新方法 [J]. 中文信息学报，26（2）：13 - 17，45.

徐媛媛，朱庆华，2008. 社会网络分析法在引文分析中的实证研究 [J]. 情报理论与实践（2）：184 - 188.

许超，2014. 《左传》的语言网络和社会网络研究 [D]. 南京：南京师范大学.

许超，陈小荷，2014. 《左传》中的春秋社会网络分析 [J]. 南京师范大学文学院学报（1）：179 - 184.

薛春香，侯汉清，2013. 叙词表词汇控制机制变革的探讨 [J]. 图书馆杂志，32（11）：38 - 44.

薛春香，朱礼军，乔晓东，2010. 知识组织系统的描述与评价浅析 [J]. 大学图书馆学报，28（3）：75 - 79，58.

杨常伟，2009. 民国时期山西农业科技 [D]. 太原：山西大学.

杨尔弘，方莹，刘冬明，等，2006. 汉语自动分词和词性标注评测 [J]. 中文信息学报，20（1）：44 - 49.

杨华，2008. 基于最大熵模型的中文命名实体识别方法研究 [D]. 哈尔滨：哈尔滨工程大学.

杨军昌，1999. 中国方志学概论 [M]. 贵阳：贵州人民出版社.

姚小涛，席酉民，2008. 管理研究与社会网络分析 [J]. 现代管理科学（6）：19 - 21.

姚延玲，2009. 清代道咸同光时期的灾荒与救助 [D]. 兰州：西北师范大学.

叶静渊，1995.《马首农言》中的"扁豆"考辨 [J]. 中国农史（1）：112 - 113.

易明，王学东，邓卫华，2010. 基于社会网络分析的社会化标签网络分析与个性化信息服务研究 [J]. 中国图书馆学报（2）：107 - 114.

殷沈琴，张计龙，任磊，2011. 基于关键词共现和社会网络分析法的数字图书馆研究热点分析 [J]. 大学图书馆学报（4）：25 - 30.

尹二苟，1995.《马首农言》中"回回山药"的名实考订——兼及山西马铃薯引种史的研究 [J]. 中国农史（3）：105 - 109.

尹玥，2014. 社会网络分析视角下的中外合作办学项目效率评价及优化研究 [D]. 哈尔滨：哈尔滨工业大学.

游修龄，2011. 农作物异名同物和同物异名的思考 [J]. 古今农业（3）：46 - 50.

于绍杰，1993. 中国植棉史考证 [J]. 中国农史（2）：28 - 34.

俞鸿魁，2004. 基于层次隐马尔可夫模型的汉语词法分析和命名实体识别技术 [D]. 北京：北京化工大学.

袁翰青，1964. 现代文献工作基本概念 [J]. 图书馆（2）：25 - 31.

约翰·斯科特，2016. 社会网络分析法 [M]. 刘军，译. 重庆：重庆大学出版社.

曾文，王惠临，2010. 主题词表自动构建技术研究 [J]. 情报理论与实践，33（6）：117 - 120.

曾文，王惠临，2011. 跨语言主题词表自动构建技术研究 [J]. 图书情报工作，55（4）：106 - 109.

曾桢，杨帆，刘大滢，2014. 我国涉农信息交流结构及特征研究——基于社会网络分析方法 [J]. 农业经济问题（4）：86 - 93.

占侃，孙俊华，2016. 江苏高校校企合作研究：基于社会网络分析的视角 [J]. 科研管理（10）：146 - 152.

张波，1984. 读《诗》辨稷 [J]. 西北农林科技大学学报（自然科学版）（3）：64 - 74.

张成才，等，2004. GIS空间分析理论与方法 [M]. 武汉：武汉大学出版社.

张宏蕊，2014. 清代山西人口分布差异研究 [D]. 天津：天津师范大学.

张杰，2016. 数字史学成关注热点 [N]. 中国社会科学报，12 - 02（002）.

张金龙，王石，钱存发，2014. 基于CRF和规则的中文医疗机构名称识别 [J]. 计算机应用与软件（3）：159 - 162，198.

张开旭，夏云庆，宇航，2009. 基于条件随机场的古汉语自动断句与标点方法 [J]. 清华大学学报（自然科学版）（10）：1733 - 1736.

张克群，魏晓辉，郝娟，等，2016. 基于社会网络分析方法的专利价值影响因素研究 [J]. 科学学与科学技术管理（5）：67 - 74.

张丽芬，2006. 明代山西灾荒研究 [D]. 重庆：西南大学.

张泸月，2016. 高校移动阅读推广活动中读者互动行为研究——基于社会网络分析视角 [J]. 图书情报知识（3）：89 - 95.

张曼，黄龙，2017. 大数据环境下图书馆知识组织与知识服务研究 ［J］. 新世纪图书馆 （2）：20 - 23.

张民，李生，1998. 统计与规则并举的汉语词性自动标注算法 ［J］. 软件学报，9 （2）：134 - 138.

张鹏，2012. 论民国方志体例大类目的变革 ［J］. 中国地方志 （11）：50 - 55，4 - 5.

张青瑶，2012. 清代晋北地区土地利用及驱动因素研究 ［D］. 西安：陕西师范大学.

张升，2004. 民国时期方志搜求热考述 ［J］. 近代史研究 （3）：218 - 252.

张素香，2007. 信息抽取中关键技术的研究 ［D］. 北京：北京邮电大学.

张伟，2014. 基于复杂社会网络的网络舆情演化模型研究 ［D］. 哈尔滨：哈尔滨工业大学.

张文宏，2007. 社会网络分析的范式特征——兼论网络结构观与地位结构观的联系和区别 ［J］. 江海学刊 （5）：100 - 106.

张文宏，阮丹青，1999. 城乡居民的社会支持网 ［J］. 社会学研究 （3）：14 - 19.

张宪功，2014.《明代驿站考》山西驿站补正 ［J］. 中国历史地理论丛 （4）：55 - 70.

张宪功，2014. 明清山西交通地理研究 ［D］. 西安：陕西师范大学.

张小衡，王玲玲，1997. 中文机构名称的识别与分析 ［J］. 中文信息学报 （4）：22 - 33.

张晓冰，2016. 科研经费腐败的社会网络分析 ［J］. 自然辩证法研究 （10）：50 - 55.

张晓艳，2004. 基于混合统计模型的汉语命名实体识别方法的研究与实现 ［D］. 长沙：国防科学技术大学.

张玥，朱庆华，2009. Web 2.0 环境下学术交流的社会网络分析——以博客为例 ［J］. 情报理论与实践，32 （8）：28 - 32.

张允中，1991.《马首农言》中"牢"、"坎"及猪性"恶燥"考 ［J］. 中国农史 （3）：98 - 100.

张正明，张梅梅，2002. 明清时期山西农业生产方法的改进 ［J］. 经济问题 （12）：75 - 77.

张志青，2012. 晚清山西的对外交涉研究 ［D］. 呼和浩特：内蒙古大学.

章成志，苏新宁，2008. 基于条件随机场的自动标引模型研究 ［J］. 中国图书馆学报 （5）：89 - 94.

赵洪，肖洪，薛德军，等，2008. Web 表格信息抽取研究综述 ［J］. 现代图书情报技术 （3）：24 - 31.

赵琳瑛，2008. 基于隐马尔科夫模型的中文命名实体识别研究 ［D］. 西安：西安电子科技大学.

赵蓉英，王静，2011. 社会网络分析（SNA）研究热点与前沿的可视化分析 ［J］. 图书情报知识 （1）：88 - 94.

赵天改，2011. 明代以来河南历史文化地理研究（1368—1949）［D］. 上海：复旦大学.

赵晓凡，赵丹，刘永革，2011. 利用 CRF 实现中文人名性别的自动识别 ［J］. 微电子学与计算机 （10）：122 - 124，128.

赵岩，2012. 明 1368—1571 山西边军后勤补给初探 ［D］. 天津：天津师范大学.

郑逢强，林磊，刘秉权，等，2008.《知网》在命名实体识别中的应用研究 ［J］. 中文信息学报 （5）：97 - 101.

郑明璋，2006. 汉代文化视角下的汉赋研究 [D]. 济南：山东大学.

中国社会科学院社会学研究所，2014. 中国社会学 [M]. 上海：上海人民出版社.

中华书局编辑部，1990. 宋元方志丛刊 [M]. 北京：中华书局.

周兵，2013. 历史学与新媒体：数字史学刍议 [J]. 甘肃社会科学（5）：63－67.

朱庆华，李亮，2008. 社会网络分析法及其在情报学中的应用 [J]. 情报理论与实践（2）：179－183，174.

朱士嘉，1980. 谈谈地方志中的几个问题 [J]. 中国地方史志通讯（2）.

朱锁玲，2011. 命名实体识别在方志内容挖掘中的应用研究 [D]. 南京：南京农业大学.

朱锁玲，包平，2011. 方志类古籍地名识别及系统构建 [J]. 中国图书馆学报（3）：118－124.

朱锁玲，王明峰，2013. GIS 在方志类古籍开发利用中的应用初探 [J]. 大学图书馆学报（5）：118－121.

朱晓，金力，2014. 条件随机场图模型在《明史》词性标注研究中的应用效果探索 [J]. 复旦学报（自然科学版），53（3）：297－304.

宗萍，施水才，王涛，等，2009. 基于条件随机场的英文地理行政实体识别 [J]. 现代图书情报技术（2）：51－55.

邹博伟，周国栋，朱巧明，2015. 否定与不确定信息抽取研究综述 [J]. 中文信息学报（4）：16－24.

邹文卿，2014. 明清山西自然灾害及其防治技术 [D]. 太原：山西大学.

Abbas J，2010. Structures for organizing knowledge：exploring taxonomies，ontologies，and other schema [M]. New York：Neal‐Schuman Publishers.

Barnes J A，1954. Class and committees in a Norwegian island parish [J]. Human Relations（7）：39－58.

Bonome，2012. Analysis of knowledge organization systems as complex systems：a new approach to deal with changes in the web [J]. Knowledge Organization，39.

Borst P，Akkermans H，Top J，1997. Engineering ontologies [J]. International Journal of Human‐Computer Studies，46（2－3）：365－406.

Burkhart R，1974. Family and social networks：Roles，norms，and external relationships in ordinary urban familles by Elizabeth Bott [J]. American Anthropologist，76（2）：387－389.

Burt R S，1993. Structural holes：the social structure of competition [M]. Boston：Harvard University Press.

Carrington P J，Scott J，Wasserman S，2005. Models and methods in social network analysis [M]. Cambridge Cambridge University Press.

Dahlberg I，2011. How to improve ISKO's standing：Ten desiderata for knowledge organization [J]. Knowledge Organization，38（1）：69－74.

Edmond F，1999. Vail Ⅲ. knowledge mapping：Getting started with knowledge management [J]. Information Systems Management，16（4）：16－23.

Friedman A, Thellefsen M, 2011. Concept theory and semiotics in knowledge organization [J]. Journal of Documentation, 67 (4): 644 – 674.

Granovetter M S, 1973. The strength of weak ties [J]. American Journal of Sociology, 78 (6): 347 – 367.

Grishman R, Sundheim B, 1996. Message Understanding Conference – 6: A brief history [C] // Conference on Computational Linguistics. DBLP: 466 – 471.

Harary F, Norman R Z, Cartwright D, 1967. Structural models: An introduction to the theory of directed graphs [J]. American Journal of Sociology, 17 (4): 202 – 203.

Homans G C, 1951. The human group [J]. The American Journal of Psychology, 64 (3): 463.

Krupke G, Hausman K, 1998. Isoquest Inc: Description of the NetOwl (TM) extractor system as used for MUC7 [C]. Proceedings of the 7 th Message Understanding Conference, Fairfax, Virginia.

Liao W, Veeramachaneni S, 2009. A simple semi – supervised algorithm for named entity recognition [C]. Proceedings of the NAACLHLT 2009 Workshop on Semi – supervised Learning for Natural Language Processing, 58 – 65.

Lin N, Cook K S, Burt R S, 2001. Social capital: Theory and research [M]. New Brunswick, N. J.: Aldine Transaction.

Lin N, 2001. Social capital: A theory of social structure and action [M]. Cambridge: Cambridge University Press.

Menzel C, 2011. Knowledge representation, the world wide web, and the evolution of logic [J]. Synthese, 182 (2): 269 – 295.

Mitchell Clyde J, 1969. Social networks in urban situations [M]. Manchester: Manchester U. P.

Moreno, 1934. Who shall survive? [M]. Washington DC: Nervous and Mental Disease Publishing Company.

Peter K Bol, Chao – Lin Liu, Hongsu Wang, 2015. Mining and discovering biographical information in Difangzhi with a language – model – based approach [J]. Computer Science.

Radcliffe – Brown A R, 1952. On social structure [J]. Journal of the Royal Anthropological Institute of Great Britain & Ireland, 70 (1): 221 – 232.

Ratinov L, Roth D, 2009. Design challenges and misconceptions in named entity recognition [C]. Proceedings of the 13th Conference on Computational Natural Language Learning, 147 – 155.

Smiraglia R P, 2011. Idea Collider: From a theory of knowledge organization to a theory of knowledge interaction [J]. Bulletin of the American Society for Information Science & Technology, 37 (4): 43 – 47.

Sure Y，Studer R，2005. Semantic web technologies for digital libraries [J]. Library Management，26（4/5）：190－195（6）.

Tsai T，Wu S，Lee C，2004. Mencius a Chinese named entity recognizer using the maximum entropy－based hybrid model [J]. International Journal of Computational Linguistics & Chinese Language Processing（1）：65－81.

Wellman，1999. From little boxes to loosely bounded networks：The privatization and domestication of community [M]. Chicago：University of Chicago Press.

White H C，Boorman S A，Breiger R L，1976. Social structure from multiple networks Ⅰ. blockmodels of roles and positions [J]. American Journal of Sociology，81（4）：730－780.

Zeng M L，2008. Knowledge organization systems（KOS）[J]. Knowledge Organization，35（2－3）：160－182.

Zhang Y，Zhou J E，2000. A trainable method for extracting Chinese entity names and their relations [C]. Proceedings of the 2nd Chinese Language Processing Workshop，Hong Kong，66－76.

图书在版编目（CIP）数据

社会网络分析视角下方志古籍知识组织研究：以《方志物产》山西分卷为例 / 李娜著 . —北京：中国农业出版社，2022.11
ISBN 978 - 7 - 109 - 30377 - 5

Ⅰ.①社… Ⅱ.①李… Ⅲ.①地方志－古籍－知识组织系统－研究－山西 Ⅳ.①K292.5

中国国家版本馆 CIP 数据核字（2023）第 017203 号

社会网络分析视角下方志古籍知识组织研究——以《方志物产》山西分卷为例
SHEHUI WANGLUO FENXI SHIJIAOXIA FANGZHI GUJI ZHISHI ZUZHI YANJIU
——YI《FANGZHI WUCHAN》SHANXI FENJUAN WEILI

中国农业出版社出版
地址：北京市朝阳区麦子店街 18 号楼
邮编：100125
责任编辑：冀 刚 杨 春
版式设计：书雅文化 责任校对：周丽芳
印刷：中农印务有限公司
版次：2022 年 11 月第 1 版
印次：2022 年 11 月北京第 1 次印刷
发行：新华书店北京发行所
开本：700mm×1000mm 1/16
印张：14.25
字数：260 千字
定价：128.00 元